〈不自由な自由〉を暮らす

ある全身性障害者の自立生活

時岡 新——[著]

東京大学出版会

A DAILY LIFE OF INCONVENIENCE FREEDOM
Independent Living of a Person with Severe Disability
Arata TOKIOKA
University of Tokyo Press, 2017
ISBN 978-4-13-056111-2

まえがき

本書はひとりの全身性障害者、香取さんに訊いて、かれの自立生活のありさま、とくには介助者たちとの日日のやりとりを粗描した一篇である。かれは東北地方に生まれ、一九九四年に関東地方の大学に進学し、その夏から一人暮らしをはじめた。のちに作った介助者募集のビラによればかれは「おとこ、脊髄性進行性筋萎縮症。脊髄性進行性筋萎縮症とは、脊髄の運動神経細胞の病変によって起こる進行性の疾患であり、人によって進行の度合いはさまざまである。僕の例でいえば、小学校までは自転車に乗れて、高校まで歩行していて、現在は電動車椅子に夜間人工呼吸器（筆者補、バイパップ）をつけるくらいの症状といったところである。僕は上の疾患により、ほとんど全ての行為について介助が必要である。一日二四時間」。末尾について付言すれば、ほとんどの行為で介助が必要というのはかれが一人きりになりえないという意味ではない。一人では何もできないのではなく、介助が必要になる事態は一日中、当然にもいつでも起こりうるという意味である。

筆者は香取さんがまだ学生のころ、ほんのわずかに知り合い、しばらくして機会を得て聴きとりの時間をもった。かれは大学卒業後もその同じ地域に住みつづけて、自立生活センターの設立などにあたっていた。聴きとりの期間と本書各章の対応は次のとおりである。

第1章　介助者という他人について　二〇〇一年
第2章　ピアカウンセリングの経験　二〇〇三年
第3章　障害当事者の主体性と非力　二〇〇六―二〇〇七年
第4章　自立生活の手間と厄介　二〇〇八―二〇一一年
第5章　介助者を育てる　二〇一二―二〇一四年
補　論　聴きとりの背景　二〇一六年（本書のための書き下ろし）

本書では自立生活について訊くと書いた。しかし当の香取さん自身、まったくのはじめにはそれを「一人暮らし」と称し、また介助を務めた周囲の学生たちもたとえば「自立生活を実現するために私は介助者になるのだ」などと心に決めて集まったのではない。作られた介助グループの機関紙に香取さんが寄せた一文。

十月一日から本格的に一人暮らしを始め、早一カ月と半月が過ぎました。その日から多くの人の手料理を食べることができ、これイジョウない幸せを感じる毎日です。その中で珍味も食することができ、ここに紹介を記載させて頂きます。

まずは、けんちん汁風レタス味噌汁。作り始めたときは奇妙なもの食わせるなと危機感を募らせたが、食べてみるとレタスのシャリシャリという歯応が残っており、それこそ不思議な味です。後からある人に聞くと、夏の味噌汁にレタスと茄子入りの汁があるそうです。（でもそれとは違う）味噌汁にもっていた観念が変わりました。

（中略）

これから長く長く皆さんの料理を食べさせて頂きますがよろしくお願いします。

記　香取

あるいは介助グループの一人が書き残した「準備会活動体験記」。

私は四月にサークル活動を通して香取君と出会い、その後夏休みに初めて介助の経験をしました。実際に介助活動をすることによって、自分と「障害」者との関係について色々と具体的に考えられることがわかり、夏休み後から「介助グループを作るので参加しないか」との誘いを受けて、準備会に出席するようになりました。（後略）

もちろんそれらすべてが香取さんやグループの創意、工夫であるはずはなく、倣ったのは先達たちの「自立生活」経験である。実際に香取さんが学んだ書物によれば。

誰でもできる自立生活

介護を必要とする障害者や高齢者の多くは家族と暮らしていますが、家族で介護ができなくなると施設や老人ホームに入所します。理由は、在宅で生活するための介護が得られないからです。

しかし最近では、家族から離れて一人暮らしを選択し、行政の介護制度とボランティアなどを活用して自立生活を始める障害者が増えてきました。

全面的に家族の介護に頼っていたり、施設で暮らしている障害者や高齢者が、一人暮らしをすることが夢のような話と思われがちですが、一七歳の時事故で頸椎を損傷し二年半の入院後一人暮らしを始めた私も、最初は右も左もわからず、ヘルパーも週一回しか派遣されない中で、なんとか生活してきました。

（自立生活情報センター（編）、一九九六、『Ｈｏｗ ｔｏ 介護保障』現代書館）

「自立生活」について

身体障害者、なかでも全身性の障害を持つ、重度とされる人々の「自立生活」という言葉が使われる。この言葉は、しばしば、そこに込められている独立・自律への希求を具体化した生活の形として、日常的に介助＝手助けを必要とする障害者が、「親の家庭や施設を出て、地域で生活すること」を指し示す。

（安積純子・岡原正幸・尾中文哉・立岩真也、一九九〇→一九九五、『生の技法』増補改訂版、藤原書店、一

ページ、現在は第三版、生活書院版が刊行されている）

香取さんと介助者たちはこれらに学びながら手さぐりで歩を進めていった。それらの経験のうち、本書の前半ではいくらかの「自立生活」の先例に導かれて一人暮らしをはじめた香取さんと介助者たちのやりとりをおもに訊き、後半ではかれらが設立した地域の自立生活センターが派遣する介助者たちのありさまをくわしく訊く。それらはいずれも香取さんの回想、紹介にもとづく記述であり、したがって本書は、香取さんひとりをつぶさにたどったかれ固有の自立生活体験記である。

本書各章の原題、初出は次のとおりである。

第1章　介助者という他人について　原題同じ、二〇〇二年、『母子研究』No・二二、五四―七二頁。
第2章　ピアカウンセリングの経験　原題「ピアカウンセリングの視角」、二〇〇五年、『金城学院大学論集 社会科学編』第一巻第一・二合併号、五五―七三頁。
第3章　障害当事者の主体性と非力　原題「経験としての自立生活」、二〇〇九年、『参加と批評』第三号、六六―一一二頁。
第4章　自立生活の手間と厄介　原題同じ、二〇一二年、『参加と批評』第六号、四三―七八頁。
第5章　介助者を育てる　原題「調整と研修」、二〇一五年、『参加と批評』第九号、七六―一一九頁。

これらのうち、第1章と第3章からそれぞれの一部を抜粋して紹介したのが、時岡新、二〇〇八年、「障害当事者の主体性と非力」(上野千鶴子・大熊由紀子・大沢真理・神野直彦・副田義也編『ケア その思想と実践3 ケアされること』岩波書店、三五―五五頁)である。また第4章の一部抜粋が、時岡新、二〇一三年、「自立と介助」(庄司洋子編『シリーズ福祉社会学4 親密性の福祉社会学』東京大学出版会、一二五―一四四頁)である。

ただし本書収録にあたり、もとの聴きとりの文字データに戻って香取さんの発言などを補い、誤字、脱字等を修正した。また表記をあるていど整えたり、変えたりした。登場する人名などのほとんどは仮名、仮称であり、たとえば「香取さん」、学生たちが結成したかれの介助グループは「○○の会」、現在の居住地は「□□市」などがそうである。香取さんたちの自立生活センターにもなまえが付けられているが(たとえば「金城自立生活センター」)、本書ではたんに「自立生活センター」と表記し、一般のセンターとは文脈によって区別する。かれの通った大学の食堂もそれとわかる愛称(筆者の勤務先で言うならリリー・ウエスト、リリー・ノース)が付けられているが、本書では第二食堂、第三食堂である。

なおきわめて大切な用語法についてはとくに強調して記す。以下本文では障害者、利用者という言葉を互換的に使う。利用者とは各種の制度にもとづく介助派遣を受けて自立生活している障害当事者を意味するが、香取さん自身がそれを障害者と表現するばあいもある。前半の章では障害者が多用され、後半では利用者が頻出するが、いずれも香取さんの言葉をほぼそのまま使っている。それじたいが時時の制度的背景や当時のかれの立場をほどよく映していると筆者は判ずるのだが、読み手のなかには混乱が生じたり、学術的な精確さを欠くとの異論もあろう。あからじめ赦しを乞いたい。介助者、ヘルパーの語も併用するが、これも同様の事情による。

仮名、仮称などの表記をふくめて本書で聴きとりの内容を用いることについては香取さん本人から承諾を得ているが、話されたことの取捨、編集、解釈はすべて筆者の判断による。したがって一切の文責は筆者にあり、香取さんにはない。

〈不自由な自由〉を暮らす——目次

まえがき　i

第1章　介助者という他人について――1

1――寄宿舎から学生寮へ　2
2――介助者への遠慮　10
3――介助者を察する　19
4――他人だからこわい　31
5――投手と捕手のように　41

第2章　ピアカウンセリングの経験――59

1――気持ち悪いけど必要　62
2――日日の生活　68
3――言わない、ということ　77

4——言う、ということ　85

第3章　障害当事者の主体性と非力——95

1——介助者の無能　97
2——シフトとモード　110
3——介助者を「もっていく」面倒について　121
4——障害者の悲しさ　137

第4章　自立生活の手間と厄介——153

1——さしみのしょうゆ　155
2——発散のゆくえ　167
3——コーディネーター　180
4——適当にすませることの困難　198

第5章　介助者を育てる――213
1――介助者の本分　214
2――職業としての介助　231
3――自立生活、その不確か　246
4――関係としての自立生活　261
補　論　聴きとりの背景――281
1――第1章　介助者という他人について　282
2――第2章　ピアカウンセリングの経験　291
3――第3章　障害当事者の主体性と非力　302
4――第4章　自立生活の手間と厄介　312
5――第5章　介助者を育てる　319
あとがき　325

第1章
介助者という他人について

本章の聴きとりは二〇〇一年一一月から一二月にかけておこなった。香取さんは一九九四年四月に大学に入学しており、それからの七年間を思い返して話してもらう。聴きとり時点のかれは二五歳、半年ほど前の二〇〇一年五月にはかれをふくむ何人かの障害者たちが地域の自立生活センターを設立している。しかし聴きとりは香取さんの大学生時代に照準しており、話されるのもおもにその期間のできごとである。詳細は補論「聴きとりの背景」にまとめたが、学生時代の介助者はほとんどが香取さんの友人、知人、あるいは集められたボランティアたちである。かれらは介助グループ「〇〇の会」を作って人集めやシフトの調整をはかり、大づかみに言うなら三〇人ほどの介助者がそれぞれ月に二回ほど香取さんをおとずれていた。それでかれの二四時間すべてを支援しうるはずはなく、介助者なしでかれが一人きりになる時間も、あるいはひと月に何度も、何十時間も担当する介助者もめずらしくはなかった。ほとんどのボランティアとわずかの有償介助者、慢性的な人手不足、学生を主体として男女とりまぜて構成される介助グループなどの事情を念頭において読み進まれたい。

1——寄宿舎から学生寮へ

筆者の問い、まずはじめに、なぜ自立生活をしようと思ったのか教えてください。

香取　なぜ自立生活したかったのか？（自分自身としては）自立生活じゃなくてもよかったことにな

るんだけど……。養護学校がおわって卒業するというときに、選択肢として在宅か施設か進学かの三つしかなかったと思うんだね、僕の場合。就職は体力的にも通勤とか無理だろう、と。だから三つしかなくて。在宅は悲惨だろうっていうのと、施設も悲惨だろう、と。で、進学しかねえなっていうか。別に進学したかったわけじゃないんですよ。ただとりあえず、今で言えば「社会のなかでふつうに生活したかった」っていうのがあって。で、実際進学して地域に来たわけだけど、それは結局、親っていうものに介助を頼って……。春学期はそういう感じで。そのうち母親が介助できんっていうことを目の当たりにして。またそこで「在宅か施設か」っていうような(状況に直面した)。親が倒れた場合に、このまじゃ大学にいられない、地域にいられない、社会にいられないなっていう(ことが分かった)。こりゃやべえなっていうので(焦っていた)。そういうときに、自立生活っていうか、〝介助〟とかいう生活手段っていうのがどうやらあるらしいっていうんで「それがいいな」って……。

いくらかの仮定をしながら、かれは補って言った。「そこで親が、家族がぜんぶ面倒見切れるんだったら、介助者を集めることはしなかったと思う。(そもそも)進学っていうのもしなかったかも知れない。(家族の人手があって)実家でそれなりの生活、外出したり買い物行ったりっていうのができる状態だったら(ことさら県外の大学には進学)しなかったかも知れないけど。(実態としては家族の)介助力はゼロに等しかったから、高校卒業した時点でほとんど幽閉っていうのか軟禁っていうのか、そうなると。(だから在宅や施設でなく)地域へ行きたいっていうの(気持ち)が大きかった」。そこでいくらかの思案と、「ま、受かってから考えよう」との思い切りを経て、一つの大学を選んだ。その大学にはすでに「一種一級の脳性マヒ」者の卒業生もいた。「どうやらこれは車いすでもいけるらしいぞっていう情報はあった」。さらに「うちの母親、仕事休職するって言ったのね、大学在学中は。僕がとりあえず大学出るまでの四年間はつぶしても、四年後には手が離れてくれる方に賭けたんじゃないかな。休職は母親の方から言ってきた。僕自身はこっちに来てどうするとか、全然なんにも考えてなかった。（付いて行くと）言われた僕としては『ああそう、親としては当然だよ』みたいな（笑）」。しかし、香取さんは中学校、高校の六年間も実家を離れて寄宿舎に暮らしていた。その時間はかれに大きな変化をもたらし、母親もまたかれのいない時間を生きていた。

香取　春学期のあいだは、一言で言うと大変だったと思うな、親は。拘束されっぱなしだったからね。介助自体もそうだけど、他とのつながりも全然できなかったわけで。ほとんど機械的に俺につきあわされてた。「まいったまいった」って感じなんじゃないかな。常に言ってたけどね、「疲れた」「イヤだ」「いい加減にしろ」って。「何時だと思ってんだ」とか。こっちはふつうに生活するわけで、だけどあっちは、さっさと寝たいとかメシ食いたいとかあるわけさ。それが合わなかった。中高の六年間は母親と暮らしたことがほとんどない。（だから今は）それまでの生活の延長でもない。小学校六年生まで一緒に生活してて、で、いきなり大学から生活するわけだけど、その六年間っていうのは俺の身体も成長して、症状も進行してるわけで。結局、進行の度合いが全然違った。立って歩けるか歩けないかの差は介護にかなり違うことなんだよね。歩けなくなったのは高校三年の春で、超重度化したときを一緒に過ごすっていうことがほとんどなくって、いきなり大学からだから。

大別ふたつの要因、香取さんの症状の進行と母親の生活の変化について、前者から確認しよう。「養護学校にいたときは日常生活動作の訓練っていうのをやってましたよ。まだ立って歩けたり、腕とかも多少（動いて）、着替えとかできることはかなりあったし。高校出るぞってときはもうダメだったね。立つことも精一杯で、服とか着るっていうのもかなり難しくなってた。ほとんど全介助に近い、今と同じ感じかなあ。機能的にはもうちょっとあったかもしれないけど、介助っていうことで言えば」。高校卒業後のあり方については、中学生になったときにはすでに「もう、ふつうにサラリーマンとかはやれねえなっていうのは思ってた」。高校に上がった頃には、実家に戻ったら生活できないとも思っていたようである。「家は結構、奥地の方だったし、バリアフリーでもなかったから」。はたして大学に入学したいま、母親はそのようなかれを介助しなければならない。さらにそこには、彼女にとって頼るべき誰もいない。

二カ月間の夏休みが転機だった。「母親は、介助も辛いけど、自分の今までの生活と全然違う生活に引きずり込まれちゃったわけで。（地元の）人間関係もあっただろうし、そういうのを全部切られちゃって来ているわけだからそれも辛いわけだよね。で、介護っていうのも体力的にも辛い。常々言ってた」。ついに、夏休みは職場に戻る、一緒に帰ると宣言。「こりゃダメだ、と。俺、帰ったら幽閉なわけで。で、介助者集めてやるっていう方法があるらしいっていうのを聞いて。その時は介助者じゃなくて『手伝い』とか言ってたけど、それを集めねばならん、っていうことで」。それまではせいぜい、わずかに授業中のノートを手伝ってもらうくらいだった周囲の学生たちに、かれは事情を話して頼みはじめた。

その様子を訊く前に、立ち止まって、香取さんと母親との関係性や六年間を過ごした寄宿舎時代についても確かめておこう。筆者、経緯からして香取さんの場合、さまざまに紹介されている他の障害者たちとは違い、やむを得ず自立生活をはじめたようにも見えるのだが。香取「何て言うかねえ、親を説得するとか、みんなそれが大変なんだ大変なんだって言うんだけど、俺は全然実感がないよね。うちの親『早く出ていけ』って言う。逆に俺が『ちょっと待てよ』みたいな感じだったから。（自立生活をするのに）親を説得するとかっていうのは全然なかった」。筆者、障害をもつわが子より長生きしたいと願う親もいる。香取「そんな話じゃないね。うちの親はそういうのあんまり思わないんじゃないのかな。将来のことを考えてなかったっていうか。（筆者、それでいいの？）いや、いいかどうかって、知らんわ（笑）」。その母親は、かれが小学校六年生の秋、中学からは養護学校に行かせることを決めた。「まあ俺は何が準備されてるのかよく分かんなかったけど、親に連れまわされてた。（中略）どういう判断があったんですかね、よくは分かりませんけど」。筆者、その頃の気持ちを教えてください。

香取　養護学校に入るときの気持ち？　養護学校って（いうものがよく）分かんなかった。「何なんだ？」って。養護学校に併設されてる寄宿舎に入るってことの方が嫌だったたですね。今の言い方だと地域で、ふつうに家で生活して、友だちと遊んだりするってのがふつうだと思ってたわけで。そっから切り離されるっていうのが嫌だったですよね。泣いたな、そういえば。初日の日は泣きましたね。まあ、ずっと泣いてたわけじゃないですけど。

聴きとりの別のところで、香取さんは養護学校を「寄り道と思っていた」というようにも話した。「入ってからそういうふうに考えた。まあ整理したのかな、自分のなかで。入るのが嫌だったけど、入っちゃったから仕方ねえなっていうか、自分の障害ってのがだんだん変化あったし、そのままでふつうの中学校へ通うってのも大変だしなあと。ま、仕方がねえか、みたいな」。それを「寄り道」と表現した意味は、何か。「(当然にやがては)一般社会に戻るってこと、寄宿舎から出ること(その心積もりからの言葉)だね。中学の時はふつうの高校に通うってこと(が先の見通し)だったし。高校はふつうの高校受験しようと思ってたんですよ。ま、それはいいとして、高校のときはまあ、大学に入るということだった、具体的には。『寄り道』っていうか、ただふつうの生活に戻りたいっていうだけ」。重ねて筆者の質問、寄宿舎が「ふつうの生活」でないところをいくつか挙げてください。少し呆れながら、香取「いくつかって言うか、だってふつうの生活じゃないよ、いくつかじゃなくて。だって自分の家じゃないところに、家族でもないところに、それこそ冷蔵庫だって自由に開けれないっていう、そういうところだよね。で、また、いわゆる訓練とかリハビリとかあったから。あれは『社会生活にいずれ戻るんだから』っていう前提でやらされるわけじゃないですか。ま、そういう意味で(も、自分はいずれ)ふつうに戻るんだろうな、というところ（感覚）もあったと思うけどね」。筆者、他に寄宿舎で感じたことは？

香取　これじゃあダメだなって。ここにいちゃダメになるな、とか思ってた。いろいろそういう思いは、たぶんずっとあった。このままじゃたぶん社会に出たとき（に困る、いやむしろ）出れねえなっていうか。ずっと思ってた、周りのやつとか見て。やっぱ小学校高学年とかになれば、それなりにある程度は自分でやりたいことが見つかって、中学校になればもっと徐々に鮮明になってくるっていうのがあるわけじゃないですか。それがあんまり無いんですよ、周りの人が、ずっと施設に入って養護学校にいた人は。無いっていうか、ま、無いように感じられたと。それが（今から思えば当時の自分は）かなり嫌だったんじゃないですか。

ここでの「やりたいこと」とは、将来の夢や就きたい仕事などではない。「ふつう中学生、そんな話しないじゃん」。そうではなく、あらゆる欲求さえもが無いように思われたのである。「何をしたいのかとか全然無いって言うか。例えば何かやりたいと思った時にさあ、やるわけじゃん。できるかできないかは、まあともかくとして。金が必要だったら親にせびるとかさあ、そういうのが無いの、たいてい。なんで無いのかなあって思って。俺はあるのがふつうだと思ってたから。実際、小学校のときまでは、いろいろ、そういうふうにして生活してきたわけじゃん。釣り道具ほしいっていったら親に『釣り道具買ってくれぇー』とか言って。それが（寄宿舎に）入ったときびっくりしたってのと、嫌だったね、そういうなかで生活するのが」。かれらが生活をともにする大人たちは、中学校までは寮母と寮父。「寮母さんって何やってたんだろうね。小っちゃい子もいたからその面倒見てたのかなあ。中学生までは児童扱いなのね。だからいるのかなあ」。高校のときは舎監が「管理者としている」。その誰にも、子どもたちは金も釣り竿もせびらなかった。

養護学校と寄宿舎の六年が過ぎ、香取さんはふたたび母親との生活に戻った。ただし今度は、ふるさとを遠く離れた大学の学生寮での日日である。また先に言われたとおりかれの症状も進行し、いくら「親として当然」と思ってみても無理は無理である。さらに訊けばそもそも、母親とのかかわりは小学生の頃からさほど濃密でもなかった。「うちの親って看護職で、夜とかけっこう仕事に出るわけですよ。そういう意味で（家に）いないわけじゃないですか。帰りも遅いし。（当時の心情としては）『このやろ』と。『愛してるんだったらもっと早く帰ってこいや』みたいな（笑）。だって、参観日にも来ないんですよ、うちの親。来るって言いながら来ない。約束すぐやぶるんですよ（笑）。遠足でも弁当作んないし、作るんだけどいわゆる凝った弁当は作んないとか、夜勤で朝いないとかでほかほか弁当買ってきたりとかも（笑）。もう母親としてはぜんぜん、こんな母親いらねえよ！　みたいな（笑）」。つまりほとんど何の確証もなく、高校三年生のかれは「親として当然」などと考えたらしい。筆者がその見通しの甘さを言うと現在のかれは「親幻想じゃないですか？」と笑ってすませた。

いずれにしても、香取さんの意向にかかわらず母親は去った。かれは「やっぱ（大学生にもなって）

親と一緒にいる、親に面倒みてもらうのは格好悪いっていうの（自分の気持ち）がある」とも言うが、母親の言い分にはすべて納得していたようでもある。さらにそこには大学の友人たちからの批判的な声もあった。母親に介助をたよるかれは〝女性差別〟的である、と。「（母親が）帰るって言って、ああ、そうだよなって。親も親の人生っていうか、生活ってのがあったわけで、むこう（地元）に。親だったらやるべきだっていうの（考え）は大学入って変わったんだな。そこはねえ、（部落差別問題について考える学生らの）自主ゼミに入っちゃったからだよね。自主ゼミに入って部落差別問題ってのに触れていくわけだけどさ、そこで女性差別問題ってのも（議論のテーマに）出てくるわけじゃないですか。で、差別者ではイカン、と。ダメだ、っていう。単純に僕男、母親は女、みたいな、そんな感じ。タテマエ的だったけどね」。自主ゼミの学生たちから話された意義深い、あるいは空虚なアドバイスは紹介しない。こうして母親は帰郷しその手は無くなって、香取さんは否応なく介助者をさがし始めた。最初期の介助はおもに自主ゼミの学生たちやサークル仲間によって行われた。

2――介助者への遠慮

母親が帰郷してすぐ、つまり大学一年生の夏休みに集まった人たちについて訊く。なにかしら障害者の自立生活を考えたことのある人びとだったのか。香取「ぜんぜん。その場にいる（いた）人、（すでに自主ゼミなどで）僕とかかわってた人。面識の無い人はいなかったな、そのときは。何人かはいたけど、一人とか二人とか」。筆者、親を説得して、あるいは決裂して家をとびだすような障害者が（街頭で呼びかけたり、個人的な人間関係を利用して）集める介助者とくらべると、どうか。「違うんじゃないのかな。（香取さん自身には）結構、共同体的イメージがあったかもしんない。共同生活、家には一緒に住んでないけど僕と介助者は共同生活。僕のイメージはね。相手はそんなこと思ってないと思うけど」。時を超えてそのかれらに訊くことはできないが、二〇〇一年現在の介助者にくらべながら言えばどうだろうか。「今、自立生活センターとかでやってる介助者って、介助っていう仕事を、〝ビジネスライク〟というわけじゃないけど、『時間は何時から何時まで』っていうのもビシッと決まってるし、何をやるのか（の方針）も『障害者の指示に従ってやる』みたいなので組まれてやってる。介助関係を築くための（限定的な）信頼関係以外ってのは求められない。俺が初めて介助者を集めたときは、もうほとんど（全人格的な）信頼関係（にもとづくような）、仲良し（である、あるいは、そうでなければならない）、みたいな」。以下しばらくはそのような、当時の介助者についての回顧である。

香取さんと学生たちは小さなグループを組織して介助者募集やシフト決めを行っていた。かれらの作ったビラから一部を引用する。

介助者を探してます!!

こんにちは。私たち○○の会は、□□市に住む香取さんの介助をしながら、「障害者」が抱えている問題とは何かを考え、「障害者」と共に生きるということはどういうことなのかを考える会です。

介助をしばらく続けていると、「なぜ介助をしているのだろう」、「私は偽善者ではないだろうか」という疑問が生まれてくるようです。それは、社会意識の中で「障害者」が「保護」される対象として位置づいている以上仕方がない面があります。

しかし、私は数人の「障害者」と関わる中で、「障害者」に支えられている「健常者」が意外と多いということ、そこから介助とは一方通行ではないということに気づかされました。

「障害者」と関わることにより、私たちはあらたな人間観を発見することができます。介助はその媒体となるものです。

介助自体は特殊な技術を要するものではありませんので、経験のない方でも大丈夫です。

介助に入っていた学生の作文である。身体的な介助にとどまらず〝障害者との共生〟などについても考え、行動しようとする姿勢が読み取れる。ではこれにたいし、香取さんにとって介助者たちはどのような存在と思われていたのか。

香取　そうだね、手伝ってくれる人。僕の生活を手伝ってくれる人。だから、まあ、申し訳ないですって感じだったけどね。介助を手伝ってくれて申し訳ないです、ごめんなさいね、みたいな。別にそんなことは（実際に口に出しては）言わんかったけど、（実情としては）かなり遠慮して。（筆者、それは風呂とかトイレとか？）ま、すべて。時間を拘束するということを。

筆者には先のビラの書き手の意気込みと香取さんの「かなり遠慮」とが、どこかしら食い違っていると感じられた。思いがけず言われた「遠慮」の語についてもっと具体的に話してほしいと訊いた。しばらくの間を置いて。

香取　「これ頼んでいいかな?」とかさ。（さらに間）うぅーん、たとえば食器洗ってとか掃除してとか。ま、ほとんどすべて、生きることの最低限以外のことはほとんど頼むのに抵抗があった。トイレと食事と風呂、寝ること以外のこと。たとえば食器洗わなくたって別に死ぬわけでもないじゃないですか。掃除だって。トイレとか風呂とかは、それはもう仕方がない。最低限、仕方がないから、まあ、全部が遠慮だったと思うんだけど、これはもう仕方がないっていうふうな感じで考えてたかな。風呂、トイレ、食事っていうのは、これはもうやらざるを得ないことだから、こんなこと遠慮してても、遠慮してるんだけど、でもここはもう、ここ遠慮してってもしようがないっていうか、これはもう割り切って頼もう、頼むしかない、みたいな。

筆者はこれには「恥ずかしい」気持ちが関係しているかも知れないと推量して、そうと訊いた。香取さんの応え「ああ、それもあったね」。しかし矛盾がある。推量のとおりなら、トイレこそ恥ずかしく思わなければならない。皿洗いは恥ずかしいだろうか。続けて質問、トイレと皿洗いの違いは何か。応え「トイレはしなきゃいけない」。つまりそれは理屈で区別しているのか。トイレは恥ずかしがっても仕方がない、皿は洗わなくても死なないから遠慮する、という理屈か。「うん」。筆者はしかしまだ納得できない。もう一度訊く、皿を洗ってもらうことの、あなたの感情的な問題は何か。

香取　皿を洗ってもらうことの？　皿洗ってもらうのに「恥ずかしい」っていうのはなかったけど、抵抗があった。介助者にとっては負担だから。余計な負担、最低限の生活っていう意味で。今（それから七年ほどを経た現在）でも皿洗いとか、結構、遠慮あるけどな。掃除は特にあるな。なんだろ、直接身体にかかわってこないからかな。たとえば着替えとかだったら、お茶飲むとかご飯食べるとかっていうのは、直接僕への行為じゃん。けど掃除とかって、間接的、みたいな感じじゃないっすか。メシを作るのはいいよ、直接僕が食うことだから。皿洗うのはね、食うためではないんだよね。掃除もそうなんだよ。掃除しなくてもどうってことはない。これは前（大学一年生当時）から思ってました（そして現在も）。

ひどく掃除にこだわって、筆者は何度も、少しずつ角度を変えながら問いかけた。小さな回答を寄せ集めて書くならば、掃除にたいする香取さん自身と介助者の軽視や蔑視が重なり合ってかれの抵抗感が生じているらしい。掃除するのが好きだという人もいるが、と認めつつも「掃除をさせるのは申し訳ない」とくり返し言う香取さん。思い出して「こないだねえ、言ってたの、介助者が。酒飲んでる時に脈絡なくその話が出てきたんですよ。『床拭くのって屈辱的だよなあ』って。（聞いた香取さんは）やっぱりそうなんだって（思った）」とも。ここで筆者は思いついた。ことの本質は「掃除」の側にではなく、たとえば掃除を「遠慮」する香取さんのなかにあるのではないか。そこで案じて質問を換えた。現在の香取さんは自立生活センターを組織するなどたいへんに活動的で、ときには戦闘的であるようにも見える。その今から思えば、いったい何を遠慮していたと言えるだろうか。「何ってねえ、分かんない。今も、実はあんまり変わんないかも」。筆者のねらいは外れて、かれの「遠慮」はむしろ広がる気味さえみせた。重ねて訊く、今と以前との違いを強いて言うならば、どうだろうか。

香取　人を使うのが慣れてなかった。どこまで使っていいのかってのが分かんなかったっていうか。（間）うん、そっか、決して「介助をやりたいです」っていって来てたわけじゃないじゃないですか。頼まれたから仕方なくやってる、みたいな、そういう認識だったんだな僕は。だから（遠慮していたの）かな。だって、最近になって思った、気づいたもん。あ、そういえば、こいつら「介助やりたい」っていって来てんだもんなっていうのに。（筆者、最近とは？）ここ半年くらい。こいつら介助やりたいって来てるんだよなと。結構、こっちが頼んじゃダメかなとかこりゃ無理な話かなというのをふつうにやるから。あ、そうか、と。こいつらやりたいって来てるわけで、こんなこと、別に（嫌がることもなく）やるんかぁって。

少しく言葉が荒いからよほどの難儀を押し付けているように聞こえてしまうかもしれないのだが、先ほどから筆者がしつこくくり返しているとおり、香取さんが頼むのをはばかっているのは皿洗いや掃除のたぐいである。それさえも、ごく最近まで、遠慮がちに頼んでいたというのである。

香取さんのなかに以前から、そして今でもある「遠慮」。その由来はさまざまでこれと特定するのは難しい。一人で暮らしはじめた頃は急な必要にせまられて介助者を集めているから遠慮する気持ちが強かったのかもしれない。かれはそれを「全部が遠慮だった」と言った。ならば最近の遠慮とは何か。介助の内容によるのかもしれない。またそれと併せて、介助者の「介助したいと思って来ている」意識もかれにはさほど伝わっていない。それはなぜだろう。以前の介助者はよほど、香取さんの介助をしたいと思って来ていないふうを見せていたのだろうか。そうではないとかれは言う。あくまでかれ自身の受け止め方だと。

香取　やりたいって来る可能性は（大学一年生のときも）あっただろうね。昔はビラの撒き方とかでも大変だから手伝ってくれって感じだったのかなあ、僕のなかの意識では。介助者がいなくて大変だから申し訳ないですけど手伝ってもらえませんか、みたいな。そういうのでビラ撒いて。それで、仕方ねえなぁ、みたいなので来る、みたいな認識だったのかも。仕方ねえや、ちょっと行って、まあ手伝えるもんもあるやな、手伝ってやるか、みたいな（ふうに思って来ているんだろうな、という認識があった）。

しかし今から思えばそんなことはなかった、というのが香取さんの判断である。たとえば、大学一年生当時にくらべて最近は障害者の「自立生活」にたいする社会的な認知がひろがって、やってくる介助者の意識が高まったのだろうかと訊いた筆者に、かれは即答して。

香取　いや、俺が変わったんだろうね。来てる人はたぶん、ほとんど、どういうビラ撒こうがそれ見て来ようが（つまり数年前でも）、今来てる人も、別に、そんなに変わってないと思ってる。来る動機というか、来る時点では、何もほとんど（違いはない）。意識が高いとか低いとか、そんなんぜんぜん無いと思う。だから、昔もホントは来たくて来てたんだよね。来たくて来てたんだと思います。

今も以前と同じように遠慮がある。しかし少しずつ変わってきた。それは周囲の状況、介助者たちの意識というよりもむしろ、香取さんの考え方、感じ方の変化によるものとみるべきである。すると、やはり重ねて訊かなければならない。筆者、じゃあ、香取さんの「遠慮」って何だろうね。人に頼むってことを何かしら一段低いことに見ているのかな。

香取　今、こじつけで言えば、結局僕が僕であるためには、何かを読んだり映画を観たり、誰かとかかわるとかっていうの（行為、行動）で僕ってのができてくる、と。そこの部分、自分らしくあるためにする行為っていうのには、遠慮はないですよ。ただトイレ掃除とかお風呂掃除とかって、僕自身、あんまりそこに僕を立ちあらわせるものっていうのを感じてないのね。食器洗うとかも。食器、どれを使うかっていうのは、そりゃこだわりますけど、洗い方とかで自分を表現するつもり、ないっていうか、できないわけですよ。せいぜい、なんていうか、どういう洗剤使うか（というところに自分らしさを込めることができる）くらいで。それって関係あるのかな。だから、自分を立ちあらわせるところにかんしては、ずっと遠慮はあるんだけど、あるんだけど、そりゃ言ってられないっていうので克服してきた、っていうか。（筆者の訊いた）一段低いっていうことで言えば、（頼むことをためらっていたものを）上げてくる（頼もうと思い切る）っていうか。遠慮は遠慮なんだと（それは変わらずにあるのだが）、なんだけど、遠慮として克服してきたってことかな。

行きつ戻りつしたここまでを、ひとまず次のようにまとめておこう。香取さんは今も以前も介助者に遠慮している。それはたとえば介助者にたいして「申し訳ない」気持ちであったり、ある種の介助は「余計な負担」でないかとの考えにも由来している。「介助者は介助をやりたいと思って来ているのだ」と思えるようになったのはつい最近のことである。たほう介助者の意識は、ずっと以前も、自立生活センターができた今も大差は無いようだ。それはまた、言い換えると、介助者の確保について多少は安定的な仕組みができた後も香取さんは遠慮し続けているということでもある。はたして、原因は香取さんの思い過ごしか、それともかれに遠慮させ、それをかれ自身に「克服」させなければならないような介助者たちのありようか。

3──介助者を察する

たったいま得られた手がかり、すなわち、介助者に余計な負担をかけていることを申し訳なく思いつつ、しかしそれを克服してきた過程に照準して、香取さんの言う介助者への「遠慮」をいっそう詳しく考えたい。筆者の質問、あなたが遠慮を克服してきた具体例としては何があるか。

香取　外出。外出って明らかに負担なんですよ、体力的にも精神的にも、介助者にとってはたぶん、と俺は思ってんのね。(階段などでは車いすごと)担がなきゃなんないし、わけわかんない人がからんでくるし。そういう人じゃなくても、とりあえず店に入れば店員がいて店員と接しなきゃなんないわけじゃないですか、介助者もね。それって、介助者にとってはかなり苦痛だと思うのね。僕と一対一でかかわってるんじゃなくて、そこへもう一人かかわってくるわけで。(しかも)かかわってくる人によって対応の仕方を変えなきゃ、(その都度)模索しなきゃなんないわけじゃん。僕とだったらもうだいたいパターン決まってくるわけだけど、介助者にとっては僕のパターンも考えつつ、もう一つその店員のパターンも考えなきゃなんない。だから(介助者自身が自分ひとりで)ただ店員に対するのとはちょっと違う、かなり複雑だと思う。それが、かなり苦痛なんじゃないのかなと思うわけですよ。

筆者には介助者の作業に劣らず、香取さんの状況認識と推察じたいがたいそう複雑に思われた。かれは介助者の「苦痛」を推し量って、それが生じうる行為、行動を遠慮している。またその苦痛は介助者が香取さんと街の人びととのあいだに立った場面で生起しているようである。この先、外出に例をとり、介助者と人びととのやりとりのそれぞれについて、香取さんが誰の何に注目し、どのように判じているかを訊く。

場面その1。香取さんと介助者が歩道を歩いている。向こうから人がやって来る。

香取　車いすを押して出かけるっていったとき、（こちらは）車いすを押してんだからさあ、よけない方がいいんですよ。逆に車いすをよけてもらった方がいいわけだし。いい歩道（車いすと人がすれ違うに十分な広く平らな歩道）なんてないわけで、こっちは横にずれればそれだけリスクが大きいわけだから。（よけたつもりが溝にはまってしまうなどして）そこで止まっちゃったりしたら流れが止まっちゃったりして逆に迷惑なんだけど。そういうのとかでも、わざと難しいところに、端へ端へ行ったりとか。端に行くなって、それは（歩行者の方に）よけてもらった方がいいんだ、ということがある。

筆者の問い、なぜ介助者はよけると思うか。香取「うぅーん、迷惑だから。介助者のなかにもやっぱ〝障害者イコール迷惑な存在〟みたいな、社会のルールみたいなのはあると思う。障害者イコール迷惑かけないように生きる（ようにしなければならない）とか。障害者は迷惑をかける存在なんだけど、

（間）たぶん自分がケガしたりしたらよけるんだろうね、きっとその人。自分が車いすになったり松葉杖になったりしたら、たぶんよけるんだろうね。それと一緒なんだよ」。よけるべきでないのはなぜか。「よけた方がじゃまだから。明らかに健常者がよけた方がリスクは少ない、と俺は思ってる」。それを介助者に言うのか。「たいがい事前には言ってない。実際その現場になって、みんなよけてて、こういうときはよけると逆になんとかだ、よけない方がいいんだぞって言ったり。よけるシチュエーションが終わっちゃってから言うからね」。介助者にとっては歩道の真ん中を歩いていくことが苦痛なのだろうか。しかし意に反して端へ端へと押される香取さんの方がよほど苦痛であるようにも思われる。

質問を続ける。よけられてしまった時の気持ちは。香取「うぅーん。逆にその向かってくる人に迷惑な気はしてるね。（あなたの感情はどうか？）感情は、（間）ない。何て言うかもう、むかつきたくはないから抑えてるって言ってもいいかもしれない」。あなたの感情を介助者に言う必要はないか。よけられるとむかつく、など。「そういうので分かり合えるとは思ってない。言った方がいいのかもしれない、言ってる障害者もいるんだろうね、きっとね。いるんだろうけど、そういうので分かり合えるとは思ってないから、介助者とは」。よけられてしまって悔しいといった気持ちはないか。「ないね。っていうか、ないっていうのと、ないようにしてる。同じかもしれないけど。俺が怒ったとして、介助者とやりあうのも面倒くさいというか。やりあって分かり合えるっていう気はない。気がしない。それよりは理屈で、理詰めで、こうなってるからこうなんだみたいなことを言った方がいいな、っていう」。当の介助者本人に訊くことはできないから限られた情報のみで筆者が想像するのだが、このとき、介助者はもっぱら歩行者に気を向け、香取さんにはさほど注意を払わない。さらに「遠慮」の語を借用すれば、介助者は歩行者に遠慮して道をあけ、香取さんはその介助者の遠慮する気持ちを承知のうえ、自身の感情は棚に上げておく。結果として、その歩道で香取さんはまるで歩行者に遠慮したかのように端を行き、またまるで介助者に遠慮したかのように不愉快な心もちは言わない。

障害者と介助者の関係をとりあげる際に、当然のように言及される行き違いや不満。その打開策として香取さんは「理詰めで説明する」ことを選んでいる。コンフリクトを経験してこそ対等な関係が築かれる、などの立場からかれに意見するのは容易である。しかしここでは、それをよく知っているかれにさえ「やりあうのも面倒くさい」と思わせた介助者についての探究をさらに続けることとしたい。

場面その2。目的地に着いてから。

香取　たとえば店に入る。介助だから俺が（どれを選んで買うか）決めるってことになってるんだけど、店員は介助者に訊いて（声をかけて）来るわよな。その時どうするか。介助者は（店員を）無視すりゃいいわけだけど、一応たずねられてきてるんだよ、無視するっていうのは社会ルール上、異質なわけで。さらに「自分が買うんじゃなくて、障害者のこの人、香取さんが買うんでこの人に話してください」って言うのも、そんな会話、社会生活上ないわけで。これ言うのとか（は苦痛だと思う）。「この人が買うんでこの人に訊いてください」っていう〝言葉〟自体は店員も分かるけど、なんのこと言ってんのか分かんない。「え？　なにがどうなってんの？」っていう顔をするわけじゃないッスか。通じない。なんだこりゃ、みたいな。それは介助者にとって負担だと思うけどね、僕は。

介助者のあるべき姿、人びとの誤った認識、「自立生活」をめざす障害者が癪《しゃく》なことと感じて不満を表明すべき事態として、あまりにもよく知られた場面である。介助者講習などを受けた介助者であれば〝正しい〟対処の方法はおしえられているはずだ。しかし店員についていえば、そうした〝常識〟が共有されている可能性は低い。そこまで考慮に入れながら香取さんは介助者の「負担」について考えている。

香取　たしかにそこで（介助者が、まるで自分が買いに来たかのように店員と）話すのはダメ。ダメっていうのはダメですよ。そりゃ俺が買ってんだから、みたいなのがあると思うけど、なんていうか、それも健常者文化、とりあえず文化って言っとくけど、で、障害者には障害者のやり方、文化みたいのがあって、なんていうかな、はざまにいるわけなんだよね、介助者って。介助者ってのはどっちかっていうと健常者文化にいて障害者文化に接（近）してきてるわけ。そこで、明らかに引きずられちゃうわけ、健常者文化に。だから結局、自分が買ってないからといって無視してたら、その店員にしてみりゃ「なんだこいつ無愛想だな」と思うわけですよ。介助者はそう思われるわけですよ、思われたくない雰囲気なのに。つらいよな、と。

店員が介助者を無愛想だと感じるというのは興味ぶかい指摘だと筆者は思う。香取さんは、ともすれば教条的に一蹴されてしまう店員の態度を的確に見てとり、場面が組織化される過程を冷静に分析している。介助者に力量があれば、たとえば店員が話しかけてきたのを無理なく香取さんにつなぐことができれば、おくればせながら望ましい場面の構成に成功するだろう。なんの工夫もなく、講習会で教えられたままに店員を無視すれば結果は右のとおりである。

場面その3。

香取　たとえばトイレ。僕のトイレ（介助）をリフト使わないで一人でやるってのは、できるんだけど、やっぱりコツが必要なのね。それがないと（香取さんも介助者も）両方ともケガしちゃう、倒れちゃうとかして。だから（外出先では）もう一人に頼むの。たとえば店員とか。介助者にとってはいろいろ大変だろうと思うね、ま俺にとってもそうだけど。「なんで三人でトイレに入んの？」みたいなの、あるわけじゃん。僕にとってもあるけど、僕はもうそこは仕方ないって思って割り切れるけど、介助者にとっては、ね。トイレに二人で入るっていうのは、密室だから入れると思うのね。トイレって密室でしょ、障害者トイレって。そこへ二人で入るっていうのはさあ、ま、バレないわけじゃん。だから二人で入れると思うんだけど。そこにもう一人店員がきたら、なんていうか、はっきり言って異様なわけじゃん。健常者が普通に生活してる空間では絶対にない出来事なわけでしょう。で、具体的に「ここ持ってください、こういう形で持ってください」とかいう説明を介助者がするわけだけど、そこには、なんでそこを持つのかっていう理由があるわけじゃないですか。だけど店員はなんでここ持つのかってのはさっぱり分かんないわけじゃないですか。ここ持ってこうやってかついでやるんですよって説明するんだけどさ。ま、言われるからやるけどさ。足とか、脇とかを。

私たちにとって、トイレに二人で入ることはさほど珍しくない、記憶の有無はともかく乳・幼児期にはほとんどが経験したことである。しかし介助者にとって、障害者と一緒にトイレに入っているということが第三者に知られるのは苦痛なようである。さらにすすんで、ここでは、店員などを伴って三人でトイレに入ったときの介助者の感情に照準しているのである。筆者、それは香取さんが介助者の気持ちを想像しているのか。香取「そうですそうです。介助者ってのは、きっとそういう時に困ってるだろうな、と」。あなたはそれを見てどう思うのか。「ま、障害者が生きるってそういうことだから、そういうことにしておいて、っていう感じだけど」。

場面その4。

香取　まだ店員はいいのかな。ただの客とか通行人とかの方が大変かもしんないね。たとえば本屋さんがあって、(店内に客が)だあっと並んでるわけじゃないですか、みんな立ち読みしたりして。そこを通りながら「すんません、すんません」とか言うことの方が大変かもしれない。俺は商品を見るために、自分の見やすい位置とか向きとかで見たいわけだけど、それはなんていうのかなあ、そのへんの客に迷惑をかけること、客にとっちゃちょっと迷惑なこと。俺は迷惑とかぜんぜん思ってなくて「どけよ！」とかって思ってるけど。そういう人にたいしての方（よけてくれと声をかける等）が大変なのかなあって気がするな。少なくともこっちの言い分は聞かないわけだよね。店員にたいしては、私じゃなくてこっちが買い物してるんだからこっちに訊いてくださいねって言う大義名分があるわけだけど、ただの客には、障害者の人が商品見たいんで（どいてほしい等）っていうことを言ったって、（その客の方は）知ったこっちゃねえよみたいなことが言えるわけじゃないですか。店員だったら言えないと思うけど。そっちの方が大変かもしれない。

筆者ははじめ、この例示のうわべばかりに目をやった。筆者もまた、混雑する店で商品を手に取るために、その棚の前で立ち止まっている客に「ちょっとすみません、それを取りたいので」などと言うのが苦手だからである。けれど香取さんの言いたいことは、もう少し込み入っていた。

説明の第一層。筆者、それはなぜ大変なのか。香取「理由がない。こっちが言われたら（お前の方がじゃまだと言い返されたら）ぜったい負けるわけじゃないですか。俺と介助者が、たとえば客にじゃまだとか言われたときに、一発で返す言葉っていうのは、一発であっちに反論する言葉ってのは、ない。ただ障害者の人がこれ見たいって言ってんだから仕方ないじゃん、みたいなこと言ったって、知ったこっちゃねえよって言われたら、それで終わり」。ここまでは筆者の苦手と類似している。類似はしているのだが、妙なところもある。少なくとも建て前としては、本屋で立ち読みしている客は後ろからちょっとどいてくれと言われたらよけなければならないだろう。香取さんの注目点は何か。

第二層。筆者、あなたとしてはもちろん、その客に負ける気はないのでしょう？　香取「うん」。では、反論できないというのは介助者のことか。「うん。介助者としても、言い返す言葉を持ってないと思うんだよ。いや、そりゃ言い返そうよとは思う。少なくともこっちにも主張する言葉ってのが、ぜったい、障害者としてもあるし、介助者としてもちゃんとあるはずだと思う。たとえば本屋のばあいだと『じゃまだ』って」。香取さんは筆者のように弱腰ではない。前段と合わせて考えれば、問題はひとり介助者にある。

第三層。ならば、介助者はなぜ躊躇するのだろうか。

香取　「すんませんよけてください」とか「ちょっといいですか」とか、ぜんぜん言っていいと思うのね、障害者としても介助者としても。介助者にとってはその「よけてください」っていう言葉はいったい誰の言葉なのかっていうのがあるのかな。自分の言葉なのか、代弁して言ってるのか、みたいなのがあるのかなあ。その〝ちゅうぶらりん状態〟がつらいんじゃないですか。店員とかでも、慣れてない介助者だったら、ちゅうぶらりん状態だから（買い物をしている障害者当人に話しかけてくれと）言い返せない。介助者として自覚してれば、いや私はただの介助者なんで、こっちの人に言ってとかって言える。店員はそういう立場の人でもあるし。ただ、客には、介助者っていうのはあんまり。店員は知ったこっちゃねえやとは言えるわけないから、少なくとも話し合いとかいうふうになるけど。客は知ったこっちゃねえって言ったらもう終わり。話し合いしようって言ったって逃げ出す。時間ねえよとかって言われたら、おしまい。

じっさいに話し合いを要する場合は、ここまでの場面設定であれば皆無であろう。ゆえにさらには踏み込まない。介助者のありさまにのみ照準して続ける。かりにあるべき介助者像という理念、理想や理屈があるとしたら、おそらくここで言われる「ちゅうぶらりん状態」は不十分な事態であろう。介助者講習では望ましくない状態であると紹介されるかもしれない。他方、街ですれちがう人びとはそうした講習を受けているわけでも、まして介助や「自立生活」の常識を知っているはずもない。だからこの際、理念や理想はさほどの役には立たない。介助者の躊躇はむしろ当然だと筆者は思った。それを訊くために重ねて質問、たとえば本屋でじゃまな客に「よけてください」と言うのはあくまで介助者の仕事なのだろうか。

香取　それはそう思いますよ。けど、そう思えるようになるっていうのはなかなか難しいと思う。やっぱり練習しないと。頭では分かってもその場面になるとできない。場をどんどんふんでいかないと、やっぱり絶対、こわいと思うんですよ。だって俺でも、他の障害者の人でもいいんですけど、やっぱ店員（や別の客）にどんな反応されるかっていうのはさ、ぜんぜん未知数なわけ、最初は。すごくこわいって思います。

ここでも念のため補って書くが、香取さんは自分の声で「よけてください」とも言えるし、言う。あるいは介助者が先に言うこともある。それらがぴたりと息の合う日もあればそうでない日もあり、ここではそれがちぐはぐな場合、たとえば香取さんの声が相手に届かず、そこで介助者に「よけてもらって」と指示しているのに介助者がまごついているような場合を引き合いに出している。また再度明記するが、ここまで聞いた「場面その1」から「場面その4」はすべて、介助者が「かなり苦痛」に感じていると香取さんは思い、だから何かしら遠慮し、けれどどうにかそれを「克服」して指示するようになったことがらである。かれはじゃまな客にどけと言えないのではなく、介助者にそうと言わせることに難儀している、のである。

さまざまな場面と時時の介助者の気持ち、それを香取さんは「余計な負担」「かなり苦痛」などと言うのだが、を聴いてきた。以上をふまえて先に進もう。

ここでは、歩道でよけたり店員や他の客にきちんと言えなかったりする介助者のありようの、その善し悪しについては問題にしない。筆者には、それよりも、香取さんには介助者の気持ちがたいへんよく分かっているように思われること、またそれゆえにこそいろいろな遠慮が生まれてくるように思われることが印象深く、したがって関心は今、もっぱらそこに向いている。

あなたはなぜ介助者の気持ちにくわしい、あるいは敏感なのか。「そりゃだって、介助者の気持ち分かんないと使えないからじゃないかな」。今のあなたは介助者使いの上級者だろうが、上級者でなかったころからそう思っていたのはどういうことか。「そうだね、そのころも今も同じように思ってるんだろうね。だから克服した例ってことなんだろうね。そのころそう思ったのは、社会にそういう情報は流れていると。流れてるっていうか、だってトイレは一人で入るもんでしょう。そうだよ、俺の人生においても、自分でズボンおろしてとか、できたときは一人で入ってた」。ならば最初からできなかった人についてはどう思うか。「分かんないねえ、そのへんは」。

香取さんには介助者の心情が、理屈というより経験的に理解されているように思われる。それはあなたが障害者でなかったころがあるからか。「なのかもしんないけど、分かんない、それは。ただひしひしと感じる。介助者がこう思ってるとかって」。「(間) それはね、もしかしたらボクが養護学校にいたころにはある程度できてた、自分の身の回りのことがね。で、できない障害者がいるのを見てたっていうのもあるのかなあ。まあ、寄宿舎でさ。おまえそれ頼むなよ、とかさ。それはわがままだろうとかさ、いうのをさ、見てた。それにまあ、ボクは小学校で生活してたってのが、普通の小学校で生活してたってのがね、まあ、あるんだろうねえ、きっとねえ」。

そうした経験がじゃまになっている、ということはないか。「べつにじゃまとは思わないっていうか、それがないっていうのは知らないからね、分かんないけど。ただ、障害者と健常者ってのがいて、共に生きるってことができないってのがあって、さまざまな問題が障害者と健常者が接することで生まれてきて、またこれから、まだ問題にもなってない問題ってのがあるとして、なんで問題になってんのかとか考えることをしなきゃなんないと思うんで、そういう意味では全然、役に立つっていうか。問題を整理できる、整理しなきゃっていうのは、ある」。

街の人びととのやりとりを例に介助者の心情をみてきた。介助行為は介助者の意志、知識、そして度胸をうつす鏡のようである。相応の心がまえや技能がなければ、障害者の期待にもそえず、自分も苦々しい思いをする。介助者をうまく使うため、操作するためにはそうした心情を理解する必要もあるだろう。それにしても香取さんは、介助者たちにやや同情的に過ぎないか。不出来を責めるならいざしらず、かれらに遠慮してしまうとは。

香取　まあ、顔色うかがってきたってことなのかなあ、わかんないけど。

介助の場面で発生する精神的困難の多くは、香取さんがひきうけているようである。

4——他人だからこわい

前節では外出について詳しく聴いたが、香取さんの遠慮はこれにとどまらない。介助行為のほとんどすべてに何らかの遠慮を感じている。介助者の心情がよく分かる、だから顔色をうかがう、そうして、遠慮する。香取さんの言う遠慮とはどのようなものか、重ねて訊いた。

香取 やっぱ〝こわい〟んだね、介助者が。あっちはいつでもぶん殴ることができるわけじゃん。(香取さんを)置いて帰ることもできるわけだし、リフトにつり上げたまま帰ることもできるわけだし。場合によっては刺すこともできるわけじゃないですか。(それはどういうことかと言うと)人って、たとえば言葉ひとつにしてもときどきでぜんぜん感じ方が違ったりするわけじゃないですか。とくにイヤな言葉、たとえばバカとか、そんときの気分でバカの受け取り方って、キレるときもあるわけで、抑えられることもあるわけで。そういうのとかっていうのがやっぱりある(つまり、香取さんの何気ない言葉に介助者が激昂して、ついには香取さんを刺すことさえあるかも知れない)。だから介助者の様子をうかがう、うかがわざるを得ない。ただ、分かんないときとかあるんですよ。(香取さんに思い当たることが無くても)なんかすごい怒ってる人とかいる、介助に来て。それはボランティアのとき(最近ではなくずっと以前)だけどね。何に怒ってるのか分かんなくて、とりあえず、なんか怒ってるっていう。威嚇してくるんですよ。ダンダンダン! とかさあ。足踏みながらドスドスドスとかいって。寝返りうたせてって言ったら、チッとか舌打ちされて、ドスドスドスとかいって来るとか。

いつも穏やかな店のマスターが、今日は何かあったな、というふうで出てくるような経験は筆者にもいくらもある。香取さんが言うのは、そんな暢気な話ではない。寝返りに舌打ちした介助者について質問、それは「面倒くせえなあ」といった様子か。「面倒くせえんじゃないいんだよな。もっと違う何かもあるんでしょ。香取がむかつくとか甘ちゃんだとか。(本当のところは)分かんないけど。(筆者、そんな態度はアリなの？）今だったらナシですよ。そんときは介助者とか足りなかったし（だから言い咎めることもできず香取さんは黙って我慢した）。なんていうかホント、やってもらってる、だったからねえ。とにかくなりふりかまわずやってもらったっていう。あんまり〝介助とは〟とかってのがなかったし。理念を伝えて（介助者を研修する）とかさ」。しかし正直なところ、聞きながら筆者は思った。この介助者の態度は確かにほめられたものではないが、香取さんにも多少の杞憂があるのではないか。続けてそれを訊く、それにしても介助に来て、たとえば外出をして、あなたを置いて帰ってしまうということがあるのか。

香取　だって、今日介助やるってことになってても、やだって思ったらすっぽかしたっていいわけじゃないッスか。「ああ今日行きたくねえ」とかって。別に介助なんてぜんぜん楽しいと思わない、楽しい仕事だとは。まあ楽しい仕事と思うか思わないかってのもあるとは思うけど。別に香取が困るくらいどうってことねえや、みたいな。どっちみち死なねえだろう、死ぬわけねえんだからさ。来ないなんてぜんぜんできると思うんだけど、来るしね。なんでだろ。（筆者、約束を守らないということが社会的に許されないからではないか）社会的に許されないったって、俺、今こんな弱小組織（自立生活センター）でやってたらさ、社会的に出るものなんてないでしょ。責める人なんていないと思うんだよね、俺の介助（者たち）のなかではね。だって介助者のなかでの関係、横の関係なんてぜんぜんないわけで。俺がたとえば「誰々さんが来なかったんだよ」って言っても「ああひどいねえ」「ああ大変だったねえ」

で終わる話ですよ、うん。

ここでも事の善し悪しはさておき、また急に介助を休む介助者がじじつどの程度いるのかを細々しく数えることも控えて、あくまで香取さんの心もちに照準したい。理由はさまざまながら、いずれにしても介助者をこわいと思いつつ介助をもとめるならば、なるほど遠慮もするだろう。結局のところ、外出先の遠慮というのは置いて帰られてしまう恐怖に由来するのか。そう訊いた筆者の意にはまったく沿わずに、香取「そこの遠慮って、だって、明らかに嫌がってるじゃん、介助者が。どうしたらいいんだろうっていう（ふうにして）。香取からは無視しとけって言われてるけど、店員は介助者に話しかけてくるし。シチュエーションとしては介助者が答えるのが求められてるのに一体どうしたらいいんだろうっていうの（介助者の困惑）があるわけ。まあ、みんな、できないからだよね。そういうのがあったらこっちに回してって言っても、やれないんだよね、介助者が。そういうのを見て、まあ、やれないんだなあって思う」。ここで筆者は混乱した。香取さんは何を頼むにしても介助者に遠慮する。その理由は場合ごとに異なっているようで、ある時は介助者がこわく、またある時はその要請が介助者を困惑させたり、介助者が嫌がるようなものだからである。介助者の行動が予測できないゆえの遠慮と、気持ちを察するがゆえの遠慮がある、ということか。

ところが続けて、香取さんはさらに筆者を混乱させた。前段、介助者が店員と香取さんとのあいだをうまく取り持つことができない、という例示について筆者が「そこでできないのは何故だろうか」と訊いたのに応えて。

香取　そのままえにさらに言うと、介助者に徹せられるかどうかっていうのがあるのね。たとえば僕が映画館に行くとして、二人で観たら、俺、払わなきゃいけないじゃん、介助者の分も。俺、払いたくないわけですよ、二人分も。館内の介助ってのはそんなに多くはないんだけれど必要だったりする。二時間一人でいるっていうのも嫌なんで。そういうときに館の人に「僕一人しか観ないんだけど館内の介助必要なんで、どうしたらいいですかねえ」みたいなことを言って。じゃあ定期的に入っていいですよとか、入っちゃってくださいとかっていうところもあるんだけど。そういうやりとりをしたいんだけど、そいつも、なんていうか、観たいとするじゃん。で、俺に金払え、みたいなことを言ってきたりしそうだなってヤツはもうダメだねっていうのとか。分かる？（筆者、場面は分かるけれどその人の心情がよく分からない。別の日に行けばいいのでは？）そうなんだよ。そういうのがきかないヤツ。きかないヤツっていうか、そりゃ、言えば分かると思うんだけど、そこでセコイなあとか言ってきそうなヤツってのがいるわけですよ。

これもまた実際に映画館まで行ってごねた介助者がいるわけではなく（「そういうヤツは連れて行かない」とのこと）、そのようにしても不思議でないほど「介助者に徹していない」と思われる介助者がいるという意味である。筆者、介助者に徹することができないというから、あなたにああしろ、こうしろと意見する人がいるのかと思った。香取「それも意見だよ、ほとんど。いや、意見に区別なんてないっていうか。だって、なんでそんな映画観るの（と訊く）みたいなのだってさ、ハッキリ言ってどうでもいいわけだし。電車乗るっていったときも、こっちの方がいいんじゃん、こっちの方が楽じゃんみたいなのとか言う。うるせえって感じ」。末尾は映画とは別の一例である。外出先で乗る電車について、介助者と選択が異なるときがあるらしい。「電車の時間の問題じゃないですか、どの路線に乗るかっていうのは。どれが早いかの問題だよね。そりゃ時間あるんだったら楽なコース通る。けど、時間がないとき、どの選択するか（急いでいるから多少難しくても早いコースを選択する香取さん、時間がかかっても楽なコースを選択したい介助者）っていうので分かれるわけです」。さえぎるようにして筆者の質問、それは、介助者は黙って従えばいいということか。香取「いや、そりゃ協議してもいい、協議しますよ、もちろん。それで決まったことにはとやかく言ってほしくねえ、ってのがある」。ここでの筆者の質問は精緻さを欠く、程度の低いものである。香取さんは「黙って従え」などと言ってはいない。ただ介助とは、友だちづきあいで一緒に映画を観に行くことでも、障害者を引率することでもないと言っているだけである。介助者は映画館の客でも、付き添いの保護者でもない。香取さんと介助者との間を隔てるこのような認識の違いもまた、かれの介助者への頼みにくさ、使いにくさの一因になっているらしい。

ともあれ、香取さんの「遠慮」の構成をめぐっては、アトランダムに以上のような諸事、諸側面が挙げられた。

ここまで話されたことを整理したい。介助者にたいする遠慮、こわいという気持ち、介助者としての力量、介助者に徹すること。それぞれの関係は複雑である。介助者に徹していないからできない、できそうにもないから遠慮する、そうした介助者がこわい、こわいから遠慮する。たとえば外出先で移動方法を協議しようとするとき。介助者に徹せられない、力量のない介助者は、香取さんの要請をどう感じ、どう応答するか予測がつかない。一言でいえばこわい、だから言えない、協議できないということだろうか。

香取　こわいと思うから言えないってのもあるかもしれないけど、厳密にはそうじゃなくって。基本的に、他人だからこわいってことですよ。(間) だって、いつだってその人は出ていくことができるわけじゃん。介助やめることだってできるわけだし。

筆者　やめるというのは、たとえば映画館に置いて帰ってくることとか。

香取　うん。それは介助にむかついたってことじゃなくても、ただたんに、こいつのしゃべりがむかつくとか価値観がむかつくとか、そのレベルで。こいつはむかつくから置いてけ、みたいなこと。

筆者　それは介助者に徹していないという問題ではないのか。

香取　ま、違う問題ですね。介助者に徹してても、そういうことはできるわけです。

しばらく沈黙がつづいた。筆者がまたも混乱したためである。香取「え、だって、なんで分からないの？　っていうか、こいつむかつくっていうので置いていくことはあり得ることでしょう。だって、介助者はべつに僕が好きで来てるわけじゃないわけじゃないですか」。つまりこういうことか。介助者に徹していても、力量があっても、要請の内容にかかわらず、介助者がどのように行動するか分からないと。それを香取さんは一言のもと「他人だから」と表した。

とはいえ、ここでこのまま聞き受けてしまうのは介助者諸氏に無礼かもしれない。そこで質問、しかしなかには障害者と共に生きようという人もいるのでは？　とくに間も取らず応えて、香取「そういうのは三カ月くらいで終わるわけですよ。僕を慕ってとか、そういうので来てるやつはたぶんいないわけで。まあ、どういう目的なのか知らんけど。気変わってさ、いやべつに気変わんなくても、なんかいい物持ってんな、盗んじゃえ、みたいなことはぜんぜんできるわけじゃないですか、介助者は。ま、そういう恐怖みたいなもの（がある）」。押し返して筆者、性善説に過ぎるかもしれないが、介助者があなたを置いて帰ってしまうことはないだろうと思う。それでもやっぱり、こわい？　香取「だって、この人何しに来てるのかさっぱり分かんない人とかいるし。僕は介助のなかではプライベートなこととか聞かないようにしてるっていうか、介助関係っていう、その範囲で許容される部分しか聞かない。向こうから僕のことなんか訊いてくるってことも、あんまりないですからね」。いったいなぜそうなってしまったのか。なるほど自立生活センターを立ち上げて以降、介助者によっては少額ながら金銭が介在している。アルバイト感覚で介助に入る人にそれほど細かい話は聞かないだろう。ならば学生のころ、たとえば自主ゼミの人たちであれば様子が違ったのかもしれない。筆者、むかしは違ったのか。

香取　むかしもその恐怖感ってのは同じくありましたけどね。あったけど、それは思っちゃいけないことっていうか。それこそ性善説で「そんなことする人いないよ」みたいなのがあったと思います。今は（逆に「悪い介助者はいない」という認識に対して）「そんなことあるわけない」っていうか。実際、金盗まれたりとかする障害者もいるしね。

筆者　むかしはあなたと介助者たちとがぶつかり合って、鬱陶しいこともあるけれど信頼できた、というわけではないのか。

香取　「〇〇の会」（介助グループ）なんて、そのときの段階で信頼関係なんてなかったですよ、人間関係のうえでの信頼関係は。むこうもそういうの築こうと思ってなかったと思うんですね。僕と信頼関係みたいな、濃い仲になりたいとか、ぜんぜん思ってなかったと思う。（間）俺は、思ってた時期はあったよ。けど、あっちは思ってないってのがだんだん分かってきて、「あ、そうか、思わないもんなんだ」

って。

筆者　あなたがその頃、かれらと信頼関係を築きたいと思っていたのはなぜか。

香取　なんで思ってたのって言われても、そういうもんだと思ってた。介助者とひとつの共同体。（筆者、今はなぜ違う？）そういうふうに思わないんだっていうのが分かったから、むこうがね。僕にしてみれば裏切られたっていう思いってのはある、介助者に。そのときは、たとえば俺が困ってるっていったら一丸になってやるものだと思ってて。行政交渉とかも一緒にやるもんだって思ってたけど、ぜんぜんやんないわけですよ。（今の状態は満足いかない？）満足？　だけどこれが現実だもん。これがふつうなのかなっていう気ですよね。みんなとそういう関係にはなれないし、なる必要もないっていう（ふうに思うようになった）。満足する、満足しないで言えば、そりゃあまあ、ぜんぜん運動がすすんでいかないっていうところで、運動を支える支援者、介助者じゃなくて、同志っていうか支援者が少ないっていうのには不満っていうか、それは悲しいことですけど。そこと介助者っていうのは分けられてる。

筆者　そうすると、介助者にたいする期待に変化がある一方で、なぜ来るのか分からないとかこわいという気持ちは変わらずある、ということか。

香取　うん。

いまさらながら、筆者の人としての幼さを恥じる。介助者が障害者を置いて帰ってしまうことはないだろうというおよそ根拠のない思い込みは、自転車にツーロックするような筆者のふだんの生活とまったく矛盾する。いやむしろ障害者の不憫を憐れみ、介助者の清廉を夢想して愚かでさえある。香取さんに聴いてよく知られたとおり、介助関係とは、その一部に介助行為をふくむごくありふれた人間関係である。介助者の意志や力量が介助行為に反映するとしても、関係のすべてを規定するわけではない。介助者のいらだち、心変わりのすべてが介助行為に起因するわけでもない。他人はみなこわい。介助をめぐる心情を推し量れば、いっそうこわい。

5――投手と捕手のように

特定の誰かではなく介助者の全体について思い返してほしい。かれらがあなたの介助をしたくて来ているとしたら、その気持ちは分かるか。またも即答して、香取「分かんない。何しに来てるのかなとは思うけど（笑）。だって人の身体洗うしさ、人の小便、糞見てるわけじゃん。一緒に寝るわけじゃないけど一緒の部屋で寝てさ。ゴミ捨てたり、洗面台とか生ゴミとか汚いのにやるとかさ。そういうこともあるのに来るわけじゃん。だってただ僕と関わりたいだけだったら別に介助じゃなくても、ぜんぜん普通に来てだべって帰るとかさ、アリなわけでしょう。わざわざ介助に来るわけだよね」。そこをあらためて考えてほしい。なぜ、介助に来るのか。「ひとつは僕との関係って言うか友だちの延長で来ている人がいる。あとは何だろな、ほとんど分かんないっていうのもある。『来い』って言われたから来てるみたいなのもあるし。『障害者が地域生活できるように』みたいなので来てる人もいるだろうし。仕事、バイトだってので来てる人も」。そのような面面のなかから確かめたい。香取さんの「介助者がこわい」という気持ちは、介助者がなぜ来るのか分からないという認識と関係するか。「そうだね、何で来るかはっきりしていないから、そういう恐怖があるんだね」。対照的に、たとえば障害者と共に生きようと言って来る人なら大丈夫か。「それがハッキリしてるんだったらね。うん……。（間）共に生きようってのは分かんない。共に生きようなんてすぐ崩れそうですからね」。では障害者のために何かしたいというならばどうか。「やっぱ障害者の地域生活っていうのを支えて、自分は介助者で来てるって人はまあ、安心ですよね」。共に生きることの不確かと地域生活を支える活動への信頼について、その相違は筆者には分からない。ここで誤りなく知られたのは、香取さんが恐怖の対語に安心を用いたことである。

筆者、安心とは。

香取　少なくともそういうことはしない、置いて帰ったり、金盗んだり、物盗んだり、殴るとかはしない（という安心）。殴るっていうのはあんまりないと思うけど。殴るくらいだったら介助に来ないよね。（筆者、安心できる条件は？）その介助者が、どういう生き方だろうが認めれる人で、それを口にしてる人かな。介助とか障害者の自立生活にかんして、考え方の共有ができてる人。たとえばその人が「俺はこういう感じで介助してるんだ」とかっていうのが分かる人は安心するよね。こっちから「なんで介助したいの？」とか訊くわけだけど、それが明確に僕に伝えられない人は不安ですよね。

伝えられている例はどのようかと訊いた。話し言葉の応答なので、読み手には場面をあれこれ想像しつつご理解いただきたい。香取「たとえば障害者の人はいろいろ買うわけじゃないですか、服とか食べ物とか、買うわけでしょ。それを『障害者のくせに』とまでは言わないけど、『あれはどうかな』とか言わない人だよね。（もし）そういうのを言った人には『人それぞれなんだからいいじゃん』って言う（たしなめる）人とかさ。（もちろん）言う人はほとんど冗談で言うんだよ。だけどそこで『別にそんなんアリじゃん』とか『別にいいじゃん』って言える人と言えない人って、やっぱ、いるわけでしょ。言う人と言わない人っていってもいいけど。それは大きな差ではあるなぁ、僕からすれば。それは〝ただの冗談として言っちゃいけない〟っていうか。言っちゃいけないんだけど冗談で言ってるのか、本当にただ冗談でそう言ってるのか（言うべきではないことを自覚しつつあえて冗談めかして口に出してみているのか、言うべきでないとはまったく思わず、はしなくも本心を露呈してしまったのか）、ぜんぜん違うと思うんですけど、分かりますかねえ」。筆者が補えばかえって意を損なうだろうから、余計に書き飾らずにおく。そのうえで続けて質問、両者の弁別はできるのか。「その人のほかの発言ですよ。その人がそういう（たとえば『障害者がそれを買うのは贅沢だ』などの）発言にたいして『別にそんなんいいじゃん、うちらが決めることじゃねえじゃん』みたいなことを言っていた人だったら、そういう人は信用できる」。

もっとも現実にはこうした対話の機会はさほど多くもないだろうし、二度や三度のやりとりで何かしらすべてが分かることもないだろう。前段から離れて話題を換えて訊けば結局のところ、介助者の意識があれこれさまざまであっても、かれらの心情が細部にわたって知られなくても、折り合いをつけてともかく用を足しているのが実状のようである。以下、あらためてそれを見よう。

先に介助者の「ちゅうぶらりん状態」という話題があった。そのような「介助者としての自覚」に少し足りない介助者は、香取さんには「不安」な人でもあるだろう。そこで筆者は香取さんに、ちゅうぶらりんな介助者たちがなぜ介助に来ているのだろうかと訊いてみた。かれの応え「さあ、分かんないねそれは。僕としてはその人が何を思っていようが（いまいが）、目的を達成するために使って、やってもらわないと困ることはやってもらうわけで。その人が嫌だろうが好きだろうがとりあえずいいわけだから」。これはすなわち、すでに話された「克服」のひとつのありようかとも思われる。

重ねて筆者、介助者の意思や自覚はコントロールにはあまり関係しないのか。

香取　ま、基本的には。そこはもう使い分けるっていうか。介助者として入ってもらう段階でこいつ使える、使えねえとかこいつダメだなとかって必然的にやっちゃってる（仕分けている）わけで。（筆者、その基準は何か）難しいなあ。とりあえず自分よがりじゃないっていうのは重要だよね。たとえば障害者の人を助けてあげたいとかって来る人は勘弁してくださいっていうのがあるけど。それは話して分かる、って感じ。たとえば（事前の面接に来て）僕と（傍らにいる）介助者のどちらと話してるのかとか。介助者とばかり話している人って、障害者と一対一になりたいと思ってないから。なるってことにすごい抵抗あるみたいだし。そういう人は来なくなる。説明した段階でいなくなる。

じつのところ、香取さんのこの説明はさほど定まったものでもない。ではそこで残る人はどんな人かと訊いても、せいぜい「とりあえず来てみて、やれそうだからやるか、みたいな感じなんじゃないですかね」といった程度である。これらのとおり、私たちの社会的関係がしばしばそうであるように、香取さんがとりむすぶ介助関係の多くも、介助者の胸のうちをそれほど承知したものではない。私たちはみな〝他人の心が分からない〟恐怖をひとまず脇に置いている。すっかり同じく、介助者の心奥はどうあれ、香取さんが直接にコントロールしなければならないのはかれらのふるまい、動作である。

ただくり返し訊けば、具体的な時時の判断とあわせて、その「とりあえず来てみた」ような介助者たちを操縦するために有効な工夫のあることも知られる。介助者とのいくつかの「約束」である。とりあえず来た介助者たちといえば誰より、あの大学一年生の夏休みを思い出さなければならない。そのころと現在とを較べながら。

香取　初期の人はかわいそうだったんじゃないかな。僕自身が介助観ってのをぜんぜん持ってなかったから。それで介助者にもぜんぜん伝えられなかったわけで。最初の人とか何していいのかさっぱり分からなかったんじゃないですか。ほんとに自分で手さぐりで。その人が手さぐりしてたのかどうか分かんないけど。今はどっちかといえば指針をちゃんとピシって伝えられるからそれに（介助者が）合わせることができると思うんですよ。俺も（その指針に）合わせられる。

指針とは何だろうか。「たとえば指示があるまでしないとかっていうこと。まず、なんで自立生活してるのかっていうことを最初に説明するわけですよ。施設っていうのがあって親元があって自立生活っていうのがあって。そのなかでなんで自立生活しているのかってのがあって。だから介助っていうのはこういうもんだ、と。指示があるまでしなくて、なんだけど、ただ黙ってそこに居ろってことじゃなくて、そりゃもちろんお話しとかしてもいいししてほしいんですけど、でも少なくとも介助者は友だちと同じじゃないってことは押さえて話してね、みたいなこと」。このような指針が初期の介助者には示されなかったという。だから「介助になってなかった。ただ来てた。具体的に生活は支えてたと思うけど〝介助者〟ではなかった」。割り込んで筆者、それは来る人びとの意識が当時と現在とで異なるのではないか。香取「いや、人はほとんど、みんな変わらないと思いますけどね。今の人も別に。（それよりも）こっちが伝えれたか伝えれなかったかだ、っていうのがあると思う」。しかしこれほど強調されると、よほどの手間をかけているだろうと想像するが。「ま、一五分くらいかもしれないけど（笑）」。たったそれだけを説明する、しないで介助者との関係が異なってくるものなのか。「いや、変わりますよ。少なくともそれを言っておいて介助に入ってもらうのと言わないで入ってもらうのとでは、ぜんぜん違う。こっちの心持ちも違うわけだけれど。そこで約束を、介助者は言われるまで（障害者の指示があるまで何も）しないとかを伝えてるわけだから、（余計なことは）するなって言えるわけですよね」。そうして生じる今と昔の違いは、具体的には何か。

香取　（以前は）要らんものを買ってくるとか、勝手に料理持ってくるとか。（語気を強めて）あと、こっちの心持ち（の違い）ってのがやっぱりある。いちおう約束事をお互いに決めたわけで、それはやるなって言えるわけだけど、何も約束事がないころにやるなって言うと「なんでそんな（ふうに言うのか）、（こちらは）せっかく親切にやってやってんのに」みたいなことになるわけですよ。

もう一度確かめる。約束を交わさなかったころの介助者は、いったいどのようなことをしたのか。「いや、それは些細なことですよ。手料理作って持ってくるとかニンジンの切り方が違うとか」。一部の読み手にはなじみぶかい話題だろう。介助者の〝善意〟や〝思い込み〟はじつに多彩で、それらを否定しようとする障害者はしばしば創意工夫を強いられる。香取さんにとって「約束」は有効な手段のようである。筆者、介助者との関係性は約束事だけで変わるものなのか。「変わるんだねえ、変わるんですよ」。あなたの言い方が変わったのではないか。「いや、前は言わなかった。言ってなかった」。では、香取さんの何が変わったのか。「僕が変わったこと？　約束事を設けるってこと。介助者と友だちを分けるってこと」。精確に言い直そう。香取さんと介助者とは、約束で関係性が変わったのではなく、約束事を設けるような関係になった、のである。

ただし。ここでももれなく、香取さんは介助者の心情に注意を欠かさない。介助者は約束に適応しているか、と訊いた筆者への応え。

香取　できる人もいるし、言っても分かんないやつもいるわけですよ。ま、介助者としてはただ使われるために来るのって、つらいわけだと思うからさ。介助者として来てる自覚があるんだったらいいけどね。介助者だと自分は思ってないやつにとっては、つらいわけじゃないですか。友だちの延長で来てるやつ。

ここで香取さんが照準するのは「ただ使われるために来るのは、つらい」という介助者の満たされない気持ちである。手料理を作ってふるまいたいし、ニンジンは見た目によく味もしっかり付くように一手間を惜しみたくない、そんな介助者の意気を削ぐように言わなければならないのが、言われるまでするなの指針である。むろんそれは自立生活の当然のありさまで、介助者のための自立生活ではない。そうしたかれらの欲求を制御するために、約束事は有効な手法となっている。ならばかつて、自立生活の初期、介助者たちと約束を交わさなかったのはなぜか。「言わなくても分かってくれると思っていたし、友だちと契約関係っていうか、こっち指示する人そっち指示される人みたいなのは、そういう関係って

〝あったかみ〟がない関係なのかなとか思ってたし」。今はどうか。「今は別にあったかみがない関係だっていいじゃん、みたいな。（以前はあったかみを）重要にしなきゃいけないと思ってた。そりゃあ人間みんな仲良しの方がいいっていう（笑）」。ありきたりの理解だが、人手も少なかったから機嫌を損ねるわけにはいかなかっただろう、と筆者。ごく軽く応えて「まあ、それはあるよね」。でも今でも決して人手が足りているわけではないが、と筆者。「やっぱ、金が入ってきたのが大きいよね」。おそらくどれもが妥当で、けれど十全な説明にはならない。友人たちとの介助関係に金銭を介在させたとしても、状況はさほど変化しなかっただろう。度重なる行政交渉で手段を得て、はじめて対価の支払いを掲げながらの介助者募集が可能になり、そのような人びとが集まった。介助をしようとする人びとの志向と依頼のしくみが幸運な出合いをするほど、香取さんに使い勝手のよい介助関係を構成できる可能性が高まる。

以上、いくつかの場面、ことがらに限ってではあるが、香取さんが一方では介助者の心情を推し量りつつまたしばしばそれが判然とせず、だが他方でそれを脇において介助者を使う現況を聴いた。聴きながら筆者に印象的だったのは、かれが介助者への不満と気遣いをともに併せて言うさまである。質問、いろいろな試行錯誤を経てきた今でも介助者への不満はあるか。香取「ありますよ。もうちょっと勉強しろとか。『生の技法』くらい読めよとか（笑）。もうちょっと介助やるってことに自覚的になってもらってもいいんじゃないかな、とかさ。介助するって決めたんだったらさあ、月何回入るとか決めてるわけだから、そんくらいやる時間くらい自分の生活のなかで確保してくれよ、みたいなさ。今月入りませんとか、ふざけんな、みたいな」。まったく間を置かず続けて筆者、そういう不満はあっても、かれらにとって外出などは負担だろうとも思っているのか。「思うね。だって実際に大変だしね。まず物理的に大変だってのがあるよね。それから対人関係。ヘンな人が入ってくる（街を歩いていると、ときには難癖をつけてくるような人もいる）っていうのも大変だしね」。

さまざまの志向をもった、予測のつかない介助者たち。その〝善意〟に身をゆだねてまで機嫌を取ることはないけれども、絶対に制御可能というわけでもない。さらに心情を推し量れば気苦労も分かる。そうして結局、遠慮してしまう。前段に続けて訊く、介助者ではなく香取さんが負担を感じないような、遠慮しないですむ介助者がいるとしたらどのような人か。

香取　少なくとも自分の思ってることは言ってほしいよね。たとえば、（間）何が大変と思ってるかってのはちゃんと言ってくれた方が楽、俺は楽だよね。たとえば階段で人をさがすのが嫌だとか。嫌だと思ってるんだったら「嫌なんですよねえ」って言ってくれたら、まあ、楽っちゃあ楽。

読み手の想像を求めたい。介助者のあなたは今、香取さんの乗った車いすを押して駅の階段にさしかかったところ。先を急ぐ人びと、混雑、ざわめき。誰かを呼び止めて一緒に香取さんを担ぎ上げてもらわなくてはならない。どこに陣取って、どうやって声をかけるか。

しかし、この期におよんで介助者に「嫌だ」と言われてしまったら、困るのでは？

香取　少なくとも何が嫌なのかっていうのはハッキリしてないと解決方法がないもんね。たとえば「人に頼むのは迷惑な気がするんですよ」っていうことであれば、いやいやいや、別にそんな、手伝ってくれる人は迷惑とかぜんぜん思ってないわけですよ。迷惑と思ってる人はさっさと（先へ）行っちゃってるわけで。だから大丈夫だと。手伝ってくれる人は、ただ流れの中の一部でしかないわけだから、別に俺のこと手伝ったからって、一生覚えてるとかそういうことはほとんど無いに等しいわけだから、そんなの気にしなくていいんじゃねえの？　とか言えるわけ。そういう形で答えることはできる。その介助者が納得してくれるかどうかは分かんないけど。

残念ながらこれは架空の話である。実際には介助者は、嫌とも言わない代わりに何に困っているかも言わない。だから、香取「何が困る（嫌だと思っている）っていうのがハッキリしないってのは、逆に大変だよね。こっちも合意取れてないことやらせるわけにもいきづらいじゃないですか」。筆者、何も言わなくても、介助者が困っているらしいことは分かるのか。「分かるね。（自分としては）分かってると思ってる。ホントにそう思ってるかどうか分かんないけど。（筆者、どうして分かるのか）そりゃあ分かるじゃん、車いすの位置の付け方とかでさ。たとえば階段上るとか下りるとかいうときには、端っこにいちゃダメなわけじゃないですか。端っこにいたら止められないわけですよ、手伝ってくれる人を。階段の真ん中にいないと人は呼び止められない。端にいたら無理」。

説明を聞きながら筆者がたいそうつよく感じたのは、そりゃそうだよな等の合点ではない。たしかに端にいたら人を呼び止められないが、それは道理でそれ以上ではない。むしろ介助者の一挙手一投足、動作のすべてが香取さんにとって、かれらの心情をうかがい知る手がかりになってしまうことに筆者はようやく気づかされたのであった。それはすなわち、香取さんが介助者を「こわい」と思うきっかけの無数と遍在を意味している。

香取　介助者が言わないっていうのが、いちばんこわいよね。不満に思ってることを口にしないでやり続けられるってのが、いちばんこわい。多少でも言ってくれた方がね、はっきりできるわけじゃないですか。できる、できないって。

ただ筆者には、これとは対照的な判断もあった。どれもみな、ほんの小さなことごとである。いくらかの偶然が味方についてくれたなら、香取さんは遠慮せずにすむかもしれない。介助者が思わず独り言ちて「どうしよう、頼めるかなあ」と弱音さえ吐けば香取さんが介助者を助けてやることもできるだろう。あるいは小さな工夫がそれを偶然でなくするかも知れない。介助の指針を伝えて、約束を交わし、最小限の適性ある介助者と折々に話し合う余裕にめぐまれた外出。しかしそれは未だ香取さんの現実にはならない。筆者、あなたは介助者にどの程度、言いたいことを言えているのか。

香取　言えないこと、あります。たとえば電車に乗るときとか。電車って動くから、車いすがどうしたって動くんですよ（筆者補、当時の、車いす固定装置が無い電車を想起いただきたい）。そういうときは介助者に近くに居てもらわないと困るわけ。だけど遠くに座られたりとか。（ドア付近に香取さんを置いて、そこから離れた）空いてる席に座ったりする。そういうの（「遠くに座らずにそばに居てくれ」）が言えない。それはいわゆる遠慮だね。

本章冒頭の筆者には、おそらくこれが理解できなかった。しかしここまで聴いた今、筆者はかれの胸のうちを察して切ない。だが自らに強いて訊く。なぜ言えないのか、近くに来いと言うのが当然ではないか。香取「むつかしい。（間）いろいろ理由があると思うんだけど、たとえばずっと長時間一緒にいるから離れてえと思ってんのかなとか、ちょっと距離置きてえなとか思ってるのかな、というのもある（想像される）し。そういう気分なのかな、とかさ。（間）約束してるのに離れるってことは、それはまた、なんていうか、それだけの理由があるのかなあと（思う）」。声を荒げて筆者、いやそれは約束がしっかりできていないか、物分かりの悪い介助者なのだろう。穏やかに、香取「いやそれはね、こっちの基準ですけど、分かってるやつと分かってないやつはいますよ。分かってないやつには言いますよ」。呆れて筆者、約束事が分かっていても、あなたから離れて座る介助者がいるのか。「いる、いる」。そうすると、こっちに来いとは言えない、遠慮してしまう？

香取　うん。遠慮します。

筆者　なんで？

香取　え？　なんで？　なんでって言われても……。（間）そこで気まずくなりたくないから、かなぁ。

（間）俺が訊きてえ。「なんで離れるんだ？」って。

今度は小さな声しか出ずに、筆者。そこで「離れるなよ」って言えば、「あ、わるいわるい……」で済むかも知れないじゃん。

香取　（間）済まないかもしんないよね。っていうか、だってさあ、あるでしょ、なんていうかさあ、そんな単純じゃないわけじゃない、人間関係なんてさ。（そう思って見てやれば）〝こいつ、なんか今、すげえムカついてそう〟みたいなの（そう感じ取れるとき）があるわけじゃないですか。

筆者「それって、めちゃめちゃストレスじゃん」。香取「めちゃめちゃストレスですよね」。筆者「理不尽だなあ。そこで、なぜ、言えないのかなあ」。

香取　だから、大変ですよね。たいへん、たいへん（笑）。キャッチャーみたいなもんじゃないですか？　ピッチャーの個性を考えて、得意球とか考えつつ（笑）、使っていくって感じじゃないですか。こいつ先発、こいつ中継ぎ、こいつ抑え、みたいな。それで使えるみたいなのを考えつつ、組み立てるわけじゃないですか。たとえば「シフト表」ってたぶん、そういう感じなわけですよね。

壁に貼られた隔週水曜日の名前、月一回のめずらしい苗字。聴きとりのあいだずっとながめていたそのマス目がうめられていくまでの、筆者はいったい何を知り得ただろう。野球になぞらえた香取さんに、プロ野球・ヤクルトスワローズが日本一になった二〇〇一年にふさわしく、その正捕手の名を挙げながらインタビューの締めくくりとして訊いた。香取さんが古田になる日は近い？　香取「え？　それは分かんないですけど。そこは、介助者とぶつかっていければ古田になれるかもしれないですよね。『なんで離れて座るの？』みたいなことを訊けるようになれば。使えなさそうなやつにも『いやそれじゃ困るんだよね』みたいなことをさ、言っていけるようになれば、古田になれると思いますけど」。あなたはプロ野球だとどのタイプのキャッチャー？　「たぶん一軍じゃ使えないんじゃないですか」。謙遜しなくてもいいよ。「いや、それは、ほんとに」。

チームプレーの技術向上にはトレーニング・パートナーが欠かせない。経験不問、ピッチャー求む。

〔付記〕

本章の初出時、筆者は請うて香取さんに感想を求め寄せてもらった。誤字等をあらためてここでも紹介する。

読んでみて一言

活字になると随分輪郭がはっきりしてしまうことに少々驚いています。その一つは、僕が介助者のみなさんを「こいつら」などと呼んでいるのが浮き彫りになってしまったことです。これを読んだ方、読まれた介助者の方、ごめんなさい。違う言葉に置き換えてもよかったのですが、自立生活をする障害者のひとつのケースをありのまま伝えるという使命感から、そのままにしてもらうことにしました。もう一つは、介助者との関係を相対的に話しているつもりでいたのが、聴きとりをまとめられたものを読んでみると、相対的ではなく、介助をしている特定の誰かについて話していたことに気付きました。

僕の目の前にいて介助をするそれぞれ「〜くん」。いろいろ個性的な「〜さん」。そんな彼ら、彼女らと直に接しているときには浮かんでこない、想像されない、結びついてこない「こいつら」という言葉。介助者というカテゴリーについて話すときと随分ギャップがあります。というか、ギャップがあることはなんとなく感じていましたが、それを超えていました。自分でも少し驚きと恐怖を感じているところです。

でもなぜ「こいつら」という言葉を使っているのだろうか。もちろんこれまでの不満もやっぱりあると思いますが、一つには、僕の中で介助はそれぞれの個人と関わっているわけではないと言い聞かせていることからでてきていると思います。そしてその関係は、障害者である僕が介助者に指示を出して何かをする関係。つまり「使う」対象として介助者がいるわけで、それを再確認するために使っていたと思います。もう一つには、「使う」対象としての介助者を聞き手に伝えるのに適していた言葉ということもあるだろうと思います。また、もう一つは、障害者は弱くて、かわいそうで、保護してあげなければならない、まして人を「使う」ことに疑問を持つと想像される読者に対して、言葉は悪いが威嚇する意味もあったかと思います。そして、この聴きとりを読むであろう介助者に、介助者と障害者との距離感を暗に提示しようとしているのかも知れません。

つまり、僕は介助者について相対的に語ろうと思い、また聞き手や読者にもそのように認識してもらいたいと思いながら聴きとりに応えていたのだと思いますが、実際には介助関係というのはもう少し複雑なもののようです。あとでまとまったものを読んだときに僕が感じたことが、その現れだと思います。

第2章
ピアカウンセリングの経験

本章の聴きとりは二〇〇三年二月から三月にかけておこなった。香取さんからかれの一人暮らし、自立生活のありさまを教えられる過程でわずかに紹介された、自立生活センターが開催する「ピアカウンセリング」のいくらかを知るためである。筆者はピアカウンセリングについてはじめいくつかの資料から学んだが(1)、ここではそれとは別の文献によって概観しておく(2)。ピア peer とは「同じ立場に立った人達」を意味する。ピアカウンセリングは「何かを共有する人の間で行われるカウンセリング」であり、したがって自立生活センターで行われるそれは「同じように障害を持った人達の間で行われるカウンセリング」である。カウンセリングには「個別カウンセリング」「ピア・カウンセリング集中講座」「ピア・カウンセリング長期講座」などがあり、各「講座」は「ピア・カウンセラー(リーダー)の養成を主目的」とする。当然ながら講座のなかでもピアカウンセリングを実体験する時間があるから、参加者は手法を学ぶだけでなく、その場でのカウンセリング効果を期待することもできる。

さて、香取さんはセンターを運営する役員の一人であり、それに由来してさまざまのピアカウンセリング(おもには「講座」で)を体験してきた。筆者は今回、ピアカウンセリングの歴史や理念ではなく、それを体験した香取さん自身の気づきや感想を訊くことにした。そのようなわけでここではピアカウンセリングの一般論は展開されない。あくまで香取さんひとりの体験記にとどまる。さまざまな不足をお赦し願いたい。

聴きとりに先立ち、手みじかにピアカウンセリングのあらましだけ示す。セッションは二人あるいは複数人で行われ、カウンセラーとクライアントから成る。参加者どうし、握手するなどふれあいながら自己紹介したり、からだを動かしながら心情を表明しあったりする。あるいはテーマを設定してたがいに話し、聴きあう場面や、ロールプレイ（経験の再現劇）をして話しあう場面もある。それらは時間を対等に分けあう、傾聴するなどいくつかの約束事を前提とする。各セッションの内容は個別に異なり、またとくに「講座」のばあいカウンセラーとクライアントの役割は固定的でもない。香取さんの説明によるだけでもピアカウンセリングの含意はたいそうゆたかであり、またときには〝ピアカウンセリングの方法を使って自立生活プログラムを行う〟などの用法も見られる。広義に言えばピアカウンセリングとは、催しの名称であり、たがいに話し聴くときの技法であり、関係しあう際のルールでもある。けれど本章ではそれらのうち一定の時間と場所で区切られた、複数人の、話し聴きあうセッション、いわば狭義のピアカウンセリングにおもに照準して香取さんとの対話をすすめたい。また以下、ピアカウンセリングは、香取さんらの用語法にしたがって適宜「ピアカン」とも略称する。

（1）全国自立生活センター協議会、一九九九、『ピア・カウンセリングってなあに？』同会発行。全国自立生活センター協議会・東京都自立生活センター協議会・ピア・カウンセリング委員会（編）、一九九七、『自立生活プログラムマニュアル　入門編』。全国自立生活センター協議会・東京都自立生活センター協議会・ピア・カウンセリング委員会（編）、二〇〇一、『自立生活プログラムマニュアル　実践編』。ピア・カウンセリング委員会（編）、一九九三→二〇〇二、『ピア・カウンセリング　集中講座テキスト』〔第7版〕。なお資料、文献によって「ピア・カウンセリング」「ピアカウンセリング」の二通りの表記があるが、本書では香取さんたちのセンター資料の表記にしたがって「ピアカウンセリング」とし、ただし引用部分については引用元の表記にしたがう。

（2）立岩真也、一九九五→二〇一二、「自立生活センターの挑戦」安積純子・岡原正幸・尾中文哉・立岩真也『生の技法』第3版、生活書院、四一四—四九八頁。

1——気持ち悪いけど必要

香取さんが自立生活をはじめて間もなくから今日まで、かれの参加したピアカウンセリング（ピアカン）全体について、印象に残っているプログラムやセッションは何かと訊いた。香取「枕で叩くとか、人を褒めあうとか、〝はぐはぐ〟するとか」。枕で叩くのは「感情を解放する（ため）」と説明され、誰かを恨みつらみのある者にみたてて、怒りなどの感情を込めて枕などをふりおろす。香取「たとえば『（私があなたの）恨みつらみがある人になるから、とにかく枕で叩いてみなさい』（リーダーやカウンセラーが叩かれる役になったり、参加者が二人一組になって相互に叩かれる役になるなど、やり方はさまざまである）って。そしたら『うぇーっ』って叩かれる。俺は叩かなかったけど（手が使えるほかの参加者は）叩いてた」。内容はともかく、香取さんの応答は筆者に、いかにも素っ気ない印象を与えた。じっさい、少なくとも聴きとりを続けたある時期までかれは必ずしもピアカンに好意的ではなかった。

枕で叩くというセッションの意図についてさらに訊く。感情を解放するという説明をいくらか具体的に、香取「感情を出すことで、いつも自分が思っていることが、確固としないものが明確化するとか」。

けれどかれ自身は叩かなかったし、あるいは感情を出して何か言うように促されても「そんなあんま思いつかなかったんだよな」。だから「適当にやった」とのこと。ゆえにこの前後で聞くピアカンについてのかれの説明は、かれの心情の経験よりもむしろ思考の回路を経て筆者に示されている。

本章の各所でいろいろに挙げられるとおり、ピアカウンセリングという方法やそれが行われる場にはいくつかの約束事があり、香取さんの参加するピアカンはいずれもそれらをふまえている。筆者はこれ以前にも一端を香取さんから聞き、あるいは関連する資料などを読んでいたから、そのかぎりピアカンの目指すところや方法に感嘆していた。それを香取さんに話したときのかれの反応。香取「ま、いいことなんじゃないんですかね、たぶん。俺は気持ち悪いとは思うけど」。かれが「気持ち悪い」と約言するプログラムのようすや生じる心情なども後節で詳しく紹介するが、筆者に興味ぶかく思われたのは、たほうではかれがピアカンを「必要だと思う」とくり返し言ったことである。筆者、ピアカンに批判的なあなたとしては、そのプログラム自体やるのはよろしくないと思うのか。即応して香取「いやそれはない。だから、それは必要だと思うけど、俺がじゃあやるかっていうと俺はやらないっていう感じです」。じじつ、かれも運営役員の一人である地域の自立生活センターではピアカンを不可欠の活動と位置づけ実施している。その立場にある者が「気持ち悪いけど必要」と言うのを筆者はどのように理解すればよいか。センターのピアカン活動については、かれは肯定的である。筆者、あなたのように言う人はとても少ないのではないか。香取「(確かに)『ピアカン、必要だとは思うんだよねえ、でもなんかイヤなんだよねえ』みたいな話って、どこにも書いてないですよね。(出版物など)大きなところでは」。

筆者、ピアカウンセリングの解説書にそんなふうに書いてあったら読み手が困る。香取「まあね。ほかの自立生活センターの機関誌とか読んでもさ、みんな『ピアカンやってよかったです』みたいな感想がいっぱい出てるけど、俺みたいに気持ち悪いと思ってる人が書いた文章って、めったに見ない。ま、俺は見たことない」。あまりに当然ながら、香取さんのセンターの機関誌も例外ではない。

筆者の未熟は、香取さんの真意を的確に表現できていないかもしれない。かれはあれこれと言いながらもピアカンというプログラムすべてに不同意ではない。その目的についてはむしろ積極的に評価している。かれの違和感をより厳密に、限定的に挙げてもらう必要を感じて筆者は、視点を換えながら〝気持ち悪さ〟をいく度も訊いた。かれもいろいろに応えた。「ピアカン受けたい人（のなかに）はすごい希望を抱いてる（人もいる）わけですよ、ピアカンにたいして。夢が叶う、みたいな」。あるいはピアカンの時間は「そこにいる人はみんな〝いい人〟になっちゃう。悪い人はいないみたいな雰囲気。（その雰囲気に皆が馴染むことを言って）それがまた気持ち悪いよね」。そうくり返しながらもさらにくり返してかれは、ピアカウンセリングが「必要だと思う」とも言った。以下での議論をわずかに先取りすれば、それぞれのコメントは逆接的ではなく並列するものと解されるべきである。ピアカンのプログラムは香取さんの言う「必要」を果たすために工夫されており、その工夫が、かれが違和を覚える〝場の雰囲気〟を醸成するのであろう。

気持ち悪いけど必要、ふたつのコメントのうち、気持ち悪いは香取さん自身の感触である。たいして必要は自立生活する障害当事者たちにとって必要であろうという、かれの判断である。障害当事者としていく度かピアカンに参加するなかで、かれ自身、なにかしら感じたことはないだろうか。ピアカンの主たるプログラムはたがいに話し、聴くことである。積極的には話さなかった香取さんもそこではいく度も聴き役を務めた。筆者、聴いて自分のなかに考え方など変化はなかったか。香取「だいぶまあ……、効力はあった気がする。なんていうか魔法にかかったような。いや、魔法って言っても仕方ないな。なんていうかとりあえず、そういう境遇にある障害者っていうのが、一緒にほかの地域で生活してるんだとかさ、知れたことが心強かったなって」。筆者、心強いとはどういう意味か。香取「そういうの（障害者が話すこと）をちゃんと聴いてくれる人がいるんだっていうかさ。まあ僕は（親身になって）聴かなかったかもしんないけど、少なくとも違う人（プログラムの参加者）たちはちゃんと親身になって聴いてくれるわけで。とくにピアカンの人（ピアカウンセラー）はそういう存在としてそこにいるわけで。そういう人がいるんだなっていうことは心強かったですよ」。聴きとりの別のところでかれはそれを「自分に自信が持てる（た）」とも表現した。かれは実際に自信が持てたと言うので、筆者はすかさず訊いた。何について？

香取　そこだよ。なんだろな。それはまあ、このままやっていける、とかさ。または、こういうやり方でやってもいいんだ、やっていける、とか。

香取さんが自分ではない誰かにとってのことであるように言う「必要」は、少なくともたがいの話を聴くことにかんして、かれ自身の実感をふまえているように思われる。そこで、ピアカウンセリングの講座で「感情の解放」をしながら話す参加者を見たときの香取さんの心もちを訊いた。具体的な内容は話せないから、ごく大筋について。

香取　自分の過去の、小っちゃいときにこういうことをされたとか、養護学校でこういうことがあったとか、福祉課の人がこうだとか親がこうだとか（役人や家族からどのような扱いを受けてきたか）。それが嫌だったとか辛かったとか。

筆者　それを聴いているときのあなたは、どんな気持ちで聴いているの？

香取　まあそれは、共感する部分もありつつ聴いていますよ。養護学校で辛かったって聞いて、（自分にも）そういうこともあったなとか。

筆者　あなたから見て、そうやって話すことが話した人にとってどんな意味を持ってると思う？

香取　さっき言ったように整理がつく（先に言われた「いつも自分が思っていることが、確固としないものが明確化する」こと）っていう。自分が思ってることはどれくらいのものとか（香取さんの挙げた一例、たとえば恨みを込めて枕で誰かを叩くとその相手が痛がる。すると叩いた当人が「こんなに痛がってる。ああ俺はこんなに恨み持ってたのか」と分かる）。逆に、それを言っちゃうことで（話し手だけではなく、むしろそれを聴く）周りに影響があるのかな。ここまで聞かしてくれる、とかさ。

周りの人たち、つまり聴き手のなかには当然、香取さんも含まれる。

香取　あぁ、そこまで（話してくれている）。聴いていること（出来事の深刻さや話し手の感情のつよさなど）は分かるわけじゃないですか。そこまで言ってくれてる（ふだんの会話ならば話されることがないと思われるほど、話し手にとって心的な負担をともなって吐露されている）って。それは（聴き手である自分がその話し手に）信頼してもらってるってことなのかな、とか。またはうちらもここまで言っていいのか、とか。

筆者にはかれの言う「信頼されている」気持ちは知られない。そういう気持ちになるものなのか。香取「ま、この人がここまで言ってくれたんだったら、自分もそこまで言っていいのかな、とか。そんな感じ」。疑うつもりはないが、ピアカウンセリングの場にはいくつも約束事があり、それに沿って話されていることではないのか。香取「それ（たがいに話し、聴くなかで生まれる心情）は錯覚ですよね、きっと。でもそういうルールを設けることによってそういう関係にはなれる。この人とはなれるってことが分かった。っていうの（意味や意義）があるんじゃないんですかね」。重ねて筆者、ピアカンでは忠告や語りの妨害をしない、秘密を守るなどの約束がある。しかし罰則などはない。秘密にするから話そうと言われてすぐに話せるものなのか。香取「そこは（一般の参加者ではない）話してくれる人がいるからじゃないですか。先にピアカウンセリングの人（ピアカウンセラー）が自分の思っている、自分の持っている傷とかを話す。（それを聴いた参加者たちは）この人がこんなに話してくれるんなら、じゃあ私も信頼して話せるかなと思えるとか。（筆者、香取さんでもそう思う？）うん、まあそうかな」。

ここまでを香取さんに訊いて、筆者には、注目すべきは障害者どうしが話し、聴きあう機会を得ている事実、またそこでの話され方や聴き方がふだんとはいろいろに異なるらしいことにあると思われた。かれはふだんと異なっている何かしらを一方で気持ち悪いと言い、また何かしらを必要と考えている。ピアカウンセリングのありさまと対照される香取さんたちの日常生活について続けて訊こう。

2——日日の生活

香取さんがピアカウンセリングを表して「気持ち悪いけど必要」と言う、その前者から訊く。筆者、気持ち悪いと思うのはなぜか。香取「みんな、なんでもかんでも否定しないで聴きあうとかさ、信頼しあうとか。ここにいる人は信頼していい人なんだみたいに思っちゃったりするのはなんか気持ち悪いなって。みんな約束守る人、ここで言われたことは誰にも言いませんってみんなが思ってるとかさ」。ピアカウンセリングの場で話されたことはその場かぎり、ほかの誰かに伝えてはならないという約束事があり、その約束が必ず果たされると信じる参加者のさまを怪しく感じているらしい。さらに。香取「『ピアカンやればなんとかなる』っていうのも、なんでそう思えるの？　なんか過剰なものがありますね」。これは筆者にはすぐに理解できず、質問。ピアカンというのは話したいことを話してじゅうぶんに聴いてもらう、それが心地よいのではないか。香取「基本的にはそうなんだけど、それは〝お利口さん〟の理解の仕方なんですよ、たぶん。実際にピアカンを受けたいと思ってる人は『ピアカンやれば元気になる』『私にもなんでもできるんだ』みたいなさ。いやいやいや（それほど容易ではないぞ）、と」。これもまたピアカウンセリングの理念や方法そのものではなく、あくまで参加者の期待の大きさ、参加者の肯定の度合いにたいして香取さんが大きく距離をとっているふうな回答である。筆者がそれらを言い換えるなら、セッションに没入する参加者の姿勢のはなはだしさに同調できないのであろう。

では、香取さんが気持ち悪くない話し方、聴き方はどのようであるのか。

香取　なんていうか、否定できないっていうか、すべてを肯定して聴くっていうのはなんかイヤなんだけど。もっとなんか、建設的、じゃないけど意見交換、意見交換してやっていく、いきたいと思っていたし、（自分自身は）そういうなかで生活してきたわけじゃないですか。べつにピアカンみたいな世界で生活していたわけじゃなくて。それは誰でもそうだと思うけど。（それにたいして）すべて肯定されちゃって、認められちゃうっていうのが（気持ち悪い）。

意見交換してやってきた、そういう生活の一部を前章で（さらには続く各章でも）筆者は聴いた。香取「僕はまだなんか古い人間（ピアカウンセリングの理念を新しい何かであるとみれば、の意）なのかもしれんけど、どっちかっていうと話しあうってことが重要だと思って。ま、話しあいたいと思ってしまうんですよね」。ところがピアカンの時空間では議論よりも「もっと重要なのは聴きあうこと。それは俺は知らなかったから。僕はまだそこには達していないなって（思って「古い人間」と自称した）。それだけどそれを日常のなかに持ち込んでくるって（いうことに違和を覚えた）。俺は（ピアカウンセリングの集中および長期）『講座』しか出てないけど、その講座では〝聴きあうことを日常のなかでやれる人をつくる〟って言う。そういう人が必要なんだよって言われちゃったら（それは現実的ではないと思う）」。ここでは香取さんは参加者の過剰にではなく、掲げられた理想に鼻白む。

それでもなお、香取さんは併行して次のようにも言う。先に「ピアカンを受けたいと思ってる人は『ピアカンやれば元気になる』みたいなさ。いやいやいや」と聞いた箇所をふり返って筆者、それを気持ち悪く思うことと、ピアカウンセリングが不要、無用と考えることは同一ではないのか。香取「いや、でもピアカンっていうのは必要な、そういう人には必要だと思うし、そういう場っていうのはやっぱり必要だと思うし。それは必要ですよ」。重ねて筆者、なぜ必要かを説明してほしい。

香取　ま、〝必要な人がいるから必要〟っていうのでも六割ぐらい答えになってるかなって思うんだけど。まあ僕とかね、積極的に（自分自身のために）ピアカンを開催する必要ないじゃないですか。べつに僕は受けたいと思ってるわけじゃないんで。それでも僕は（自立生活センターとしては）やっぱり開かなきゃなと思っているわけで。とりあえずほかにいいもんが無いからっていうの（事情）があるかもしれないですよね。障害者の人が自信を持つとか、自立生活とか、自分のしたいことをしていくために力をつけていく方法みたいなのが、今のところほかにはないので、必要。やっぱ、聴く、話す、（間）話す、聴いてもらうっていう場が必要なんでしょうね。

香取さんがそこで生活してきた「ピアカンみたいではない世界」は、障害者が自信を持ったり、自分のしたいことをするための力を得ることが困難な日日なのか。筆者、日ごろ話せないからピアカンの場で話すというなら、日ごろ話せないのはたとえばどのようなことで、それはなぜ、日ごろ話せないのか。

香取 （間）まずその前提として、聴いてくれるっていう前提が、まず、ないですよね、聴いてくれない、ふつうの日常生活のなかでは。ピアカンじゃないところでは、最後まで言わしてくれない。または障害者の思っていることを肯定してくれない。認めてくれない。

なるほど、かれの言い分はここまでは筆者によく理解できた。それが抽象的な説明だからである。続いて筆者には了解の困難な具体例。筆者、たとえばどういうことか。

香取　たとえば、障害者の人が携帯（電話の操作）を介助者の人にやってもらう。（しかし介助者のなかには）携帯をうまく使えない人とかがいるわけじゃないですか。俺は携帯なんて通話できればいいけど、メールやるとか写真撮るとか（の操作をしてもらいたいと思う障害者もいて）、それが分かんない人（介助者）にとっては分かんない。それを障害者が（介助者に）頼んで、でも上手くやってもらえなかったら、なんかもうすべてやる気が無くなっちゃう、みたいな。障害者の人が「こうやって」って言ったのにやってくれなくて、そうすると（障害者の側が）全然やる気が無くなっちゃったりするんだけど、そういう気持ち。携帯やってもらえなかった（障害者の思うとおりに介助者が操作できなかった）ことによってすべてを投げ出したくなっちゃう気持ちっていうのは、まず、認めてもらうっていうことが日常のなかではできない。（かりに不満を口に出して言ったとしても）「（介助者の）誰々さんは携帯なんてできないんだよ、頼むなよ。そんなことは分かるでしょ？」みたいに最初になっちゃうんですよ。そういうことで（介助者が役に立たないことで）すべてがイヤになっちゃうっていうことを理解しようっていう気も無いし、理解できない（ような人たちもいるのである）。

その人たちはここでは実名を持たない。健常者でも障害者でも、ともかく障害者の不満をそれとして聴き留めないたくさんの人びとを思いうかべておけばよい。続けて香取「そういう気持ちっていうのを最後まで聴いてくれるっていうのが、ピアカンの場。日常のなかでもできることだと思うんだけど、すごい限られている、時間とか。（ピアカンのようなたがいに話し、聴くための）そういうルールとか知ってなきゃ、まずできない」。筆者の感想。携帯電話の操作ができない介助者への不満や、それですべてがイヤになってしまうという心もち、それらは感じて当然のようにも、わがままのようにも、また大げさな物言いのようにも思われる。筆者自身こうした愚痴を言うこともあり、それを言った相手から同意を得ることも一笑に付されることもある。いずれもがごくありふれた出来事のように見え、これのみから障害者が日日の生活で話せない、聴いてもらえないありさまを了解することは難しい。

視点を換える。前節で香取さんはピアカンでほかの障害者の話を聴いて「そういう境遇にある障害者っていうのが、一緒にほかの地域で生活してるんだとかさ、知れたことが心強かった」と言った。そこで筆者、心強いと思ったのはなぜか。

香取　ほかの地域でも生活できる、（ほかの障害者がほかの地域で）ああいうふうに生活してるんだったら□□（香取さんの居住地域）でも生活できるようになるんだろうなあということも含めて。これはちょっと、僕自身の言葉として整理ができているわけじゃないけど、障害者の〝否定の仕方〟、障害を持っているっていうことの、僕自身、否定の仕方を学んじゃうっていうか身に付けちゃうっていうの（傾向）はあるね、日常生活のなかで。でも（対照的に）自分を〝肯定する仕方〟っていうのはさ、もちろん「ありのままに」とか本には書いてあるけどそれじゃあまり意味が無い、言葉だけだったけど、（ピアカンでは）具体的に自分の肯定の仕方っていうのを知れることはある、あったかもしれない、あったような気がする。褒めあい方とかさ、褒められるとか、そういうこと。

いそぎ補うが、この説明はあくまで筆者の問いかけに応答するためにかれが説明を工夫したもので、以前からかれに自覚されていたものではない。

香取　そういうふうに（自分を肯定するなどと）言ったのは、俺は、今これが初めてなんだよね。その場（ピアカンに参加したとき）ではそういうふうには考えてなかったけど、今思えば〝否定の仕方〟っていうのは（日常生活で）身に付けちゃうけど〝肯定の仕方〟っていうのは身に付けてなかった、（それを）その場（ピアカン）でなにか見つけられたっていうか、ような気がする。

障害者が話せない、聴いてもらえないありさまに同じく、筆者には、香取さんの言う否定の仕方、肯定の仕方も容易に理解しがたい。試みに考えるなら、携帯電話の操作ができない介助者のために「イヤになっちゃう」気持ちになっても、それを障害者である自分のわがままだと心に納めたり、障害者である自分が文句を言える道理はないと諦めるのが否定だろうか。たいして肯定は、大いに不満を感じたりそれを表明することであるかもしれない。もうしばらく探究を続ける。筆者の質問、日日の生活では言えないがピアカンの場では言えることはほかに何があるか。「そうねえ、まあそれは本当に些細なことだと思うんですよね」と断りながら。

香取　ま、たとえば「介助中に携帯（電話）すんな」とか、「（介助中に）メールすんな」とか。（筆者、ごめんなさい、言えないのはなぜ？　だって障害者と介助者の関係は労使関係でしょう？）まあその、労使関係、なんだけどねえ。そのへんがなかなかそのビシッと労使関係じゃ……。うぅん、携帯してていい、逆に「携帯くらいやっててくれ」っていうくらいのとき（待機する時間）もあるわけですよね。ずっとそこに突っ立っててくれる、座っててくれるなら（何もしないでいるのではなくてたとえば）雑誌とか読んでてくれよ、みたいなところもあるし。逆に「いや、今はちょっとやめろよ」みたいな（ときもある）。そのへん微妙なところもあると思うし。まあ、難しい。そういうのを「やめてよ」なんて言うのはなかなか抵抗があるっていうか。

労使関係という筆者の問いかけはさほど的確でもない。その失敗はここではおいて、これが介助のありふれた光景であることに照準したい。介助者は障害者からの指示を受けて働く。たとえばお茶を淹れてほしい、テレビを見るために体を起こしてほしいなど。障害者が自分で飲めるなら（香取さんは手が使えないが一人で飲める）、または体を起こしたならば、介助者の用はおわる。介助者は携帯電話をいじってても構わないし雑誌を読んでいてもいい。だがなかには「次は何をしましょうか」然と香取さんの視界に止まったり声に出して訊く介助者もいるのだろう。その身のこなしは未熟であるが、香取さんはかれらに同情的である。それで、いざ用を言いつけたときにすぐに携帯電話を手放さない介助者の不適切を咎めることができない。筆者にはやはり、この香取さんの説明がじゅうぶんには理解できない。やめろと言えばいいではないか。しかしそれもここではおこう。ピアカンにならってかれの現実にうなずきつつ質問を続ける。筆者、介助者に何かを指示しようと目をやると、携帯電話の操作に集中している。それに「やめろ」と言えず、つまり指示を出せずにいるあなたの気分は？

香取　うーん、まあ、「がまん」。（筆者、むかついている、ではないのか？）むかついてるっていうよりも、どっちかっていうと、まあ「虐待」っていう言葉はちょっと大げさかもしれないけど、「がまん」……。〝いじめられてる〟に近いっていう気分になるかな。（筆者、それを我慢しているの？）「がまん」っていうよりは、どっちかっていうと「たえてる」とか、そういう感じかもしれない。（筆者、何に？）携帯いつ終わるのかなとか、早く終わんないかな、みたいな。（携帯の操作を止めろと）言うっていうのはやっぱり厳しい作業（言いづらい）かな。どうしても（その介助者には介助を）やってもらってるっていうか、明らかに〝この人が抜けたら困る〟っていうの（介助者不足の実情）は絶対に、今のところあるんで。そこで問題起こしていく、やりあっていくっていうのがそう簡単にはできないっていうか。

やりあうとは、ほかでもない、つい先ほど香取さん自身が言った「意見交換」「話しあう」作業であろう。かれは今さら、それができない。筆者、介助者に携帯の操作をやめろと言えない自分についてあなたはどう思っているか。香取「いやべつにどうも思ってないけど。まあ『こういう人もいるよな』

（言えない障害者は珍しくない）って」。ではそのやめない介助者にたいしては、どうか。

香取（間）つねに、その、〝介助者が怖い〟っていうのはありますね。（筆者が訊いたような）「むかつく」っていうのはないかな。でなくて、（むかつくと）いうよりもっと、なんか、ただ「たえてる」。（筆者、「がまん」と「たえる」の違いは？）介助の人に何か言って介助の人がいなくなるっていうの（辞めてしまう可能性）はつねにあると思うんだけど、その人がいなくなっても次の人に移るよ（と言えるくらい）、ある程度余裕がある（人手が足りていて代わりもいる）、そこで言わないっていうのはまだ「がまん」のうちだと思うんですよね。もうその人しかいないから言えないっていうのは、何て言うか、「たえるしかない」。

これがかれの「ふつうの日常生活」なのだという。そうして、ピアカウンセリングで話したり聴いたりする経験はそれらとは異なっているらしく、あるいはまたそのような現況を変化させるものでもあるらしい。続けて聴こう。

3――言わない、ということ

介助者に言えない、あるいは「ただ『たえてる』」あなたについて、あなた自身はどう思っているのかと訊いた。香取「どう思うか？　たえてる自分をどう思うかっていうよりも、たえなきゃいけない状況を『なんとかしてぇな』っていうのはありますね。（その変化とは）そりゃあ、介助者がすべてうまる（望むとおりに人手が足りる）ってこともあるだろうし、だから『携帯やめろ』って言える状況になる、とかさ。（筆者、そうならない状況を『たえてる』と？）そう、だね。もちろん『たえる』だけじゃなくて、きちんとアプローチするところもある（介助者集めに努める、介助時間中によそごとをするなと言うなど）とは思うけど」。むろんそれは「ところもある」どころではなく、香取さんたちは介助者さがしに奔走しているし、介助者の教育にも苦心を重ねている。ただ本章の目的から、ここではそれらをなしがたい状況にとくに照準しよう。筆者、ピアカウンセリングのなかで介助者への不満などを話したり、聴いたりすると、たとえば「たえる」あなたはどう変わるのか。

香取　まずひとつは（ピアカンのなかで）「たえなくてもいいんだ」って言われることだよね。「それはがまんしなくていいことだよ」って。ま、まずその前に、とりあえずそれを聴いてくれるっていうの（場面）があるよね。絶対。それも、否定しないで。さらに「それは言ってもいいことだよ」みたいなのが起きて（支持の言葉などが寄せられたりする）。あるいはさらにもっと具体的に「こういうふうに言った方がいいよ」とかってことに繋がっていく（対話が展開していく）、ピアカンの場合は。

説明をいくつかに分節し、整序しながら解釈をくわえる。絶対に聴いてくれるとは、発話と内容への対応を意味する。時間の制約はもちろんあるが、その範囲内で、聞き取りにくくても、時間がかかっても、当人が言いたい、話したいかぎり聴く。じつはこれは筆者には想像がむつかしい。発声が困難な人びととの会話をつね日ごろからしているわけではないから。かれらの言葉を〝絶対に聴く〟作業の難易も、またかれらが日ごろ、どれだけ聴かれているか、いないかも知らない。またピアカンでは了解の容易でない、あるいは散漫な心情の吐露でも、話し手の表現したいように言い、話すことがゆるされる。もちろん確認のために聞き直すことはあろうが、たとえば〝聴き手に分かりやすく話すべき〟などの要請はない。これもまたふだんの生活、職場で筆者が周囲にもとめ、周囲からもとめられるありさまとは大きく異なる。これらのようにとうてい、香取さんの説明の深意をじゅうぶんにつかんだとは思われないのだが、おそらく筆者のような人びとはかれら障害者のまわりに少なからずいて、かれらに「最後まで言わしてくれない」日日を強いている。ピアカンの経験はそれとは異なるものである。

次に、「否定しない」とは、ひとつには言い分の是認を意味する。介助者に携帯電話をしまえと言いたい。それは正当な要求だと支持するのは「否定しない」姿勢である。けれど香取さんが筆者に教えたのは、さらにもうひとつの姿勢でもあった。すなわち介助者に携帯電話をしまえと言えなかった香取さんに、言うべきだったなどと意見しないことである。筆者は思いがけずそれを知った。今まさにかれが「『こういうふうに言った方がいいよ』とかってことに繋がっていく」と説明したのに続けたやりとり。

筆者　でも、あなたが〝気持ち悪い〟と言ってるところはそのあたりだと思うんですが。否定しないっていうのは〝ヘン〟（奇妙）は〝ヘン〟なんだよね。なんでそんなヘンな状態にするの？

香取　ま、必要だからじゃないですか。

筆者　だから、なんで？　それは別にピアカンじゃなくても（ピアカウンセリングのようなルールを設けなくても、たとえば意見交換というやり方でも）できるじゃん？

香取　まずそう言われちゃったら、だから、そう言われちゃったら、（それは）もう「ピアカンじゃダメ」って言ってんじゃん。こっちが「ピアカンが必要だ」って言ってるのに、「ピアカンじゃなくてもできるじゃん」って言っちゃってるじゃん。

ようやく気づく筆者。私は香取さんに「ピアカンじゃなくてもできるじゃん」と訊くことで、かれから「いやいや、ピアカンじゃなければいけないんですよ。それは〝かくかくしかじか〟という理由があるからです」などの回答を得たかった。けれどかれは、その筆者の問いかけ、訊くことそれ自体がひとつの「否定」である、両者は同義であると喝破した。話が込み入ってしまうのだが、かれの「気持ち悪い」との評はそれでもなんら変わらない。筆者「それでもね、じゃあ言うけどね、あなたはでもピアカンは〝ヘン〟だって言うじゃん」。香取「ま、何て言うか、気持ち悪いっていうか」。しかしやはりここではこの件を脇におこう。

筆者 気持ち悪いと言うあなたが、それでも〝「ピアカンじゃなくてもいいじゃん」という言い方自体が否定だ〟と私に言うのはむしろとてもピアカン的な答えだよね。

香取 ま、そういうのは、毎日障害者の人とつきあってる経験からそう思えるだけだけど。とりあえず聴く。否定しないで聴く。それが重要だっていうの（認識、判断）があるんですよね、支える方はね。要するにちゃんと聴いてくれるっていうのが信頼関係を生んで、そこから（聴かれた障害者が）自信が持てるとか安心していけるとかいうことに繋がってるみたいなんで。

この段階を踏んでようやく、先に香取さんが言った「さらに具体的に『こういうふうに言った方がいいよ』とかってことに繋がっていく」回路へと接続されるのであろう。では、そこで生じる自信や安心とは何か。前節でもかれはピアカウンセリングの目的に自信や力の醸成を挙げた。それらが障害者のうちに生じるために、ピアカンのように話し聴かれることの必要を再度、訊いた。

香取 （ふだんの生活では）話す場がないから。聴いてくれる人がいないから。まあ健常者の人、介助者の人にそれを言っても、もちろん介助者の人も聴いてくれるとは思うけど、まあやっぱり聴いてくれない人が多いかな。やっぱり言った方は〝こういうふうに聴いてもらいたい〟っていうのがあるわけじゃないですか（それに照らせば「聴いてくれない」人ばかりなのである）。

そうして、話し手の聴いてもらいたいように聴くのがピアカンである。ただ、それは決まり事だからである。設えられ、誘導されたものであっても構わないのかと訊いた。応えて香取「一応、ルールってのを作らないと成立しないんで、（それで）いいと思うんですけど。ピアカンにかぎらず、ふだん障害者の人と話すときに、まずは『うん、そうだよね』ってことを言ってからじゃないと何も始まらない。たとえば『テレビ買いたい』と障害者が言う。それに『まだテレビ映ってんじゃん』（故障もしていないだろう）とすぐ言っちゃったら会話にならない。『あなたがテレビを買いたいということは分かったよ』というところから『いやでもまだ映ってるよね』みたいに話を積み重ねないと、会話にならない」。こう筆者に教える香取さん自身、ピアカウンセリングを知るまではその作法に親しんではいなかった。「俺も、『買いたいことを分かったよ』ってことをまず言わないと会話が成り立たないっていうことを最近まで知らなかった。だから（もしこのような場面にいたらかれも）『テレビ買いたいの？　ふーん。まだ映ってんじゃん、なんで買う必要あるの？』みたいな（ふうに言っていたはずである）」。とりわけそれは、重度障害者のふだんの生活において。

香取　障害者の人ってそういう関係が無かったんじゃないですかね。ま、基本的には聴いてもらえないっていう（ように）、みんなすごい思ってる。みんなって言うのはひどいけど（学術調査でもして実証したわけではないが、香取さんの周囲には）聴いてもらえないって思ってる人、結構いるんですよね。

それは香取さん自身についても。「障害者が地域のなかで生活しているっていってもせいぜいその地域のなかで、片手か両手くらいの人しかいないわけで。その人たちがつねに会ったりすることは難しかったりするわけで。（日日話すのは）健常者ばっかりであとは（障害者は）誰もいない」状況で、たとえば、かれが「立って歩きたいんだ」と言えばどうだろう。

筆者　かりに僕が言われたとしたら応えに困る。じゃあピアカンではそれが言えるの？

香取　うん。あとなんていうか、経験の差なのかもしれないけど、そこで「俺も立って歩きたいんだよなあ」とかって言う人も出ちゃったりする。（それを聞けば）「そうなんだ、立って歩きたいって思ってる人もいるんだ」とかって、言った方（最初に歩きたいと言った話し手）としては嬉しいんじゃないですかね。

はっきり書きつけておくべきなのは、言われたら筆者は困るというだけのこと、障害者が立って歩きたいと言うのはさほど、たいそうなことではない。香取「たとえば『バイク乗りてぇ』とか言ったとしてさ、僕がね、どういう反応されるか（きっと筆者のように困る健常者の聞き手は少なくないだろう）。いやでもそれはただ単に『バイク乗りてぇ』って言っただけでさ。ほかの人（とりわけ健常者）が『空飛びてぇ』って思っているっていうのと、『バンジージャンプしてぇ』『アフリカ行きてぇ』とかさ（いうのと同じ程度の話である）。（だのにことさら）その行く行かない、できるできないとか（だけに注目して）、『いや、そんなことできるわけないじゃん』みたいなことを言われてもなぁ、困っちゃうな、って。ほんとにやりたいと思ったわけじゃない。ただ〝やりたいと思っただけ〟なんだけど。そういうの（真顔でたしなめられた経験）はたくさんあると思う」。そうして日ごろから、何も言わなくなる。

もっとも前段のたとえはむしろ筆者などが聞いて困るものであって、香取さんが言えない、言いづらい傾向を知るためには足りない。ほかにはないか、と訊いた。

香取　じゃあもっと具体的に。たとえば介助者に「お茶淹れて」って言うじゃん。（それにたいして）介助者の人が「ちょっと待って」って言うじゃん。「こっち（ちょうど別のことを）やってるんで……」とかさ。（そのようなときに介助者に）「いや、ちょっと待ってじゃなくって、（それは）やめて先にお茶を淹れて」って（言うことができない）。そういうことを言うのは大変なことなんですよ。（そういうふうに）言えないことはいっぱい（ありますよ）。

堂堂めぐりで対話はこの節のはじめに戻った。携帯電話をしまえと言えない。先にお茶を淹れろと言えない。なぜ言えないのか。筆者の問いかけはいまだ、的を射ない。

4――言う、ということ

言えない香取さんについて訊いてきた。しかし、言えないのはなぜか、筆者はじゅうぶんに理解できていない。たほうピアカウンセリングの場では何かしら言えるとも教えられた。もっともそれは具体的な問題状況にむけて直接に何かを言うのではない。携帯電話をしまわない介助者にではなく、別の障害者に、自分はしまえと言えなかったと言う、のである。読み手にはずいぶんまどろこしいかもしれないが、筆者はそこで、ともかくもピアカウンセリングの場で言われた何かに照準することにした。

先に香取さんは、ほかの参加者のようすを見てとり、そこでは自信や安心が生じると教えた。その構成について再度訊いた。香取「ひとつは〝自分を肯定してくれる人がいる〟ってことかな。認めてくれる。『そういうの（こと、気持ち）もあるよねえ』みたいなことを言ってくれる人がいる、と」。筆者、それを「安心」と表すのは大げさとも感じられるのだが。いくらかの間をおき、考えめぐらしながら応えて。

香取　障害者の人（に）はみんな、〝とりあえず否定されちゃってる〟っていう感覚っていうのはあるかな、と思いますね。たとえば電車に乗る。でまあ「邪魔になってるんじゃないか」って。とか、介助してもらうっていうのもそうですよね。「迷惑かけてるんじゃないか」って。「自分はダメなんじゃないか。もっと頑張んなきゃなんないんじゃないか」って。俺は「自分はダメ」はないけど、前のふたつ（邪魔、迷惑）はあるかな。ま、（一言で言うなら）「自分はいない方がいいんだろうな」って。

筆者　それがどうすると「安心」になるの？

香取　とりあえず「いてもいいんだよ」ってことだよね。

筆者　「いてもいいんだよ」って言われる？

香取　もし「自分はいない方がいいんじゃないかなと思うんですよ」って言ったら、周りが（から）「いや、君がいた方がいいんだよ」って言われるだろうしね。

表現についてさらに確認して筆者、それを「安心」と呼ぶのは一般的なのか。約束に守られた時間と空間のなかで〝安心して話す〟ならば分かるのだが、肯定的に聴かれることで生じる心もちが「安心」というのが分からない。あるいは「聴いてもらって嬉しい」ならば了解できるのだが、「聴いてもらって安心」というのはあまりふだん使う言い回しではないから。今度は即応して、香取「『嬉しい』の前だよね。だからそれこそ〝蜘蛛の糸をつかむ〟じゃないけど、（ふだんの生活のなかでは）聴いてくれる人がいないわけですからね。ほかで聴いてくれる人がいるなら（ピアカンの場で聴かれたときの気持ちを）「嬉しい」（と表現してもいいが）、（それにたいして）〝根ぶかい人〟いるよね。（ふだんは）ほんとに聴いてもらえてない人が、やっぱり、いる」。根ぶかいとは「気持ちがこり固まっちゃってるってこと。（何かを言うときには）表面ばっかりの部分が出てきて、自分でもどういう気持ちがそこの中に閉ざされてるのか分かんないってこと」。わずかに筆者の解釈を添えるなら、登場人物は話し手と聴き手。両者はたがいに作用しあって、話し手は聴き手に向かって言い、聴き手は話し手をそれたらしめる。だから一方の不在は他方の不在をもたらし、たとえば聴き手がいなければ話し手の言葉は意味をなさない。そうしてやがて言いたい心情を持たなくなった誰かを、香取さんは〝根ぶかい人〟と表した。

強いて訊く。たとえば、ふだん言えていない奥底の気持ちとは何か。香取「たとえばか……。介助の人が遅れてきて（そこで気づく）、ああ、『遅れて来んな』って言えねえなあって。（間）うーん、そうね。『障害者が（には）言えないことがあるんだ』ってことを言う、とかさ。障害者の人が介助の人に（介助の仕方や心情などを）説明するときには、障害者の人がね、なんでも思ってることをすべて言ってるわけじゃなくて、すごい言えなくて、（その介助者と）一年とか付き合ってやっと出てくる（言える）ことがあるんだよ、みたいなことを介助者に言うことが、言えない（できない）」。もし筆者が介助者ならば、それを自分に言われても大いに困るだろう。まったく応えようがない。つまり聴き手にはなれず、ゆえに障害者の側も話し手にはなれない。

さて、ピアカウンセリングの機会にそれらを言った経験の聴きとりにもどる。筆者の質問、ピアカンでそうした気持ちなりを言ったときのあなたの感情はどのようだったか。

香取　俺は「びっくり」かな。「あ、こんなこと自分思ってたんだ」。言えなかったことが「あ、言えたんだ」。自分はぜったいこれは言えないと思ってることとかが口に出るっていうのは、なんか「びっくり」。

筆者が「びっくり?」と入れた合いの手に続けて、香取「たとえば俺がマラソン選手で、ぜったい二時間何分切れないと思ってたのに切れちゃった、みたいな。『わぁびっくり、俺ってそんな素質あったんだ』。自分はできないと思っていたことができちゃった。またはぜったいこれは言わないと思っていたのに出てきてしまった、言ってしまった」。さらに、そのように言ってしまったのがピアカウンセリングの場であった場合には「そこに『僕もそう思ってたんだよ』とかさ、共有できる人も現れてくる、みたいな（ことがある）」。ただこれについては、香取さんは、筆者が「その場で即座に同意がくるのは大きな経験ですね」と言ったのを止めて、「同意がくるっていうの（その意義）もあるとは思うけど、（むしろ）やっぱり日常のなかではそういうの（奥底の真情）に気づくチャンスって少ないと思うんですよね。ピアカンだと（それを意識化する）機会が出てくる（ことに意義がある）」と力点を正した。

気持ちを口に出して言う。安心したり、びっくりしたりする。あるいは自分のなかにそのような心情があったことに気づく。話した気持ちが肯定される。ここまでが確認されて筆者には、まだひとつ分からない。ピアカウンセリングの場で話すと、なぜ、自信が持てるのか。

香取　（ふだんの生活でも誰かに）「できるよできるよ」って（言われたならば）、調子に乗ってくるじゃないですか。それに近いと思います。〝チョロQ（ぜんまい仕掛けで走るミニカー）にぜんまいを巻く〟感じ。（ぜんまいを巻くと走っていく）あんな感じにピアカンでね（原動力を得て）、社会（ふだんの生活）に戻って、ぴゅーんと使い切ったらまたピアカンに戻って。そういうものに近いんじゃないですかね。とにかくその場ではうそでも勢いをつけてあげる。「大丈夫だ」って。ま、本当にピアカンの人（ピアカウンセラーや「講座」の主催者）がどう思っているかそれは分からんけど。

末尾を補う。香取さんは参加者に「できるよ」「大丈夫」などと声を掛けて励ます人たちの誠意を疑っているのではない。あくまでそこで言われる「大丈夫」について、言う側がどのていど、たとえば達成可能と判断しているのか、または結果を度外視した発破であるのかは香取さんには知られない、の意である。「いや、ピアカンじゃなかったら絶対『大丈夫』って言わないぞ、みたいな（ふうに香取さんには思われるような場合もあるから）。こんなこと言ったら本当のピアカンの人に怒られちゃうのかもしれないけど。『本当に大丈夫だと私は思ってるから言ってるんだ』みたいに（諭されてしまうかもしれないが）」。筆者にもピアカウンセラーの本意は分からず、また目の前の障害当事者がほんとうに「できる」と判断したからそう言うことと、ほんとうに「できる」かどうかはともかくもひたすら励ましたいために「できる」と言うこととの違いも分からない。まったくの当て推量がゆるされるなら、次のように考える。ピアカウンセラーやほかの聴き手が話し手に「できるよ」「大丈夫」と声を掛けるときに話されている話し手の何かは、たとえば介助者への不満は、話し手にとって日日の暮らしでは湧くことさえ「たえて」いた心情である。あるいはわずかにそれを誰かにこぼしたとしても即座に、あらかじめ否定をふくみ込んで応答される。仕方ないよ、ほかに介助してくれる人はいないでしょう? もう少し我慢してみたら? そのうちなんとかなるよ。これにたいして、ピアカンでは真綿ほどの首かせもなく声を出せる。「あの介助者に文句言ってやろうかな。言えるかな?」とつぶやけば「言える言える、大丈夫」の応答がわが身をつつむ。それはほんとうに介助者を叱ることができる、の意ではまるでない。そうではなくて、そもそもここで声に出してあの介助者は気に入らないと言うことそれ自体への励ましである。今日これから家に帰って何かを言える、大丈夫、ではなくて、今、ここで、ほら声に出して言えるでしょう? 大丈夫、の意である。そうして話し手にもたらされたささやかな興奮、快さのいくらかをかれらは「自信」と呼ぶのではないか。

前段の後半はどこまでも筆者の想像に過ぎないが、もっとも大きな実状との乖離は話し手と聴き手のあいだがらを考慮に入れてない点である。香取さんはいくつか、それについて筆者に注意をうながした。話したり聴いたりして自信が持てた経験が僕にもそれなりにあったかなあと筆者に教える途中で、香取「(ただしそれは)聴きあう(ばあいにかぎられる)ってことかな。たとえば〝一方的にこちらが聴く〟

みたいな関係だとそれは成り立たないと思うな。信頼関係とか支えあうっていうのが成り立たないと思う」。筆者にはカウンセラーとクライアントの役割が固定的であるならば一方向的に話す—聴くことも当然のことと思われるのだが、香取さんはここでは、たがいに話し、聴くようなセッションのすすめ方を前提している。その前提に沿って続けて、香取「やっぱりそこには〝レベル〟（の違いに留意する必要）があるのかもしれない。（筆者、レベルとは？）障害の理解度とかさ。できるだけ近い境遇で、考える力の近い人がやった方がいいのかもしれないですよね。僕自身がなんで身近なところでやりたくないかっていうと（かれらの運営する自立生活センター主催のピアカウンセリングに香取さん自身が一般参加者として参加しないかというと）、僕が言いたいことを聴ける障害者がこの辺にはほかにいないってことになるのかな」。先にテレビの買い換えの例で、香取さんは、ひとまずは障害当事者の買い換えたい気持ちを受けとめなければならないと言った。真空中のただひとつの事例としてそれは適切だが、日日のセンター業務のなかでそればかりがくり返されれば負担も小さくないのであろう。香取「聴いてもらいあってるみたいなもの（認識）がないと続いていかないと思うんですよね。俺とかそうですよね。俺なんかどちらかっていうと聴く一方なんで。それじゃあたぶん成り立たないですよね。またかよ、みたいなことになっちゃって」。そのような者どうし、ピアカウンセリングの時間をともにするのは不自然なのかもしれない。またそれゆえにピアカンにたいする香取さんの及び腰が続いているらしい。筆者、つまりあなたにも「聴いてもらいたい」気持ちがあるのね。香取「それはあるかもしれない。だから今のところ、聴いてくれる人がいないから〝気持ち悪い〟って言ってるのかもしれないけど。聴いてくれる人がいるんだったら、またちょっとピアカンのイメージとかって変わってくるかもしれない」。ことは単純であるかもしれない。

推量や仮定にもとづくやりとりがあまりに長くなった。現実に戻る。各種「講座」での学びにもとづき、今日では香取さんらの自立生活センターでもピアカウンセリングを開催している（本書補論「聴きとりの背景」中にセンターの年次活動報告を紹介したので参照されたい）。おもに聴き手を務める香取さんのようすを訊いた。

香取　聴くのはめっぽう辛い、かな。ま、話の内容によっては共感もできて「あぁ、この人こういうふうに思ってたんだ」みたいなのもあるかもしれんけど、ま、少なくとも俺は（聴くのが辛い）。（筆者、そこで「辛い」というのはどういう意味か）この人の話を聴いて「なんとかしなきゃ」と（ばかり思われてくる）。（筆者、怒りが沸く、のではないのか）うん、辛いっすね。もうちょっと前だったら怒るっていうのもあったかもしれないけど（話し手の苦悩に義憤を覚えたかもしれないが）、（香取さん自身の経験もふまえて）怒ってもどうにもならないってことが分かってくるわけで。怒りっぱなしっていうのもできないからね。その辺は練習次第かもしれないけど（ピアカウンセリングの約束としては言い放し・聴き放しが原則なのだが）、聴いて聴き放しはやっぱ悪いなっていうところに僕はいるんで。そうすると「なんとかしなきゃ」ってことになっちゃうと辛いな、って。

筆者は重ねて「約束としては〝聴き放し〟でいいんでしょ?」と問い、かれは「もちろんね」と応えた。しかし「本人はもしかしたら聴いてくれただけで五〇%くらい解決したみたいなことになるのかもしれないけど、だけど(また一方では)本人にしてみれば一〇〇%解決したいっていうつもりじゃないんですかね(それならば聴いた自分はなんとかしなければと思わざるを得ない)」とも続ける。

香取 そこはまあ、知ってる顔と知ってない顔とで変わってくるかもしれないですよね。たとえば俺が違うところで(別のセンター主催の)ピアカン行っても、そこの人が解決してくれるわけないっていうのは分かるし、とりあえず〝聴いてもらうだけでも安心〟みたいな感じで、こっちも聴くだけですませられるのかもしれないけど。身近な人の話ってことになると、やっぱりその後に繋がってきますからね。ピアカンのなかではもちろん、そういう問題解決みたいなのは目的じゃないんで、だけどピアカンじゃない場だと取り組まなきゃなんないわけじゃないですか(ピアカンの場で聴いた話を知らないことにしてふだんのセンター運営はできない、とかれは言っている)。そう簡単に解決できるものじゃないのに取り組まなきゃならなくなるっていうのが、しんどい。

ピアカウンセリングの熟達には、香取さんの生真面目さが幼稚に思われるかもしれない。割り切ってやるのがピアカンだとかれを叱るかもしれない。あるいはそれはピアカンではないと捨て置かれるかもしれない。この先もし機会があれば真のピアカンについて教えを乞いたい。ここでは筆者はただ、ピアカンの時間と日日の自立生活センターの活動とが〝地続き〟であることのみを確認しておく。もっとも、ここまではそれをやや消極的に聴き、書いたが、当の香取さん自身、それを否定されるべき事態とばかり見ているわけではない。本章冒頭で述べたとおり、ピアカウンセリングを広義に言うならたがいに話し聴くときの技法、関係しあう際のルールである。言い放し、聴き放し以外のいくつかの約束事について、自立生活センターは積極的にそれを採用しているのである。

香取　それがもう〝自立生活センターのルール〟になっちゃってるんだよね、〝ピアカンのルール〟じゃなくて（それには限定せずに）。だから（たとえば）〝話は最後まで聴く〟と。聴かないと「お前はダメだよ、最後まで聴けよ」って怒られるわけですよ。ま、障害者の人を支えるためにはそのルールで動かないといけないと思うし、（それにもとづいて）自立生活っていう活動をしていくことが重要だと思います。

それはセンターから、雇用する介助者にも伝えられている。「『人の話は最後まで聴きましょう』『とりあえず、否定しないで聴きましょう』と（教育する）」。本章で香取さんに訊いたかぎり、障害者が「言えない」ことごとは少なからず介助者とのやりとりのうちにあった。その介助者たちにむけて「否定せず、最後まで聴け」と教育するのは、ひとつの達成であろう。

第3章

障害当事者の主体性と非力

本章の聴きとりは二〇〇六年五月と六月、および二〇〇七年二月におこなった。二〇〇一年の第1章ではおもに学生時代の介助者たちとの関係性を聴いたから、今回は香取さんらの組織した自立生活センターから派遣される介助者のありさまを知りたいと思った。また二〇〇三年四月からはいわゆる支援費制度がはじまり、むろん供給される介助の時間数はいまだ不十分ではあったが、介助者に支払う対価は以前にくらべていくらか安定の度合いを増している。そのような制度的背景のもとでセンターが雇用、派遣する介助者を香取さんはどのように見ているだろうか。さらにそれらとあわせて何より、香取さんの一人暮らし、自立生活は一〇年をこえて続き、かれ自身のさまざまな力量も高まっている。その地点から現在の介助者たちとの関係性を言うならば、どのようであるか。これらを訊きたいと申し込んで香取さんに面会した筆者は、まったく思いがけず、じつは半年ほど前に外出先で事故に遭ったのだと報された。「いやあ、たいへんでしたよ」と苦笑しきりのかれの体験談は、しかし、もとから訊こうと目論んでいた介助者のようすをじゅうぶんに伝えるものでもあった（精確には本章の聴きとり当時、すでに支援費制度にもとづくホームヘルプサービスは障害者自立支援法にもとづく介護給付サービスに移行している。しかし本章で話されるのはおもにそれ以前のできごとであり、また移行の前後にかかわりの少ないことがらである）。

1——介助者の無能

ことの起こりは二〇〇五年一一月、東京国際女子マラソン。シドニー五輪の金メダリスト、高橋尚子の復帰戦。興奮の結末を見とどけ、なお冷めやらぬまま「友だちに電話してお茶でもして帰ろうと思って」、香取さんは水道橋の駅を降りた。みちを渡ろうと「歩道から車道に下りるときに、少し坂になってたんです。なんていうか、急いでたのもあって、それにのって加速を付けちゃったんかなあ。それでがぁーって行って中央分離帯にがぁんってぶつかって、俺の体もふっとんで」。大腿骨の骨折は全治に三カ月を要した。

少しく補う。ここで言われた中央分離帯とはむろん、交差点に設けられた横断歩道が中央分離帯を横切る部分をさす。事故後に香取さん自身が確かめに行ったところ、そこには一—二センチ程度の「段差」があった。香取さん、精確には香取さんの乗った車いすの前輪はそれにぶつかった。また歩道から車道に下りるときの坂とは、歩道と車道の段差を解消するために「すりつけ」の施された箇所をさしている。香取さんはこの日、普通型の車いすを使用しており、したがってそこで「加速を付け」たり段差に「ぶつけた」のはそれを押していた介助者である。介助者はしっかりハンドル部を握っていたようで車いすは無傷、香取さんだけが放り出されてアスファルトの上に倒れた。その瞬間について詳しくは後節で訊こう。

およそ一〇日の入院後、香取さんはアパートの自室にもどった。とにかく痛い。処方されたかぎりの痛み止めをのむ。「一番たいへんだったのは、トイレに行くのがいっちばんたいへんでしたね」。排泄をめぐる苦辛も後節で訊く。ここではそれと並ぶもうひとつの大事である「メシ問題」に照準する。「僕が一番気にしたことがメシ問題ですよね。メシを作れるか、どうやってメシを喰うか」。

これもまた補って言わなければならない。障害者の「自立生活」の特質を端的に示すために紹介される光景のひとつに食事を作る過程がある。具材の切り方、調理の手順、味付けなどは障害者が判断、指示し、介助者はそれにしたがう。あらゆる作業を、また誰しもが必ずそのようにしているわけではないが、このような場面を想起しながら障害者と介助者の関係性や自立生活の語に込められたもとめを理解して大過はあるまい。じっさい香取さんのばあい、日ごろはかれが「台所近くに行って、介助者に指示を出しながら作ってた」のだという。

そこに骨折である。香取さんはまったく動けずベッドの上に待ち、介助者はひとり台所に立った。事件（むしろ喜劇と言うべきか）は、その台所で起こった。

香取　これ、ほんとにあった話なんですけど、僕が「目玉焼き作って」って言って、出てきたのが目玉が無いんですよ（笑）。「おい、目玉、無いんですけど」って言ったら、「ああ、（フライパンから）皿にのせるときに落ちちゃいました……」。なんで？　どうすれば落ちんの？　フライ返しとかでも使ってやろうよ。俺、できるかできないか（調理の前に「目玉焼きは作れるか？」と）まず確認したじゃん……。

ごく正直に告白したい。香取さんの経験を聞いて筆者は恥じた。「介助者は障害者の手足である」という主張も、「尻の拭き方が上手い介助者、下手な介助者がいる」という実状も、私は何かの本で読み、聞いて知っていた。しかし上手、下手いぜん、目玉焼きを皿に取れない、包丁を持ったこともない、まるきり手足にさえなり得ない介助者についてなにほどを分かっていただろう。香取さんは続けて言った。「だって時岡さん、ブロッコリー茹でてって言ったらその介助者『ブロッコリーってどうやって茹でるんですか?』みたいな（笑）。そんときは俺も仕方ないから、冷蔵庫の中にあるブロッコリーをベッドのところに持ってきてもらって、こう切ってとか（指示して）。そしたら『はじめて茹でます……。これなら僕もなんとかできるかもしれません……』って（笑）」。

茹でられない介助者の是非をめぐる議論はさておき、ここで知られた事実のいくらかを書きつけておく。少なくとも、目玉を落とし、ブロッコリーをはじめて茹でた介助者たちについては、まさにそのときまで、かれらがそのような男たちであろうとは香取さんは思うこともなかった。すぐ後に聞くとおり、香取さんは介助を受ける立場であると同時にその介助者を雇う立場でもある。かれは面接に来た介助者志望の一人一人に「あなたは障害者の指示無しでブロッコリーを茹でられますか?」などと訊くことはなかった。もちろん香取さんはそれまでも同じ介助者に指示を出していたのだから、家事の上手、下手などは分かっていたのだろう。だが、皮肉にも、障害者の指示が適確であるほど介助者の無能は露呈されにくい。

もっとも筆者には今のところ、このような介助者の遍在を裏づける量的調査の方途はない。だからあくまで香取さんに固有な事情として聞くほかはない。筆者、ブロッコリーのかれ以外の介助者についてはどうだろうか。香取「や、ま、その人にかぎらずいろいろありますよね。たとえば『カップラーメン作って』って言うと。カップラーメンってここまでお湯を入れろっていう（容器の内側の）〝線〟があるじゃないですか。お湯の量は好みにもよるんだと思うんですけど、ぜんぜんそこまで達しない量しか入れない。多少、少ないとかだったらいいですけど、あきらかにぜんぜん少ない（笑）。カップラーメンいつも喰ってんだろ？　とか訊くと『喰ってます』って応える。じゃあなんでこの線まで入れないの？『あぁー……』みたいなのとか（笑）。魚焼いたことある？　って訊いたら『ない』とかもあれば、お茶も淹れたことない、ポット使ったことないみたいな」。さすがにそれは冗談だろうと話をさえぎる筆者に、冗談ではなく、とかれは応えた。「勘弁してほしいですよね。できれば少なくとも（介助者として採用するときの基準に、ある程度の料理は）『やったことある』みたいなくらいまで俺はしたいです（笑）」。じっさいの介助者募集には、そのような条件など付けられないが。

さらにくわしく訊けば、事態の複雑な構成が知られる。香取さんの自立生活は大学一年生の夏休みから一〇年をこえて続くが、現況はそれからこれまでのさまざまな変化の帰結としてある。すなわちかれ自身の経験、介助をめぐる諸制度とその改変、人びとが介助者になる経緯などである。筆者、一〇年前も同じようなことを感じていただろうか。

香取　一〇年前は違ったと思いますね。自分もできなかった、知らなかったってのがあったなと思うんですけど。自分も、たとえばブロッコリーを茹でるってことを知らなかったり。（今はそれを）知ったってのがあると思います。あとやっぱり一番大きく違うのは、なんつーか、今はほとんど男だけが介助に入ってる。だけど以前は女の人も入ってたから……（笑）。（中略、事実とその一般化について筆者が注意をうながし、かれの発言をたしなめた。二人して笑いながら、かれは続けて）ま、料理にかんして言えば、できる人はできてたっていうのがあるかもしれないですね。（筆者、介助者の能力についてあなたの関心が高まったのはいつごろからかと訊く）メシ喰うってことにかんしては……、男介助に切り替わってからですね（笑）。（筆者、事実と一般化にかんして再度確認）まあ、でもね、実際そうなんだからしゃあない（笑）。

本書がひろく読まれることを期待して附言する。介助には一般に「同性介助」と「異性介助」があるとされ、後者に比して前者を是とする傾向がある。香取さんらの運営する自立生活センターでも同性介助を原則とし、介助者の確保とその配置に努めてきた。かれの言う「男介助に切り替わる」とは、同性介助の体制が整ったという意味である。いうもおろか、香取さんは異性介助を望んでいるのではなく、もっぱら能力のない介助者を嘆いているのみである。

一〇年前との違いを言って、香取さんはもう一つを挙げた。「あとやっぱ、支援費、公的なヘルパーにがんがん替わっていったところで、介助者に求めることっていうのも変わっていったのかもしんないですよね」。いわゆる支援費制度の開始以降、かれを訪れる介助者の多くは指定事業者から派遣されるホームヘルパーである。香取さんらは同時に事業所のひとつを自ら運営し、ヘルパーを雇用、研修、派遣している。介助者としての雇用はそのほとんどが登録介助者すなわちアルバイトであるが、いずれにせよそこでの障害者―介助者関係はいまや、支援費制度に由来した権利・義務の関係をその基底におく。

以上の変化と現状をふまえ、筆者に印象的な香取さんの指摘は次のようなものであった。ひところ障害者の自己選択や自己決定を妨げる介助者の〝おせっかい〞が話題になっていたが、今はずいぶんと変わったね、という筆者の言葉に応えて。香取「うーん、介助者の能力が無いってことは障害者の意志決定（すなわち自己選択、自己決定）と結びついてますよ。だって、ブロッコリー茹でて喰いたいっていうの（意志）があっても、（介助者の技能が無ければ）喰えないわけじゃないですか（笑）。結びついてないことではない」。ここでもまた筆者は、みずからの貧しい認識に修正を迫られる。なるほど個個の介助者に相当の技能が無いならば、障害者の主体性、当事者の主権などと言ってみても始まらない。香取「ニンジンはこう切るんですよ（と障害者に教え、または押し付けてくるような介助者）の方がまだましな気がする。（介助者が指示を待たずに勝手に切ろうとしたら）『でも、こうやって切ってくださいって言えばいいわけだから。（それにたいして介助者が）『イヤです』とかって言っても、ダメだって言えばいい。（しかしこれとは対照的に）できない介助者はほんと、できないですからね。そもそも頼めないですからね」。

香取さんについて言えば、かれの自立生活の初期にあっては、具材の切り方も調理の手順も〝障害者がそれを指示すること〟自体が達成すべき課題であった。いまや香取さんの能力は高まり、その要求に応えうる介助者の確保こそが課題である。かれの自己選択、自己決定はなるほど介助者のはたらきによって実現されるが、しかし併せて考慮すべきほどに多くが、介助者の力量によって阻まれている。

とはいえ、香取さんにも不足があるばあいはどうだろうか。大腿部からつま先までギプスで固定されていた期間、かれはポータブルトイレで排泄していたのだが、移動が間に合わない事態にそなえて紙おむつを着けていた。記憶の定かでない幼少期を除いて、それはかれにとって初めての経験である。

排泄の手順は次のとおり。便意をもよおすとリフトを使ってベッドからポータブルトイレに移る。紙おむつをはずして排便。すめばリフトに吊られながら新しいおむつを当ててベッドに戻る。香取「そんときはもう、リフトで吊られて移動するとか、もうひと仕事ですからねぇ。ほんと、うんこしたらその日終わりっていう、それくらいの勢いで。『あぁ今日も無事にうんこできたぁ』みたいな（笑）」。ここでは読み手にじゅうぶんな想像力をもとめたい。すべての動作は香取さんの足に負荷をかけるから、それはひたすらに痛く辛い作業なのである。

またしても、事件（これは悲劇と言うにふさわしい）は起こった。痛みに耐えて排泄をすませ、おむつを当ててベッドに戻ったとたん、そのおむつの、前後ろが逆だったというのだ。香取「おまえ、見ろよ！　みたいな（笑）。書いてある（紙おむつに前、後の表示がある）だろうよ（笑）みたいな。ほんでまた吊り上げて。足、痛ぇのに吊り上げられて前後ろ直して。……しまった！　前後ろ逆に着ける（という介助者のミスの可能性）とかまでは想像してなかったよ、俺……。かぁーっ！　俺としたことが！　って」。

刮目すべきは香取さんの叫びである。筆者が入院し、かりに看護師がおむつの前後を間違えたとして、私は「俺としたことが！」などと言うはずはない。介護保険の制度にもとづき派遣されてきたホームヘルパーであっても、私の口からその言葉は出ない。かれの叫びの前提にこそ、先にみた〝障害者自身による指示〟の主張、追求はあり、それらをささえる自己選択、自己決定の理念はある。

香取さんの不足とは、ここでは紙おむつの使用と関連する指示出しの経験である。かれはブロッコリーの茹で方ほどそれらに熟達していない。筆者は香取さんに同情して介助者を責めたいのだが、それは自立生活の理念に添わないだろうか。障害者が食べると言うなら腐ったものでも食べさせるのが介助者である、などといった立場からみれば、香取さんの不足こそ自ら補われるべきだろうか。もっとも今、香取さんの前にいる介助者は、それが腐っているという判断がつくかどうかさえ疑わしいのだが。

香取さんと介助者とのかかわりを「指示」の語をキーワードにして考えたい。かれはどこまで指示を出し、どれほどの結果責任を負うべきか。塩を入れろと指示するのだから、その加減は言うべきであろう。食べながら塩気が足りないと感じるのはよいが、介助者に文句を言っては横暴である。目玉焼きの目玉はどうだろうか。フライ返しを使えとあらかじめつよく言って聞かせる必要はあっただろうか。浅学の筆者は、おむつの前後をよく見ろという指示の要不要をとりあげた「自己決定」論を知らない。いったい障害者の自立生活をよく知る学究たちは、介助者の技能について、何を前提とし何を考慮に入れないのか。ここではやむなく、筆者の微力、乏しい手がかりを頼ってわずかなりとも歩を進めるしかない。

筆者の生活経験のかぎりで言えば、香取さんの「指示」に類似した経験は「人のつかい」である。たとえばむかし、母の言いつけで出かけたスーパーマーケットを挙げよう。じゃがいもと、納豆を三つ買ってきてくれ。お安いご用と自転車で出かけた高校生の筆者は、新じゃがと書かれた一袋と三つワンパックで九八円の納豆を買って帰る。苦笑する母。あんたは男爵を買ってきたけど、今日は煮物だからメークインがよかったんだよね。それから納豆はワンパック九八円のを三つなんだけど。さて母は筆者に、どこまで細かく指示すべきであったろうか。高校生の筆者を、無能と言うべきか（筆者にはいまだ経験が無いのだが、部下というものを持ったことのある人びとにこの件をどのように考えるか訊いてみたい）。

香取さんもまた、しばしば介助者を「つかい」に出す。そこで起こる行き違いは文字どおり枚挙にいとまがない。香取「たとえば今日もあったんですけど（笑）。スポーツ雑誌の『ナンバー』ってあるじゃないですか。買ってきてって言ったら、特別号買ってきた（笑）」。本誌は隔週刊、特別号は臨時増刊の、しかし筆者にはよく似た装丁にも見える雑誌である。介助者はその雑誌を知らず、香取さんはあらかじめ、分からなければ電話するように指示していた。携帯電話とは便利なものである。介助者は本屋の雑誌コーナーから香取さんに電話して「ありました。じゃ買っていきますね」と言っている。よく確かめれば表紙の「Ｎｕｍｂｅｒ」に小さく「ＰＬＵＳ」と添えられており、かりに「ナンバープラスっていうやつですけど、これですか？」とでも訊いていたなら区別がついたかもしれない。香取「まあ、こうなるよな、っていう（笑）。なんて言やあよかったんですかねぇ……。うーん、むつかしいですね……」。

ほかにもあるかと問う筆者に、香取さんは昨日もあったと笑って続けた。「ちょうどここにいる介助者のNさんなんですけど」。このNさんは前段『ナンバー』の介助者ではない。場面は、外出先に向かおうと乗り込んだ車の中。駐車場から見える一台の自動販売機に香取さんの飲みたいスポーツドリンクがあった。そこに自動販売機があり、求める品のあることを香取さんはよく承知していた。だから「その自販機で、あのドリンク買ってきて」と指示。Nさんは車を降りる。ところが。

香取　Nさん、別の自販機に行って（笑）。求めているドリンクが無いから、違うドリンクを買ってきたっていう……（笑）。しまったな、と俺は思ったわけですよ。

そこに立ってみると、駐車場の出入り口から左右反対の方向に離れた二台の自動販売機が見える。「俺はもうそこ（一方）を見て、ドリンクがあるって見えてて」。しかしNさんはもう一方の自販機にむかって歩いていった。筆者、香取さんの言う「しまった」とは？　香取「伝え方って言うのかな、それがまずかったな、と。別の自販機に行くって可能性は思ってなかった」。どう言って指示したのかと訊いた筆者にNさんが応える。Nさん「スポーツドリンク買ってきてくれ、って」。すかさず、香取「いや、もっと詳しかったですよ。そこの自販機で何々のスポーツドリンクを買ってきてくれ、って言ったんですよ」。以下、ふたりのやりとり。

Nさん　行ったらば、その名称のドリンクが無いんですよ。

香取　そこでね、あのね、気づく人がいるんですよ。あ、こりゃなんか、ここの自販機じゃないってことを……。

Nさん　気づかないな、それは（笑）。

香取　いや、いるんですって。（中略）分かる人もいるわけなんですよ。そういう情報を、（この人は分からないという）Nさんについての情報を、ちょっとインプットできていなかったな、っていう「しまった」ですね。

筆者にたいへん興味ぶかいのは、香取さんの「しまった」の重層性である。直接にはそれは、指示の不十分を言っている。かれは自分の腕を上げてゆびさすことはできないから、駐車場を出て左に向くと目に入る自販機に行け、などと表せばよい。ただし、それは今回の指示にかぎっての不十分である。香取さんによれば、自動販売機にめあての品が無いとき、来るべき販売機を間違えたとみてひき返す介助者もいるとのこと。Nさんについて言えば、Nさんはそのような性格ではないと心得ていなかったことが、ここでの自分の根源的な不十分であったと香取さんは考えている。

香取さんが介助者に出す指示とは、たとえばかれらの手足の動きをことごとく言い表そうとするものではない。「右手でヤカンの取っ手を持ち、左手でカップラーメンの容器を持ってゆっくりお湯を注げ」などとは言わない。「カップラーメン作って」とさえ言えば、たいてい、こと足りた。ところが昨今、事情は変わりつつある。香取さんは介助者一人一人にあわせ、それぞれの能力、性格を念頭におきながら工夫をこらす。その全体こそがかれの「指示」なのであり、おむつ介助についてみれば、介助者が「前後ろ逆に着ける」可能性を予測できなかったところに香取さんの不足があった。

ここでふたたび水道橋の交差点に戻ろう。道路を横断するときの「指示」はどのようにしていたのか。香取「その人は介助を一年くらいやってたんですけど。外出することとかも結構、多かったんですけど。（やや語気を強めて）つねに、毎回、介助が誰のばあいでもそうなんですけど、『段差は前輪上げてくれぇ』って、つねに言ってた。（間）だけど、そうなっちゃった（苦笑）」。じじつあらゆる場面で香取さんが言ってきたかどうかは筆者の関心事ではない。またあの日、雑踏の中で香取さんの声が聞こえなかった可能性もある。その吟味にもさほどの意義はない。かれはふだんから、いく度も、車いすの前輪を上げろと言ってきた。当の介助者もそれを聞いていた。しかし事故直前のその刹那、いずれもが無きに等しかった。後に香取さんは訊いたという。前輪を上げなければどうなるか想像できなかったのか。介助者は言った。できませんでした。香取「甘かったかもしんないですね、伝え方が。ふだんの介助のなかで」。ごく微視的に駅を降りてから数分間の香取さんの不足を言うならば、つねに為すべき警戒をおろそかにし、あるいは手綱の弛めどころを誤った。あるいはまた介助者の技能について、その体得の程度を量りそこねたとも言える。しかしいっそう詳しく訊けば、それらはどれも香取さんの「指示」の要諦ではないと知られる。

障害者の自立生活において介助者への指示は不可避の作業である。障害者と介助者、両者がともにふさわしい能力を持ちあわせていたとき、一定の自立生活が達成される。ただし、すべての要素は静的でなく、すぐれて動的である。それぞれは独立ではなく、一方の不足をもう一方が補うことも、間がわるくそれができないばあいもある。介助者が知らない味付けを障害者が教えてやれば旨い煮物になるが、リンゴの皮むきはいくら説明してもすぐには上達しない。今回の香取さんの目玉焼きのように、ずっと知られずにきた不足が思いがけず明らかにもなる。いきおい香取さんは、かれの生きる相当の時間をたえまない指示とその備えに費やすことになる。金メダリストの走りをつぶさに見ようと有楽町、品川、四谷をまわったあの日も、香取さんは介助者をいつものとおり評定していた。筆者のコメント、よくもまあそれだけあちこちへ行ったものだね。香取「それは（あらかじめ）言ってあったんですけどね。こことここで見るよ、みたいな。（この日の介助者ならば）ぜんぜん、それはできる能力はあると僕は踏んでた」。それならなぜ事故になったのか。一息置いてかれが続けた言葉は、筆者に難解なものだった。

香取　じつは、介助がチェンジされたんですよね、金曜日の段階で。その人は土曜日に入る予定だった。日曜に入る人と交替したんです。ま、それもよくなかったかな、と。

何日のどの時間帯に誰が介助にあたるか。それは「シフト」と呼ばれ、事前に決定されて障害者、介助者それぞれに通知される。介助者が病欠などすれば当然に交替、すなわちシフトチェンジがはかられる。東京行きの担当は前々日に変更された。これは介助者の派遣元である、香取さんらの運営する事業所の都合によるもので、事故にかかわった介助者には不意のしらせであった。香取さんはそれをふまえ、介助者の側の不足よりもむしろシフトチェンジにみるべき誘因があると言う。その意味するところは何か。

2——シフトとモード

香取さんはかつて筆者に、障害者と介助者の関係をキャッチャーとピッチャーになぞらえて教えた。キャッチャーはピッチャーの個性や得意球を考慮しつつ配球を組み立てなければならない。また試合ごとの起用や継投策も重要であり、そうした工夫の全体が毎月のシフト表（介助者の担当予定表）である、と。筆者はそこでかれに、あなたが古田（当年のプロ野球日本一チームの正捕手、すなわち介助者を使いこなす上達者）になる日も近いね、などと世辞を言った。

筆者、今回の事故についてみればシフトチェンジの何がいけなかったのか。

香取　シフトチェンジだけがよくなかったかは分かんないけど（それのみが原因であるとは言い切れな

いが）、ま、少なくとも、替わった介助者っていうのもその前の日に入る予定だった。（だから）たぶん（入るはずの）土曜日にモチベーション、仕事っていう意識をおいてたと思うんですよね。それが替わったことで気持ちのもっていきようがずれちゃったっていうか、と思いますね。それは僕もそうですね。今日の介助者はこの人っていうことでやろうと思ってたのができなくなったっていうのはあったんじゃないのかなあと思うんですよね。

香取さんの説明の、語意はわかる。しかしじゅうぶんに理解できたとは言い難い。介助者によって障害者の側の気持ちを変えなければならないというのは、どういうことか。くり返し訊く筆者にかれは呆れたように応えた。だから時岡さん、古田にも訊きに行ってみてくださいよ。「『あしたの先発が突然替わる』みたいになるって、どういう感じですか？」って。しかしそれでは筆者の関心に用をなさない。あくまで香取さん自身の事情に沿って説明してもらうほかない。

筆者、今日やろうと思っていたことが介助者の交替でできなくなる、ということがあるのか。香取「そりゃあぜんぜん、あるね」。それはまた、介助者の技能、上手下手にのみ由来するものではないらしい。香取「この人と会話するときはこういう会話とか、まあ、探ってますよね。この人とはこういう話ができるのかとか、どこまで言っていいかとか」。骨折事故に遭ったあの日もかれは考えていた。水道橋の駅ちかくで待ち合わせていたのは女友達。「だから（香取さんと女友達、介助者の）三人いたときの介助者のポジションってのも（考慮すべきことがらとして）あって。その人（女友達）と介助者との関係っていうのも考えてたよね、俺は。介助者がそういう第三者がいる場で、そこに（香取さんにとって適当な状態で）居られる人なのか。もう完全に黒子に徹しようとする人とか、『どうしていいんだ⁉』というふうになっちゃう人とか。逆に自分のペースで話しちゃう人とかいるわけですけど。そういうことか考えますよね」。かれはまた筆者にもよく分かる一例として、たとえばこうしたインタビューの場に同席させて構わないかどうか、とも言った。

是非はおき、実態として、障害者の指示に応えられない介助者がいる。くわえて障害者のもとめは、介助者たちの行動や感情の傾向からも制約をうける。さらに言えば介助者の話しかけてくるのに返答しなければならないという厄介さえ、かれは抱え込んでいるという。香取「介助に来るとぜったいエロネタを話してくるやつとかいて。それにつきあうのも面倒っていうか、イヤっていうか」。かりにそんな輩が介助に入ったならば、たとえば今日は異性に会うなど、言うことさえ避けたいだろう。そうした事情をも勘案して、最低限に望ましくはシフトチェンジがないことのようである。筆者、シフトチェンジは頻繁に起こるのか。香取「（派遣する事業所の立場としては）基本的には極力しないし、やれる障害者のとこでしかやらないです。だから頻繁には起きないです。（話ながら思いついたように）だからダメだったんですよね、きっと、逆に。もうちょい頻繁に起きてればそういうことに対応できる能力って（いうものが障害者と介助者、双方に醸成される可能性も）あったのかもしんないけど、（実際にはそのような機会は）あんまりなかった」。

むろん、いかようにしてもシフトチェンジと事故との因果関係を立証することなどできないし、少なくとも筆者の関心からしてその必要もない。以下では「シフトチェンジは難しい」という香取さんの言葉に注目し、その判断の背景でもある、介助者にむかうかれ自身の姿勢をくわしく吟味したい。

あらためて訊こう。シフトチェンジは難しいという。何がどのように難しいのか。

香取 それこそ心構えをしてるからですよね。今日はこの人が来る、っていうことにたいして心構えをしていることを変えるっていうのは、すごい、ほぼその人の生活を変えるに等しいですね。たとえば今日は六本木ヒルズに行くっていっても、ぜんぜん違う六本木ヒルズにしてしまう、くらいのものだと思います。(筆者、トイレ介助の上手下手、会話などのことかと訊く) 会話もそうだし、たとえば駅を使うってことにしても、介助者の知識がどれくらいなのかっていうことによって、時間が掛かるとか掛からないとか。介助者が慣れてるか慣れてないか。ご飯の食べさせ方とかもあるし……。上るのがたいへんな階段があったとしましょう。それを難なく、その辺の (通りがかりの) 人に声をかけて上ることに何の抵抗もなくやれる人もいれば、人を頼むのは難しい、抵抗あるって言って大廻りをしようって提案してくる人とか。うん……。やっぱコミュニケーションの取り方が変わっちゃうことかな、一番変わっちゃうことは。

末尾の指摘は、その可能性については容易に理解できる。しかしそれに「一番」の語を冠して香取さんのいわんとするところの全体は、さらに質問を重ねてはじめて明らかになる。たいして、介助者の能力（の不足）に由来する変更は、その具体例ごとに吟味してもよいだろう。筆者、ほかに事例はあるか。香取「その日誰が来るかによって、喰うものとかも選ばなきゃなんないですよね。たとえば今日炊き込みご飯でも喰うかと思ってたけど、ぜんぜん料理ができない、ブロッコリーすら茹でられない人が来たときに（笑）、炊き込みご飯の材料なんて買ってらんないじゃないですか。そうすると、買い物の内容が変わってきますよね。そういうことが変わってくるってことですね」。献立の再考はたしかに生活の変化と呼んで妥当である。この説明はまた併せて、香取さんの生活の欠くべからざる一部である食事が、配された介助者によってあらかじめ決められてしまう実状をも示している。かれの「心構え」のいくらかは、諦めと妥協でもある。

介助者の事情に障害者があわせ、買い物の調整くらいなら付けてやるとしても、まったく食べずに過ごすわけにはいかない。さまざまの介助者にたちむかう香取さんは何を備えるのか。先の例に前後してかれはシフトチェンジに遭ったときの気持ちを次のように喩えた。

香取　ま、簡単に言えば、紙、ペーパーを切るっていったときに、今日はナイフが来るのか、ハサミが来るのか、カッターが来るのかっていう、そういうことなんですけどね。今日はカッターが来るから、カッターで切るには（下に敷くための）段ボール必要か？　みたいな（笑）。ハサミだったらまあ大丈夫かな、とか。（シフトチェンジで包丁になりました、とすると）包丁⁉（笑）、……包丁……（笑）、包丁来て、どうしようかな、みたいな（笑）。包丁来るんだったらこの仕事はちょっと今日やめとこうかな、みたいな。明日でもいいや……。そういうことですかねえ。

一見すると冗談めかした、しかし大いに示唆的な説明からここでは次の三点に照準したい。第一、「カッターで切るための段ボールが必要」というかれの心構え。第二、「包丁が来るならやめる」という実状。第三、ところで、かれはいつ、どのように「今日は紙を切ろう」と決めるのか。香取さんの心構えとはすなわち、おなじ目的に達するためでありながら、その時時の介助者によってやり方を違える必要を意味する。喩えを言い換えてみれば、心許ない介助者に買い物のつかいを頼むときにはメモを持たせた上でさらにその店に着いたら電話をかけろと念をおす、などとなろうか。

そのように心構えして、しかし介助者が交替したばあい、悪くすると当初の目的は断念される。香取「予定変えたくなりますよね。っていうか変えざるを得ないかもしれないですね。六本木ヒルズをやめて○○（最寄り駅前のごく小規模なショッピング・モール）にしとこっかなぁ、みたいな（笑）」。くり返しを厭わず言うが、じっさいにはこのような事情から介助者のシフトチェンジは極力なされない。筆者の関心は予定変更の有無よりもむしろ、それほどに表現される香取さんの周到、個別、具体的な心構えにこそある。かれは介助者の技能、性格などを勘案し、一人ひとりの個性にそくして努める。

香取さんの介助者にむかう心構えはまた、相当に早くから調えられるという。筆者、介助者に対応するための準備はどのくらい前からするのか。香取「その人がその日に入るって決まった時点からですよね。うち（香取さんたちの運営する派遣事業所）は毎月、二六日とか二七日くらいに次の月のシフトを組むんだけど、たとえば時岡さんが来月三〇日に決まりましたってなったら、そのときからですよ。そのときから意識しますよね」。筆者、六本木ヒルズに行こうというなら一月前から意識もするだろうが、日日の生活ではどうか。

香取　いや、日日、日日。たとえば金曜日に古田さん、ってなったら金曜日は古田さんモードにもっていく、みたいな。リズムを作るって感じですよね。一週間のリズムをそういうふうに（介助者のシフトにあわせて）作る、みたいな。木曜日は時岡さんで金曜日は古田さんだったら時岡―古田ってなるようなリズムを作るし、逆に次の週は古田―時岡ってなったら古田―時岡ってなるようなリズムを、イメージっていうか、作るというか。たとえばこの辺りは金曜日の朝が燃えるゴミの日なんですけども、その指示の出し方とか考えちゃうよね、古田―時岡なのか時岡―古田なのかで。そういえば時岡さんてゴミ捨て頼んだことないなと思えば、ああ、どうやって頼みゃあいいかなとか、どういう指示の出し方すりゃあいいかなあって考えるし。

ここでもやはり、香取さんの説明の意味は分かる。しかし感得するのは容易でない。一月後の、たとえば運動会を楽しみにする人びとは多くいるとしても、一月後の介助者のゴミ出しについて考えた経験を持つ者に出会うことはごく稀なことだろう。そう問いかけた筆者に応えて。香取「ああ、そうなんだ（笑）。そうだよね（笑）。（筆者、自立生活に暗い読み手にも分かるように言ってほしい）……そうですねぇ、何て言えばいいんですかね。（長い間）『それは初めて知りました』とか言ったりして。ふつうの人はそういうこと考えないんだよなっていうのを初めて、よく分かったっつうか（笑）。それはもう、たとえば外出するっていったら、もう一月後だろうが、そこでのトイレのこととか、水分補給をそこに合わせてどう取っていくかとか考えちゃいますもんね。いま月末だけど、たとえば来月の三〇日に六本木ヒルズに行くっていったら、そこにむけて（毎日の生活のなかで）どうやって水分補給をしていくかとかも考えちゃいますね」。聴きながら筆者はまたも恥じた。この数年来、香取さんとは幾度も話し、知ったふうを気取っていたが、「水分補給」に象徴されるかれのこれほどまでの心構えの何を分かっていたのか。

恥じ入りながら、ようやくにも筆者は本節冒頭で聴いた香取さんの説明を全体として理解した。土曜日の勤務を予定していた介助者が思いがけず日曜日、ごった返す東京へ出かける。その心境を香取さんは「気持ちのもっていきようがずれちゃった」と想像して同情の気味さえみせた。また、待ち合わせたのが女友達であることにふれた箇所でも「介助者としてはもう一段、面倒くささが増した（のではないか）。（そのような）ヘンなプレッシャーを与えてしまったことが、今回の、段差を上げないとかいうこと（介助者のミス）に繋がったんじゃないのかなあ」などと思いめぐらした。筆者は聴きながら、介助者をかばうかのような言葉に納得できずにいた。しかし、香取さんは介助者の心情を、かれ自身に照らして推し量ったのである。あくまでそのかぎりなら、介助者の困惑はむしろ当然であるかもしれず、また過失は酌量の余地さえあるやもしれない。

とはいえ、香取さんの推量はあくまでかれの心構えを踏まえた思いやりであって、障害者と介助者、彼我のあいだで通ずる何かに依ったものではない。一月後の水分補給云々と聞き、そうした実状を介助者たちはどのように思っているのだろうねと問うた筆者に、香取さんにはめずらしく即答して。「分かんないでしょうね。（慌てて筆者、介助者たちにそれを言ったことは？）……ない、かもしんない。（筆者、介助者の研修などでは言わないのか？）それはたとえばキャンセル（介助者の欠勤）についての説明するときに、『あなたが休んで誰かが代われば、ま、それはそれでいいんだけれども、それはただ替わったっていうことだけじゃなくて（障害者の）生活自体をすごい変えちゃってることになるんで。今日予定していたことをやらなくなるとか、変更するくらい、その人（障害者）は今日は時岡モード、明日は古田モードみたいなの作って生活してるから、それが変わるってことはすごいたいへんなことなんですよね。だから休み方は注意してください。』みたいなことは言ってます」。しかし、それが理解されたという実感はない、と。

寝る前に明日の朝は古田さんかなぁ、時岡さんかなぁなどと考える、その心情をどう伝えればよいのか。「時岡さん、教えてくださいよ」と香取さんは笑い、思いついたふうにして言った。「逆に、分かられちゃうことの怖さってのもあるかもしんないけどね。（介助という仕事に課せられた責務が）あまりに重すぎ（ると認識され）て（笑）、これにゃあつきあい切れんわみたいなことになっちゃうことが、たいへんだ」。筆者は香取さんの憂慮を、介助者にむかうかれ自身の心構えの関数であると理解する。かれの苦心はそうして、多くの介助者に知らされない。

前段までを確認のうえ、先に吟味を留保した香取さんの指摘に戻る。かれは、介助者の交替は障害者の生活を変える。おなじ六本木ヒルズでも「ぜんぜん違う六本木ヒルズにしてしまう」と教えた後に「一番はコミュニケーションの取り方が変わっちゃうこと」と総じた。香取さんは、たしかに介助者にあわせて献立を決め、ゴミ出しの指示を違える。しかしそれらはかれの心構えのごく表層的な具体例にすぎない。前々段で「モード」と表された備えの大部分はいっそう感情的で、介助者にむかう姿勢の根幹をなすものである。筆者が香取さんを訪ねたこの日は六月。介助者に応じて「モードを作る」とはどのような意味かとの問いに、かれは現在進行形で応えた。

香取　六月はたいへんでしたね。新しい人が（新年度の）四、五、六月で結構入って、その人たちとつきあうこととか。新しい介助者が、介助とか俺と関わるってことにたいしてへんに不安持たないようにもってかにゃあならんな、と。（併せて）この人はどう思ってるか（その介助者たちが障害者の自立生活をめぐる諸事についてどのように考えているかを）聞き出さにゃあならん、とか。そのうえで、どういうふうにこっちが介助の指示を出していくかとか。そこ（新しい介助者の来る日）に体力なく入っていっちゃったら邪険になっちゃうんで、そこにいくまでは体力セーブしていかにゃあならんな、とか。ま、休みどころをどこにもっていくか（笑）。体力っていうか、気分ですね。気分の、こう、休まる日をどこにもっていくかとか。そんなこと考えてますよね。（筆者、気分が休まるとは？）ま、なんていうか、そこはやっぱ長く介助やってる人のときっていうのはかなり、ぜんぜん（休まります）。まあ、ひとこと言ったら三か四か五くらいまでことが進んでくれるわけで。その介助者がどういう人か、どういう経験積んできたかっていう（ことを知っている）のもあるから、その点、安心感はありますよね。たとえば（香取さんが）夜更かしとかしても、（介助者は）「じゃあ横になってますね」とか言って勝手に寝て、自分のペースと俺のペースっていうのを見計らいながら介助してくれる人とか、ってことですかね。

聞いて筆者は懐かしく、また気恥ずかしくも思った。かれも筆者もまだ学生の頃、シフトに穴が空いて泊まり介助に呼ばれたとき、ふかく寝込んでは具合が悪かろうなどと思い迷ったのだった。介助者は寝るのも起きるのも容易でない。そう思い返しながら、しかし香取さんはその介助者の迷いさえも気遣わなければならないという。かれがあの日を憶えているはずもないが、筆者には思いがけず心にしみて分かる好例であった。

いったい、介助者をつかう障害者は、なんと因果な生活を送っていることか。経験のない、能力の劣る新前に、体力と気力をやりくりしてまで種種の手当てを付けてやらなければならない。字引によれば介助者とは「起居動作の手助けをする者」をいうのだが、それを得るために障害者は、神経をすり減らして当の介助者を支えている。

さらには、香取さんの「モード作り」は介助者のキャリアにかかわらず、じっさいを言えば「もうみんな、気ぃ遣いますよ」とのことである。何より、すでにくり返し例示された介助者との「会話」について。香取「（介助者が）いろいろ話しかけてくるわけですけども、それにどう乗っていくか。こっちがだんだん疲れてきたときにいろいろ訊かれてくると、（障害の進行で今のかれは）吸気が弱いんで（声を出して返答するのが）大変なわけですよ（笑）。あと、意見がぶつかるような話、あんまりしないですよね。抑えておかないと、感情的になってくると大変になっちゃうんで。『はあ、そうだね』とか（笑）」。泥酔した筆者がしばしば迷惑をかける居酒屋の店員やタクシードライバーに同じく香取さんは介助者の相手をする。違いのひとつを言えば、筆者はわずかに金を払っている（はずである）が、介助者たちは（わずかな？）金を得ていること、である。

もうひとつの違いは、筆者は飲む必要も、飲まなければ乗る必要もない時間を過ごしているのにたいし、香取さんは思うとおりの時間を生きるために介助者たちに「気遣い」していること、である。その全体をかれは先に介助者を「もってかにゃあならん」と言い表した。またそのために自身の体力、気分をもっていく、すなわち調整し、管理するのだとも。香取さんはそうして、介助者の何を、どのように導くのか。

3――介助者を「もっていく」面倒について

本章の冒頭で香取さんは、骨折してからの困難の第一に排泄を挙げた。前節のかれの説明から、筆者にはその困難が介助者との相性にも少なからず由来すると想像された。そうと問えば香取さんは、関係します、ウエイトは大きかったですと応えた。

香取　骨折のときは、ご飯喰うこととトイレすること、それが介助者の仕事なもんで。ご飯にかんしては最悪「コンビニで買ってこい」ですませられるけども、うんことおしっこはね、どうにもコントロールできない……（笑）。っていうか、出るものを、今日はこういう介助者だからこういううんこしようってのはできないわけじゃないですか（笑）。（筆者、具体的には？）たとえば、それこそリフトで吊り上げてポータブルトイレに移動するんだけど、その最中に、なんていうか、間に合わないときだってあるわけで。ま、そういうの、なんていうか、片付けられるかどうかとか。紙おむつ上手く着けられるやつかどうかとか。そういうことを考えてましたね。

質問をつづける前に紹介しておこう。ふだんの香取さんの排泄は自室であればアコーディオンドアのなかのごく一般的な洋式便器で、外出先であれば障害者用トイレあるいはやはり一般的な洋式便器ですませられる。便座に移ること、尻を拭くこと、水を流すこと以外、介助者の手は不要である。それでも香取さんにとって排泄は日常随一の難関だという。「うんこコントロールっていうのは日日のテーマなんです、僕のなかでは（笑）。いつ出るかによって、ほんと、困ってしまうときがあるわけじゃないですか。ここ（かれの自室）だったらリフトがある（ので移動も容易である）から、したいなと思ったらすぐ出すところがあるけど、外出先はリフトとかがないし、人力で（移動を）やんなきゃなんない（ので時間がかかる）し。（車いすで便器の近くまで）入れるトイレを探さなきゃなんないとか……。なんで、うんこがいつ出るのかはかなりの、こう、日日のコントロールの対象なわけなんです」。かれの一人暮らし歴一二年（本章のための聴きとり当時）ほどのあいだの「うんこの歴史（笑）」を訊けば、二四時間介助をつけられなかった期間ならば近くに住んでいる学生たちに順に電話をかけたり（しかも当時は携帯電話など誰も持っていない！）、女性介助者の時間に近所の男性を呼んだ経験など話は尽きない。学生のころ、その女性介助者は「トイレの介助とかできなきゃ、私、いてもあんまり意味ないですね、みたいに言ってた」とのこと。ほかに困ったことはとさらに訊く筆者に、さすがの香取さんも「ちょっともう（笑）、うーん、あんまり思い出したいことじゃないなっていう感じですかね」と断りを言った。

今回は、そこへもっての骨折である。かれはベッドサイドに置かれたポータブルトイレで用を足すことになった。

香取（排泄をめぐる）介助者の問題ですけど、ポータブルトイレでする、そしてそれを介助者が片付けるわけだけど。ふだんそういう介助してないわけですよね、みんな（自室のトイレも外出先のトイレも、どれもみな水洗である）。なんていうか、うんこ処理介助っていうのが増えて。なんていうか、それを（介助者に）頼む苦痛っていうのがありましたよね。

日ごろ毎日は催さない便意がその三カ月にきっかり九〇回あったとかれは苦笑する。移動の痛み、それをやわらげるために「そろそろしたいな」と思う一時間前を見計らって飲む痛み止め。それらにまして厄介なのは便槽の片付けだった。「そこを頼むのが、僕んなかではハードルがあった」。筆者、ハードルとは何か。香取「……、簡単に言えば、うんこって汚い（笑）、わけじゃないですか。それを片付けるわけですから、まあ……。分かんない、その人たちがどう思ってたか実際、分かんないですけど、ま、抵抗あることだろうなと俺は勝手に思ってたってことですかね」。かつて香取さんは筆者に類似の感覚を教えながら、それを「遠慮」と形容した。かれの遠慮に特徴的なのは、作業にあたる介助者の心情をあれこれと推し量り、しかし直接には介助者に確かめられる機会がないことである。筆者、便槽の片付けをどう感じるか、介助者に訊いたことはあるか。香取「ないですね。何も訊いてないですね」。このようなとき、かれの「苦痛」とは何だろうか。

まず確かめておこう。筆者はすでに1節で、紙おむつに不慣れな介助者を知った。今までと違う排泄の作業について、介助者の技術的不足はなかったか。香取さんによれば大便について技術的な問題はなかった。なぜなら「できる」介助者のときに用をすませたから。たほう、小用については失敗の二例が紹介された。注意してみると、それぞれ介助者にむかう香取さんの心情、姿勢をよく表して興味ぶかい。第一には、片付けをめぐる不満の例。「尿器で尿を足してたんですよ、（大便のように移動はせず）ベッドの上で。それをトイレに流すわけじゃないですか。で、それ（尿を捨てた尿器）すすいでこいって言ったらさ、すすいだ水を、僕の常識で言ったらトイレに流すのが、ま、常識かなと思うんだけど、そのまま洗面台に流したやつとかいて（笑）」。聞けばそれは骨折事故の日の介助者だという。

とたん、筆者にわき起こった疑問、事故を起こした当の介助者がその後もやってくるのは、あまりに厚顔ではないか。それはそうと、たほうで、洗面台で尿器をすすぐことは香取さんが言うほどの非常識なのか（たとえば本書の読み手に、香取さんの不快は理解され得るだろうか）。前者はそれと訊き、香取さんの応え「辞めさせられない事情っていうか、後釜の問題とかあって。それもめちゃめちゃ辛かったですね」。後者は自問自答して、筆者の考え。私は洗面台ですすぐことにいくらかの抵抗を感じる。だのに、すぐさま読み手の同意が得られないかもしれぬと案じるのは、じつは誰でもない筆者自身のなかに存する、香取さんの注文を過剰とみる傾向のためである。香取さん本人が不快なのだから、そのかぎり、それは改められてしかるべきであり、じっさい以後は改められた。しかしなかには筆者と同じようにみて、香取さんから尿器のすすぐ場所を指定されてとまどう介助者がいても不思議はない。香取さんはこれらのとおり、かれの意に適わない介助者、自分と生活上の快、不快を共有しない介助者、果ては筆者のように過剰な注文ではないかと感じて面倒がる介助者にさえ、ことごとに指示を出しながら暮らさなければならない。

第二には、不手際への対応と解釈の例。前段とは別の介助者の、しかし今回の事故ともつよく結びついた災難について。香取「ベッドの上で失敗しちゃったんですよ。ちゃんと尿器にちんちんを差し込まなかったっていうことで、ばちゃぁっとかって洩れてて。トイレに移動すんのもすっげえ大変だっつってんのに、着替えなきゃなんない。シーツ交換しなきゃなんないじゃないですか。シーツだけじゃなくて布団も濡れちゃってるわけじゃないですか。ま、マットレスだから洗えばいいんですけど。それも夜中だったんですよ。僕も『おまえ何なんだよ！』とか言って。疲れ果ててっていうか、まっとうにつきあうのもできなくて」。この介助者は以前リフト作業に失敗して香取さんを下に落としたこともあった。「そういうこともあって（この後）『次、骨折させせんの俺かもしれないんで、やめておきます、もうできません』とか言って、辞めちゃった」。

筆者の感想。夜中の厄介にたいしては大いに同情する。去っていった介助者には、わずかながら呆れる。とはいえ、香取さんの態度はやや手厳しくはないか。同情と啞然はひとまずおいて、香取さんの態度について本人に伝えてみた。専門職でないからといって甘えは赦されないかもしれないが、たとえば病院の看護師の失敗とは意味あいが異なるのではないか、と。応えて、筆者には難解かつ意外なコメント。

香取　やっぱ排泄が絡むっていうか、セクシュアリティが絡むっていうところの問題なのかなあ、と。ただちんちんを（尿器に）ピシッとあてていけばいいだけの、ブロッコリー茹でるより簡単じゃないですか（笑）。ですけど、そこにはセクシュアリティが絡んでしまったことがあったんじゃないかなぁと僕は思ってます。その人だってふだんの介助とか見てれば、ふつうの生活力って言うか、洗濯物とかすっげえきれいにたたむ（笑）。なんですけどね。

難解とは「セクシュアリティが絡む問題」の複雑さであり、意外とは、失敗の現場で顕わにした怒りに比べて香取さんがたいそう冷静にことの奥底まで思いを致しているさまである。セクシュアリティの問題についてはここではおき、筆者の感じた落差に照準して訊き進めよう。

筆者は看護師のばあいに照らして、介助者の失態をかばうかのような感想を述べた。香取さんはつよく怒っており、それに同調してはかれの怒りの構成を精察できないと考えたからである。かれが筆者に反論して「いや、介助者だって失敗は赦されない。なぜならば……」のような返答を待ったのである。しかしこれでは真に介助者をかばっているのは香取さんである。過ぎるほどの理解を寄せていると言えるかもしれない。かれはこのように、じじつ具体的な迷惑を被りながら、それでもなお、あれこれと付度して介助者の心情、心もちを探り努めるのだ。

以上にみられた香取さんと介助者との関係性をもよくふまえて、排泄をめぐるかれの苦痛の深層へと分け入ろう。筆者、ポータブルトイレを使用した三カ月の気持ちを表すとしたら、どのような言葉になるでしょうか。

香取　……、「うんこ出るな！」(笑)。「出ないでくださーい」(笑)。または「ぜったいこのときに出てくださーい」みたいな(笑)。そんな感じですかね。

三カ月のあいだ、大便にかかわった(排泄の時間帯を担当した)介助者は一〇人ほど。経験の年数にも、技術的にも、大差のない面面だったという。精確には「この人はぜったい無理だとか思ったときにはやんなかった。やれると思った人のときにやってた」というが、結果として排泄そのものに不首尾はなかった。ならば、いったい「うんこ処理介助を介助者に頼む苦痛」とは何か。

香取　（間）その介助者がすごい抵抗感を示してるんじゃないかっていう思い、ですかね。僕自身はうんこを見られるってことは、それはもう仕方がないっていうか。うんこを見られるよりも、うんこを処理する（便槽を片付ける）人がイヤなんじゃないかっていう思いですかね。

香取さんの言う「介助者の抵抗感」は、先にふれたとおり、かれに直接的に報されたものではない。筆者、あなたは「介助者はイヤだと思っている」と思うのか。香取「イヤだと思う、と思います」。筆者、あなたが「介助者はイヤだと思う」と思うのはなぜだろう。応えて香取さんの挙げた経験。以前、香取さんらの運営する事業所で介助者から聞いたことがあった。「（ある障害者が）外出先で大便が洩れてたいへんだった。その後は使い捨てのゴム手袋を持ち歩くようになった」と。また香取さん自身、外出先で腹を下して介助者に手間をかけたこともある。この一二年、排泄をめぐり醸成されたかれの遠慮は、そうして今も、ずっと変わらずにある。「（長い間）やっぱ失敗した、洩れちゃったとかそういうときの、片付けるとか着替えるとかいうことが、（間）なんっつーんですかね。まあ、申し訳ないなというか、困ったなあ、みたいなことですかね」。

外出先での粗相を「申し訳ない」と感じる回路それじたい、片付けの手間に目を向けるならば理解は可能である。しかし現下の関心はポータブルトイレである。両者のあいだはどのように繋がるのか。

筆者、大便にかかわった一〇人について、強いて違いを挙げるとすれば何だろうか。香取「（迷いながら）ま、おまるの部分（便槽）をきれいにすること、の差はありましたけどね」。介助者の一人が、便槽の便は捨ててもじゅうぶんにすすがなかったらしい。香取さんはそれを、翌日の介助者から聞いて知った。翌日の介助者が「前の人、きれいにしてねえぞ、みたいに言った」。けれど香取さんは当の介助者に、すすぎの不十分を指摘することはなかった。筆者、かりにその介助者に「きれいに洗え」と言う機会があったとしたら、その時のあなたの気持ちはどんなだろうか。

香取　あーー、めんどくせぇ、と（笑）。言いたくねぇー、とか。（筆者、その気持ちを説明してほしい。香取さんの笑いと、長い間）ま、（香取さんの注文を聞いたその介助者に）「めんどくせぇ」と思われたくねえなってことですかね……。

続けて筆者、日日の生活でほかにもそのような気持ちになることはあるか。香取「イレギュラーな介助のときってことかな。たとえば（担当の時間帯ごとに）たいがいやることって決まってるわけですよ。夜だったらこれくらいの介助、みたいなのがあるけど、それを僕が、自分のなかで『越えた』と思ったときとかですかねぇ」。

香取さんは続けて言った。種種の介助行為のなかで「ポータブルトイレってのは、まさしくイレギュラーな度合いが高い。高かったんですよ、僕んなかで。それは結構、たいへんでしたね」。その「たいへん」をかれは先に「ハードル」と呼び、あるいは「うんこ処理を介助者に頼む苦痛」と言って筆者に教えた。

こうして筆者の訊いたところ、香取さんにとって、便槽の片付けと排泄介助の不首尾の後始末とは似かよった厄介のようである。いずれも汚く臭いものにふれる必要がある。またそれはあらかじめ介助者に告げて応諾を得られてもいない。香取さんは総じてこのように言う。「めんどくさいと思われたくないなあと、汚ねえと思われたくないなあっての、ふたつかな……」。

筆者の知るかぎり、介助者の心情をめぐる香取さんの想像は、ある一面では妥当であるけれど別の一面では妥当でない。じっさい採用の面接や説明会で再三、排泄や入浴の詳細を聞いていながら、いざ介助に入り嫌悪を感じて辞める者はいる。しかし、たほうで、少なくとも声に出しては「何も気にならない」「嫌悪感はない」と言う介助者が大半でもある。多くの介助者たちにとって、香取さんは〝気がかりが過ぎる〟のではないか。

もちろん多少の手間はかかる。衛生的に見ても介助者は何かと気配りする必要もあるだろう。しかし筆者には、香取さんがそれらに「申し訳ない」と感じるのは当たらないとも思われた。かれの「苦痛」を表すのに「申し訳ない」という言葉はふさわしいのか。重ねて訊いた。筆者、イレギュラーな介助、汚い仕事が申し訳ないのか。しばらく考えて、香取さんの応え「申し訳ない……。うーん……。ま、そうか、『頼みたくない』って言い方のほうがいいと思いますけど」。筆者、ならば、頼みたくないのはなぜか。

香取 ま、そういう、相手がどう思うかってことにつきあわなきゃなんないじゃないですか。たとえばその介助者が「汚い」とか「面倒だ」って思うことにたいして、でもこっち（香取さん自身）はそれをやってもらわなきゃなんないわけですから、やらせるために、そこ（介助者の心情）につきあわなきゃなんない、わけですよね。やってもらわなきゃ困るし、まあ、やらせるようにもってかなきゃなんないわけですよね。そりゃあ（香取さんにとって）面倒ですよね……。

香取さんの説明の展開はまたしても、筆者に唐突であり難解であった。かれの言い分を丹念にたどっていきたい。解明されるべきは「うんこ処理介助を介助者に頼む苦痛」の構成である。

香取さんはその難儀を、はじめ「介助者の抵抗感」で説明した。筆者はかつてのかれの言葉にも拠ってそれを「遠慮」とも呼んだ。粗相を始末する作業を挙げながら「申し訳ない」の語で言わんとするところは、介助者への心づかいにほかならない。ことがらをいくらか広げて便槽の片付けに例をとれば、かれは、自らの大便をさらす羞恥にまして介助者の抵抗感を重くみたのである。

ところが、より具体的には香取さんは、粗相の始末と便槽の片付けが介助者に「めんどくさい」「汚ねえ」と感じられるのを憂慮するという。後者、排泄物の汚さから介助者の抵抗感を連想するのは容易である。たいして前者、まるで手間を惜しむかのような介助者の姿勢を「抵抗感」と解してやるのは過剰な気遣いでもある。いぶかしくも思いながら、あらためていっそう丁寧に香取さんの言葉をみると、かれは二つの「面倒」を用いて筆者に応えている。これを手がかりに読み解くならば次のようになろう。

便槽の片付けにあたって介助者の不足があったとすれば、すすぎの程度である。香取さんはそうと知りながら咎めなかった。筆者にはそれが「遠慮」によると判ぜられた。この理解は誤りである。かれは「めんどくせぇ」から言わなかった。なぜなら介助者に「めんどくせぇと思われたくねぇ」からである。後者、介助者の「めんどくせぇ」は、排泄物にたいする「汚ねえ」と類似の事態をもたらす。すなわち抵抗感である。介助者のなかに抵抗感をうめば、それこそが香取さんにとっての、つまり前者の「めんどくせぇ」状況である。

かれ自身にとっての面倒とは、具体的には「相手がどう思うかってことにつきあう」ことである。筆者はすでに一例を示されながら、それを見逃していたのだ。夜おそく尿器の手当てを失敗した介助者に、香取さんは声を荒げた。その場面を教えてかれは「まっとうにつきあうのもできなくて」と言い添えたのである。

視野を広げて結末からさかのぼってみよう。尿は洩れ、布団もシーツも寝巻きも交換の必要がある。香取さんに心地よく満足できる程度に、介助者には手早くしかもゆきとどいた作業をさせたい。慌てふためいて不手際を重ねたり、ふてくされて仕事をおろそかにされては困る。筆者であればさしずめ「気にしなくていいから」「落ち着いて」などと声をかけるだろう（そうして気づくのだが、筆者は今、入院した自分の姿を想像しながらこの一文を書いた。医療者の仕損じに私はなぜ、気を遣って声までかけてやらなければならないのか)。

尿を洩らした介助者は狼狽している。濡れたシーツは不潔である。複雑なその男の胸のうちに思いを致し、かたわらを伴走してやるかのごとく歩を合わせて指示を出す。ようするに「やらせるようにもっていかなきゃなんないわけです」。だのに、かれは怒鳴った。つきあうゆとりが、なかったのである。

以上が、二つの「面倒」に照準して知られた香取さんの「うんこ処理介助を介助者に頼む苦痛」のおもな構成である。おもなと断りを言うのは、排泄それじたいにまつわる香取さんの抵抗感について聴きとりの不足を認めるからである。今後のとりくみに備えて可能のかぎりいくらかを補って述べる。

排泄物を「汚い」と感じる介助者と、香取さんの心境について。使い捨てのゴム手袋を持ち歩くという先の介助者が、自分も介助に入るからと、香取さんの部屋に何枚かを差し入れてきた。香取さんも他の介助者たちのために買い求めて用意した。そう話すかれの口ぶりは、筆者にはどこか不愉快そうにも聞こえた。だから試みに、筆者の考えを言いながら訊いた。排泄物は清潔ではないし、手袋をすれば仕事もはかどる。そうは思わないか。香取さんはしばらく笑って、言った。

香取 そういうの(納得と諒解)は最初、無理でしたね。うん。手袋を使われるってことにたいして……、ま、やっと最近……、「ま、そうだよな」っていうふうに思えるようになったけど。

重ねて筆者、あなたは面倒くさい、汚いと思われたくないと言った。手袋を使えば汚いと感じる度合いが低くならないか。それにかれの応えて曰く、理屈は分かるが気持ちは違う、と。「〝汚い俺〟みたいなことになっちゃうってことなんですよね、きっと。〝汚いうんこ〟なんだけど、それが〝汚い人〟になっちゃうってことを怖れているんですよね。〝うんこいじめ〟とも似ている……」。末尾には多言を要すまい。どのように理詰めで押しても、介助者に「汚い」と感じられたくはない。いくら「こっちはやってもらわなきゃなんないわけですから」と自分にも介助者にも言い聞かせても、その疎ましさは消えないのである。

とはいえ、じつのところ、手袋を本当に使った介助者はさほど多くない。香取「素手で掴むことはないけど、トイレットペーパーで、素手でトイレットペーパー(を使って大便を捨てる)とか」。介助者たちの真意は分からない。しかし何ほどか、香取さんへの気遣いもあっての選択であろう。香取さんはいま少し不審を解いて、むしろ手袋を使えと勧めてやるべきではないか。かれと介助者とのあいだに無用の空隙がひろがる前に。

香取　あ、そうそうそう。自分が抵抗を示しちゃいけないんじゃないかっていうので、素手で触ろうってした人がいましたね。(筆者が不意をつかれて笑い出してしまい、しばらくの間)あ、それは違う(ポータブルトイレの一件ではなく)、僕が風呂に入ってた時に、なんか、うんこが出ちゃったんですよ。それを僕が「そこにゴム手袋があるからそれ着けて片付けて」って言ったら、その人が「いや、いいっスよ、いいっスよ」とか言って(素手で触ろうとしたので)、「そりゃいいよ、やめようよ」とか言って（笑）。

吟味すべきあまたを含むとみえるこの場面の、ここでは介助者の気遣いにのみ照準しよう。「抵抗を示しちゃいけないんじゃないか」は香取さんのト書きである。ただし当て推量ではない。筆者、どうしてそうと分かるのか。香取「それはまあ、そういう人だから」。真偽や正誤はこの際、論ずるに足りない。見るべきは介助者の程度であり、かれらは少なくとも、自らの挙動が媒介していろいろの心情が香取さんに伝わることは心得ている。

あるいはまた、香取さんの憂いと介助者の気遣いとが別様にくいちがっている可能性もある。筆者は看護師のエッセイに「陰部ちかくのケアは手早くすませる」との一行を読んだことがあった。医療行為とはいえ患者にしてみれば恥ずかしくも思う。ならばそうと意識させず、知らぬ顔をしてすませるのがプロであると。そこで「患者さんに恥ずかしい思いをさせては申し訳ない」と考えるのはむしろ看護師の側だった。そう紹介する筆者に応えて。香取「そっか、相手（介助者）は（香取さんの大便を）見るのが申し訳ないと思ってるんだぁ。はじめて知った（笑）。そういう視点は無かった（笑）」。排泄や入浴の介助に抵抗があると言って辞める介助者を「そうだよね、そう思うよね」と見送ってきた香取さん。かれはいまだ〝介助のプロ〟の実在を知らない。

ここまできて筆者は思った。それにしても、このところずっと筆者と香取さんは推量ばかりをやりとりしている。むろん筆者の関心は介助者でなく香取さんに向き、誰よりかれ自身の胸のうちを知りたい。

しかしそのような筆者でさえ訊かずにすまなかった。筆者、香取さんは介助者に「申し訳ない」と思ったとき、それを口に出して言ってはみなかったのか。香取「(笑)(それは)ないかもしれない」。押し返して筆者、なぜ言わないのか。言ってみれば案外、思い過ごしとわかるかもしれないではないか。

香取 まあ……。(長い間、笑)ま、話題にしづらいことなのかな。……。なんで話題にしづらいのか。(間)俺は、そこについて話したいとは、あんまり思ってない。介助者にもまあ、そこは訊かない方がいいと思ってる、んだと思います。

香取さんのばあい、介助者にかれの気持ちを話すことは「ほぼ、無い。って言っていいかもしんないですね」。筆者、それはなぜか。

香取 うーん、や、そりゃすごい、恐怖……。たとえば「こうやってもらってうれしかった」っていうのは言いやすいですよね。けど、辛いとか悲しいとか、それを直接、当人に言うっていうのは、結構、厳しいっすから……。

すでにくり返し訊いて、香取さんの「申し訳ない」気持ちの構成は知られている。かれは、それらのいずれをも、ことに不快な心情について介助者に言わない。言えば思わしくない何かが、起こるからである。

4――障害者の悲しさ

介助者をつかってことにあたるばあい、それがよほどの熟達でないかぎり、香取さんはいろいろに指示を言いながら教え、導く。うなずきや目線で補いつつ、おもには具体的な言葉が用いられる。たいして、かれ自身は時時の心情をまれにさえ口に出さない。前節で訊いた過剰ともみえる介助者への配慮（むしろ譲歩と言うべきか）は、介助者からの具体的な苦痛の訴えに先んじて推し量り、あらかじめ構えたものである。しかし、香取さんがそれと言うことはなく、かれの気遣いは介助者に知られない。かれはなぜ介助者に問わず、介助者に伝えないのか。

筆者、香取さんのばあい、介助者に言いづらいことがあるとして、それはなぜか。どのような気持ちがあって言いづらいのか。やや考えて、香取「分かんないわけじゃないですか。こっち（香取さん）はこう思ってるんだってことを（介助者に）伝えたところで、まあ、分かんないわけですよ。『あ、そういう気持ちだったんだ』ってまあ、思われるわけですけど……。それがまた辛いですよね」。筆者、具体的に何か挙げてほしい。しばらくの沈黙を置いて。

香取　たとえば、介助を休む。「何か予定入っちゃったんで休みまーす」とかいうことにたいして、どう思っているのか。ま、僕がどういう感情を持つのかっていうことを、まあ、言うっていうのは結構……、まあ、ハードルが高いことかも、ですかね。

筆者　それはなぜ？

香取　えーっとぉー……。ま、理解されてないっていう思い、ですかね。前（2節）にも言ってますけど、介助者が替わるっていうことにかんする、こっち（香取さん）のこと（困惑）とか、あとそれだけじゃなくて、実際に代わる人を探さなきゃなんない苦労とか。少なくとも研修とかの中で、休み方についてはこっちは（相当の事情でなければ休まないでほしいと）言ってるわけで。それも守ってくれない、みたいな。ま、ちょっと悲しすぎますよね、みたいな、感じですかね。

まったくもって不可解である。筆者の生活経験に照らして、香取さんの立場にある誰かが介助者の立場にある者の身勝手を「悲しむ」など、聞いたこともない。

ごくありふれた喩えに、筆者の学生時代のアルバイトを思い起こそう。ガソリンスタンドの深夜勤、休みたければ他のバイト仲間に電話をかけた。無断欠勤は記憶にないが、かりに黙って休めば、日勤の誰かか、主任か、間が悪ければ所長が穴埋めをして私は叱責されただろう。そこで所長はよもや「悲しい」などと思うまい。かれは怒っている、筆者にはそれが分かる。

翻って香取さんのばあいを考える。筆者はその大方を理解し得ない。かれはなぜ言いづらく、まして悲しいなどと感じるのか。複雑に入り組んでもみえる回路の全体を、香取さんの教えた心情にそくし、以下では大別、三つの位相で吟味しよう。第一、「そういう気持ちだったんだ」と思われることの「辛さ」について。第二、介助者に言うには「ハードルが高い」と考える事由について。第三、香取さんが悲しいと感じる介助者との関係性について。じっさいにはこれらはまとめて、あるいは断片的に筆者に話されている。それらを具体的なものから抽象的なものへと整理して、すなわちハードルが高い話題、悲しい気持ちの詳細、それらを介助者に知られることへの抵抗感について順にみていこう。

香取さんには、言いづらい、ないし言うのは「ハードルが高い」と考える介助者への指示がある。すでに前節で便槽の片付けをめぐる香取さんの憂慮をくわしく訊いた。じゅうぶんすすげと介助者に指示してなんの不都合があろう。しかしこの際、ことの当否など問題ではない。下手を言って介助者に「めんどくせぇ」と思われては、それこそ厄介である（障害者は耐えてなんぼ、ということか）。

別の例。香取さんは、これも前節で、介助者がゴム手袋を使うときの心境を教えながら〝汚いうんこ〟と〝汚い人〟の混同を挙げた。調理の場面ではこのちょうど裏返しの事態が生じて香取さんを思案させているという。介助者への手洗いの指示である。

香取　メシ作る前に「手洗って」って言うことがある。でも、なんか、イヤなんですよね。なんか、その人が汚いから手洗えって言ってる、ようなもんじゃないですか（笑）。（筆者、たしかに微妙な意味を含むよね、と合いの手）うん。だからそれ言うのって、はばかるときもありましたね（笑）。はばかりながら言ってるって感じですか。

これは筆者に経験がなく想像するしかないのだが、たとえば外から来た客に手洗いをうながすことがあればそれは言いにくいかもしれない。まして、介助者である。俺が汚いとでもいうのかなどと機嫌を損ねられたらまたしても面倒このうえない。やはり香取さんのはばかり、むべなるかな、である。

それにしても。場面は「メシ作る前」ではないか。筆者なら自分の食べるカップラーメンを作る前でさえ、手くらい洗う。ところが、香取さんのもとに来る男たちはさほどに頓着しない。「（香取さんが）『メシ作って』って言っても、手洗わない。そのまま作ろうとする」輩があとを絶たないのである。むろん筆者は、読み手の中には手など洗ったことのない諸氏もいて、香取さんの不快がさほど普遍でないことを知っている。それでもわずか手洗いほどの作業ならば、少なくとも香取さんが介助者に難題を強いているとは言えないだろう。それさえもはばかる何かが、かれと介助者とのあいだには、ある。

じつは手洗いは、香取さんに切実な含みを持っている。先に聞いたようにかれの筋力は漸減をつづけ、ときに呼吸に支障をきたすほどである。声を出すことさえ常には思うにまかせない。かりに本書から香取さんのよどみなく話すさまが想像されているならば、ひとえに筆者の稚拙である。そのようなかれにとって怖れるべきは体調の不良、なかんずく風邪である。香取「風邪とかって、やっぱ手からうつるんですよ。そういう意味も込めて僕は（介助者に）手を洗ってって言うんですけど」。筆者が多少の心得のある知人にたずねたところ、手からの感染はごくありふれた経路のようである。香取さんの危惧も手洗いの指示も聞き捨てられるいわれはない。だのに、かれはその深意を介助者に話したこともない。香取「今、もしかしたら、まっとうに〝手洗え問題〟を初めて誰かに話したかもしんない」。香はばかりとためらいをこえて、ようやくにも手洗いを指示したとき、介助者たちの反応はどうか。香取「『やれって言われるんだったらやりますね』みたいな感じ（笑）、の人もいれば、ふつうに『はい』ってやる人もいれば、水でしゃしゃしゃって洗っておわるやつもいれば（笑）、って感じですね」。筆者、ではそこで、石けんも使ってしっかり洗ってほしいなどと付け加えるときの気持ちはどうか。

香取　いやあ、それ言うの、キツイっすよね（笑）。自分としてはやっぱ、ハードルは高いですね。「石けん使って洗って」って言うこと自体は……。

さすがの介助者たちも、個別には、一度つよく指示すればあとはよく手を洗うとのことである。しかし、とりわけ留意すべきはその頻繁であり「まあ、ほぼ全員（に一度は注意しなければならない）に近い（笑）、気がするなあ」。香取さんはあわせて「料理作り慣れてる人とそうじゃない人でぜんぜん違ってた気もする」と思い返し、「ジェンダーともかかわってくるんじゃないかと思う」と分析するが、筆者には不詳の点ばかりが残る。それをごく些末な注文とみても、まして事情を聞けばいっそう、香取さんを挫き、阻んで手洗いの指示をためらわせる何かが判然としない。

かろうじて筆者に与えられた手がかりは、やはり介助者の程度である。かつて、香取さんと介助者とのあいだで〝手洗え問題〟が話題にのぼった稀有の機会は次のようなものであった。

香取　（自分とは別の障害者の）介助してる人が言ってた（香取さんに話した）んですけど。（その障害者と介助者が）ご飯食べてたんです、一緒に。で、介助してる人がハナ擤《か》んだんですって。で、障害者の人が（介助者がティッシュを捨てたあとに）「手洗って」って言ったんですって。そしたら利用者（障害者）の人の手、洗おうとしたんで、「あんたの手だよ」とか言われた（笑）、っていう話をしたことはあります。笑い話として。〝ハナ擤んだ手で介助すんな〟っていう話だよね、みたいな。……。ネタというか、四コマ漫画にできそうな話というか。

録音テープを聞きながら、またここに引用しながら、筆者はいくども笑った。いくども笑いながら、考える。一事が万事。はたして香取さんたちはいつまで、このような介助者と暮らさねばならないのか。かれは本節冒頭で、介助者には話しても「分かんないわけですよ」と言った。それをすねた態度とみて、駄々をこねていると評するのはきわめて容易である。たいして、くり返される介助者の無能に堪えて長いながい日日の生活をおくるかれの心境を理解するのは、少なくとも筆者には、至難である。

いったい、介助者はなぜ「分かんない」のか。香取さんはやはり2節で、介助者の欠勤に対応する苦心を言い、しかしそれを分かられるのは怖いとも言った。前後して筆者はくり返し訊いている。「介助者にはなんでそれが分かんないんでしょうねえ。シフトチェンジされた障害者はたいへんなのだ、ということが」。かれは「簡単に言うと、伝えてないからですかねえ。(自分が適当に)伝えられてないから、ってのが一番だと思いますけどね」と応えた。介助者に〝言いづらい〟ことごとをめぐる議論は、介助者のありさまをひとまずおいて、むしろ香取さんの心のうちに照準すべき段階のようである。

少しく先取りして言えば、核心は、伝えるための工夫やその技法にはなく、考えや心情を介助者に報せ、知られる不快にこそあった。

今いちど、便槽の片付けを例にして訊きたい。筆者、先に「うんこ処理を頼む苦痛」について聞いた。かりにその苦痛を介助者に伝えるならば、どのようだろうか。表現してみてほしい。香取「う―ん……。日日それを、『イヤだ―っ』ってことを前面に出してたら、生活できないわけじゃないですか……。なんで……、そこはこう、隠蔽されて生活しているから、なかなか難しいっすね(笑)、それを言えっていっても……(笑)」。無理を強いて、説得するようにして筆者、ならばここで練習のつもりで言ってほしい。

香取 練習で? ……(笑)。難しいですね。だって僕は言わないで解決する方法を日日練習してますからね。(長い間)ま、〝そこはおいとく〟っていうのが圧倒的に多いからな。たとえば、うんこの問題を問題化しない。隠蔽しとくってことの方が、八割五分くらいですかね。もっとかな、九割くらいかな。

これは、相対的にではあるが、筆者にたやすく理解された。言ってもしようがない。誰もが一度は誰かにそう思い、思わされている。もちろん3節の末尾で筆者の指摘したとおり、ことは排泄である。介助者は香取さんが「イヤだーっ」と感じることをこそ憂えているかもしれない。かれらに言わせれば、改めるべきは香取さんの認識である。しかしそれでも、なるほど香取さんの用心のとおり、悪くして介助者に（これ以上？）「めんどくせぇ」と思われないためには、なんにせよ言わずにおくのが得策ではある。

たほう、またも筆者に不可解だったのは、次の例。

九割くらいかな、に一息ほどの間を置いて香取さんは言葉を継いだ。「まぁねぇ、うんこのことは、あんまり。うんこのことでそう（隠蔽しておくこと）は、あんまりないかもね」。結局は何かと指示を出してやらせるしかないのだから（それに今はけがも治ってポータブルトイレも使っていない）。それよりもむしろ、問題化しないのは「遅刻とかが圧倒的（に多い）なのかな」と。香取さんの言うには、介助者の遅刻を咎めることの難儀は排泄処理の不手際に注文をつける面倒などとは比べものにならない。筆者、意味を取りかねて当惑しながら訊く。それを言えないのはなぜか。

香取　だってねえ……。遅刻はその人の気構えでどうにでもなることじゃないですか、どっちかというと。ま、車（で通勤途中の道が）渋滞してましたと言ったら渋滞ある人は渋滞になっちゃうわけです（だから渋滞による遅刻は不可抗力であって、当の介助者の気構えを責めることはできない、の意）。

（だけど）自転車で来る人、渋滞関係ないわけですよ（そしてまた、そのような介助者が遅刻するのである）。早く出てこいっていう話なわけですから。その気構えっていうか、心構えっていうか……。その遅刻はもうほとんど、介助者の俺にたいするかかわり方（の正体）を表しちゃってるものと（香取さん自身が）思っちゃってるのかな……。

たちまち筆者に湧いた義憤。まったくけしからん、そのように弛んだ気構え、心構えなど俺が叩き直してやる。振りあげたその拳のやり場をさがしながら、ようよう気づく。介助者のけしからん気構え、心構えを、それが〝弛んでいるがゆえに〟咎められないというのは理屈が合わないではないか。ごく一般的にみて当然に責められるべき遅刻の、いったい何に香取さんはたじろぐのか。

香取　たとえば「お前、なんで遅刻したの？」とか、僕が介助者に怒るわけじゃないですか。障害者の生活、俺の生活が困っちゃうんだと。お前どういうつもりなんだ？　それでいいと思ってんの？　って言ったら、（介助者はそれにたいして）「ま、べつに……」とか（笑）、言えちゃいそうじゃないですか。「べつに俺、仕事として来てるわけで、あなたの生活がどうこうっていうのは……」。（間）（もしこのように返答されたらどうだろうか。いやそもそも遅刻すること自体、香取さんが介助者に）大切にされてるかどうかっていう評価に当たっちゃう（それを意味している）のかな。この人は僕の生活をどれくらい大切にしてんのか、っていうことに結びついちゃってるのかな、遅刻っていうのは。

なかばあっけにとられた筆者。ふたたびの義憤。さればこそ腹を据えてのぞむべきではないか。毅然として糺すことこそ肝要である。それを思い返し、ここに記しながら、今あらためて思う。このようにしか考えられない筆者に、香取さんの胸のうちを訊こうとする資格などなかったのかもしれない。かれは、次のように続けた。

香取（間）そこ（なぜ遅刻したのかと）突っ込んでいく（責める、糺す）っていうことは、だんだん明らかになっちゃうってことじゃないですか。（自分が）どれくらい大切にされているか（いないか）っていうことを、明らかにしていってしまう行為だ、ってことじゃないですかねぇ……。

香取さんの目に、伏して詫びる介助者はうかばない。そこで露わになるのはむしろ、かれ自らの孤独なのである。

思いついて筆者は言った。「それは、恋愛と一緒ですね」。香取さんの微苦笑「そうですね、待ち合わせの時間にちゃんと来るかどうかと、同じ話ですね、これ。そうか、いいこと気づいた」。野暮な解説は他書にゆずるが、喩えは立場のことであって、むろん香取さんは介助者を慕わしくなど思っていない。断りつつ本題にもどろう。

一般に、遅刻には二種類ある。無断で遅れるばあいと、連絡をよこすばあい。どちらにせよ「少ないけど、ありますよね。（電話で）『遅れまーす』みたいな」。遅刻者たちの態度にも二通りあり、恐縮する者も、悪びれた様子のない者もいる。後者はとくに「毎回やる（笑）。（何度も）『今日も遅れまーす』みたいな」。その輩たちにまけない厚顔だと自覚しながら、強いて訊く。そのときの、あなたの感情は、どうか。

香取　（間）「あぁー、悲しいなあ」って（笑）。こういう、ことをされてしまう自分……、は悲しいなあとは思うし（笑）。そういう介助者とこれからも付き合っていかなきゃならないのが（笑）、また悲しいですよねぇ……。うん……。

前節までの対話もふまえて、以上に訊いた香取さんの言いづらく、また悲しい心情はおおむね次のように総じられよう。

香取さんが介助者に言いづらいのは、ひとつに、疎ましく思われるなりゆきを危ぶんでのことである。便槽の片付け、手洗いの指示が介助者に厭気や反感をいだかせるかもしれない。シフトチェンジの気苦労を聞き、遅刻を咎められて、自分には荷が重いと立ち去られても困る。

いっそうの憂慮は、介助者を糺して知られるかれらの真情にある。能力の有無、巧拙はさておき、かれらの行動はじつにその心構えを端的に呈する。香取さんにはそう思われる。なぜ遅刻したのかと訊いて明らかになるのは、つまり、わが身の軽さなのである。遅刻されるのは悲しい。それを追及するのも、なおのことやるせない。

重なり合い、絡み合う香取さんの「辛い」気持ちは、さらにそれら全体が、種種の言いづらさ、悲しさがあるという事実それじたいを介助者に知られたくない、との念いに包まれている。香取さんが教えたもう一つの具体的な経験から、かれの言いづらく、悲しく、それを知られたくないありさまを訊こう。

自立生活を語る者たちにはひろく知られた場面がある。上り階段にさしかかる車いす使用の障害者と介助者。人手を求めて介助者が言う「誰か一緒にこれ上げてください」。香取さんにも類似の経験があり、「これ」呼ばわりが気になるときも、気にならないときも、その言い方はやめてくれと言えたときも、言えなかったときもあったという。「自分は物じゃない」と言いたくなるときの気持ちを、香取さんはやはり「(介助者にとって自分は)物だ、悲しい」と表した。筆者、その悲しさを、説明してほしい。

香取　(長い間)ま、その介助者を、まあ、ひとまず信頼してる……、っていうのがある。……。だけどそれについて応えてもらえなかった、っていうことですかね。こっちは介助者を、何て言うか、信頼っていうかまあ、親しくと言ってもいいかもしんないですけど、(香取さんは)親しい感覚でいるんだけど、それが何て言うか、むこうは物として扱ってきたっていう(笑)。……ことの、さみしさ、とか、悲しさ、ってことですかねえ……。

筆者　扱われた悲しさは分かったけど、それを言えないのは、なぜ?

香取　だから、「や、あんた、私、物じゃないんだけど」って言ったときにその人（介助者）はハタと気づくわけですよね。「あ、そうだ、（自分は香取さんを）物として扱ってた」みたいな。そしたら、ほんとに物として扱ってたのかこのやろ（笑）、みたいなことに、なっちゃう、かもしれない。そういうことですかね。（長い間）悲しいことを言うことは悲しいと思う感覚。悲しいと思うことが悲しいっていう感覚。うん、ま、そういう状況、簡単に言ったらまあ、俗な言い方と言えばいいか〝（障害者が）人として扱われていない社会〟っていうのがあるし、そう（容易にはそれが）変わらない現状っていうのがあるなかで、（「私は物じゃない」と言ったとしてもそれは）なんか、ただただ遠吠えしてるような感じ、じゃないですか……。

香取さんの応答に、内心あわてふためいた筆者。ずっと以前、私が学習したところによれば、そのような場面ではコンフリクトを怖れることなく、異議申し立てすることこそが当然である。障害当事者はゆめゆめ「遠吠え」などと言ってはならない。またこれを引用して書けば筆者自身もそれを容認するのかと責められてしまう。そうと言った筆者に応えて。

香取　（間）もちろんそういう部分もあると思うけど……。（長い間）ま、その人（今、ここで「これ上げてください」と言った介助者当人に異議申し立てした）だけじゃ解決じゃないじゃないですか。して、まあ、何回も言ってきたことだったりもするじゃないですか。「また言うのかよ！」っていう感じ、ですかね。たとえば「この車いす上げてください」っていう場面は、その人が初めて言ったわけではないだろうし、（つまり香取さんにとっては）そういう（類似の）場面はこれが初めてじゃないわけで。その都度、何か言ってきて、また言うのか……。言ってもまた変わらない。やられちゃうのか、みたいな、そういう悲しさですかね。

読み手にあまりの出し抜けを詫びつつ書くが、このとき、筆者は「投了」という言葉の意味をようやくに全体として理解した、と感じた。おそらく碩学の誰かは何度でも言うのだと香取さんを励ますだろう。それを待つまでもなく、香取さんや多くの障害者は今もどこかで介助者の心得ちがいを糺している。ここでかれは筆者に、少し愚痴を言ってみただけであろう。それを捕まえて過大にみるのは妥当ではない。しかし、まったくおろかな想像とは知りながら筆者は自分を香取さんの立場において思った。このような介助者たちと対峙して果てなく次の一手を打つ。私には、その気概はない。

己のおろかを恥じもせず、口にした。ならばいっそのこと、自分がいかに悲しい存在かと訴えるのも方法ではないか。つまらぬことを言う筆者に香取さんは笑って、あまり言いたくない、悲しかったと知られるのも辛い、と応えた。

香取　介助者がね、（香取さんのことを）介助受ければふつうに生活してる人なんだとか、いたってふつうの人、まあ、介助受けてるけどそれなりに生活してんじゃんっていう（ように認識している）ところに（筆者に話したことなどを伝えれば）、何て言うか、「あ、この人はなんやかんや言っても障害者だったのか！」みたいな……。大変な社会状況、「自分たちとは違う社会環境に生きてる人だったんだ！」って思われることですよね（苦笑）。何て言うか、うーんと……。その人自体のとらえ方が、変わってしまう、ことの、……、介助者との関係が変わってしまう、可能性を引き起こすから……。

香取さんの悲しい気持ちは、ひとりかれの感じ方の問題にとどまらない。うかつにも気持ちを明かせば、とたん、介助の手をうしなう危険がせまるのである。筆者、関係が変わるとはどのような意味か。香取「そういう人を介助してるんだとか思ったら、あ、私はちょっと重くてやれません、みたいな……。その人（介助者）が何かを覚悟しなきゃならない、（香取さんや他の障害者と）かかわるために、もうちょっと私は覚悟しなきゃならなかったんだ、とか思われちゃったら……、それまでのフランクなかかわりとは、また違うくなってくるじゃないですか。（間）まあ、逆にフランクでも困ってしまうこともあるんだけどね（笑）。ビミョーな、難しいところですけど」。介助者との〝間合い〟については大小とりまぜて話題が尽きない。

いましがた、かれは「違う社会環境」と言った。その環境ゆえに介助者に仕事が与えられて、本章で聴いた二〇〇五年現在、それは支援費制度の下にあった。かれの悲しい気持ちは制度によって補われたか。香取「ボランティア時代の問題と支援費の介助者で起こる問題って、ちょっと違ってくるかなあ。以前は〝悲しい〟まで伝えないと分かってもらえない。今は『仕事なんだから』ですませられる部分が結構、出てきて」。少なくとも制度はかれに、介助者に問答無用で「遅刻するな」と言うための足場を与えた。ただこれで悲しい気持ちが無くなるわけでもないという。「言わなくてもいい分〝押し入れの中に入っちゃいました〟みたいな（笑）。感情の部分を出す機会、向き合う機会が減らされたってことなんですかねえ……」。それに何より、制度は果てなく介助を保障するものでもない。香取さんは死ぬまで障害者だが、介助者は介助の仕事を辞めることもできる。彼我の違いは絶対である。筆者の重ねての質問、あなたの悲しい気持ちをなんとしてでも言うとしたら、どうだろうか。香取さんは笑いながら、主語が僕じゃないっていうんだったら説明できます、と返した。「（長い間）（障害者の気持ちを聞いても介助者が）逃げないっていう担保があれば、ね」。そうしてかれの悲しさは、今も介助者に知られない。

第4章
自立生活の手間と厄介

本章の聴きとりは二〇〇八年から二〇一一年にかけて断続的におこなった。筆者の質問はこれまでとまったく同じく香取さんと介助者たちとの関係性を訊いている。けれど時期とともにゆるやかに、話題の重心が、かれ自身と介助者とのあいだに生じたあれこれから、ほかの障害者と介助者のあいだに立って両者をとりもつ苦心へと移っていった。話された具体的な事象はそれらいずれをも含み合わせているので本文でも無理に区分けてはいないが、章の前半では香取さん自身に起きたできごとが、後半では自立生活センターのコーディネーターとしての経験が、おもに話されている。前言を補足、修正すれば、筆者の質問は香取さんと介助者のありさまを訊いて「最近どうですか?」で変わらないのだが、応える香取さんは自分と介助者よりもむしろほかの障害者と介助者について話すべき多くを持つようになった。あるいはまた、筆者の関心をみたすための探究を進めて照準すべき対象を、香取さんと介助者の二者から、介助派遣を受けるほかの障害者(利用者)たちへと広げる必要が出てきたと言うべきだろうか。ただしそれは障害者―介助者関係を一般的に論ずるためではなく、香取さんの日日の活動の相当部分が両者の調整に充てられている実態にそくした手当てである。

ところで、さきに「まえがき」でふれたとおり、本章ではとくに障害者、利用者の語がともに、かつ互換的に用いられる。文脈、文意にそくして、また香取さんの発言にも沿いながらそれらを併用するが、あるいは他方を用いてもよいか、どちらでもなお足りないなどと迷う箇所もあった。前章までに倍する寛容をもって読み進まれたい。

1――さしみのしょうゆ

介助とは、そばから起居・動作を助けるさまをいう。香取さんらは指示を工夫して介助者をつかい、毎日の歯みがきも海外への旅行も自在である。とはいえ、それらの自立生活の細部に照準して訊けば、介助をめぐる不足は日日のなかにごくありふれてつきることがない。かつて〝心地よいケア〟を説明するためにトイレ介助を例にとり、強く満足いくまで拭いてほしいと書いた女性がいた。それ以来、排泄を言って介助のいくらかを表したとする向きもあるようだが、ひとは朝から晩まで便器に座っているわけではない。また障害者がみな、決まったように暮らしているのでもない。自立生活には、少なくとも個性の数とおなじ程度に、不足と不満の可能性が遍在している。

香取さんの周辺ではどうだろうか。できるだけ当の利用者にばかり感じられる不足を思い返してもらった。かれではない、ほかの誰かについて。香取「どうっすかねえ……。物の置き方とかですかね（笑）。俺はあんまりそういうこだわりはないんですけど、ある人はありますからね」。何の置き方かと訊けば、棚の上にかざったキャラクター人形の顔の向きだという。筆者が自覚なくあきれ顔をしたからだろうか、引き取るように続けて「こだわる人がいるんですよね。別にそこに置いてありゃいいやんみたいなの（傍からはそう思われてしまうようなこと）とかも、顔の向きがむこう（になるように整えてほしいと介助者に指示する）、みたいな（笑）」。おそらく介助者の尻の拭き方を言う人たちは、当然ながらその人形の向きも大切にされるべきと考えるだろう。しかし香取さんの話し方からみるに、少なくともかれの周辺でそのような姿勢がひろく、ふかく共有されているとは判じがたい。

置き方にさほどの気を向けない香取さんにも、しかし、ゆずらない場面はある。「俺はたぶん、食い物に関係することはうるさいかもしれないですね。たとえば紅茶のお湯の温度とか」。そう言ってかれは小さく笑い、どういうことかと訊いた筆者に教えた。「紅茶って、ジャンピングする温度っていうのがあるんですけど（後日筆者が調べたところによれば、紅茶を淹れるときに茶葉を入れたティーポットに湯をそそぐという工程があり、その際ポットの中で茶葉が上下に動くと香りがゆたかになるのだそうだが、その上下動をジャンピングと言うらしい）、沸騰しなくてもしすぎてもだめ。お湯のなかの空気が多すぎると葉っぱが浮かんじゃって少なすぎると沈んじゃう（やはり後日調べると、湯が沸く過程で溶け込んでいた空気が加熱により気泡となって放出されるのだが、それをおろそかにしても徹底しても紅茶を淹れるのに適さない、つまり湯の温度によって茶葉のジャンピングの程度に差が生じる、らしい）。だから九五度」。なかなか細かい指定である。それは温度計でも使うのか。香取「やかんの音を聞いていれば、ま、分かるんですよ」。誰に分かるのか。香取「僕」。いやいや、あなたには分かると言われても介助者は分からないだろうと続けた筆者に重ねるようにして。

香取　まあ（音の違いは）ふつうに誰にでも分かるから（笑）、「その時にやってね」って（介助者にそのタイミングで火を止めて湯をティーポットにそそげと）言うと、（しかし）「そんなん知ったこっちゃねえよ」みたいな感じで扱われますかね（笑）。

　それは無理もないと筆者は思った。なぜなら。はじめ「音」と聞いて筆者はやかんの口に付いた笛が鳴るのを想像した。香取「あれの高い音になる前がその温度らしいんですよ。（やや控えめの）ピー、（甲高くなった）ピー」。けれど「うちのやかんはピーって鳴らねえ（笑）」。そのピーが無くても香取さんには分かるというのだが、介助者にはやはり分からない。香取さんのもとめに応えようとして介助者が耳を肥やすように努める気配もない。結局、新しいやかんを買わないうちは、くり返し言っても介助者の尻の拭き方が足りないように、香取さんがほんとうにうまい紅茶にありつける機会は少ない。

　こだわりはほかにもあるかと訊くとかれは即答して「たとえば緑茶とか。さまし湯で淹れろとか（笑）」と挙げた。またその類の話かと思いながら、しかし筆者は今度は、それくらいの指示はしてもよいだろうと合いの手を入れた。かれは自分もそう思うと応じつつも「まあ、やる方（介助者）にとっては面倒くさいですよね」と続けた。

　筆者は棚に人形を置かないし、緑茶にさまし湯もつかわない。だからすっかり香取さんに共感していると言えば大うそである。せいぜい教条的に介助者の不足をあげつらうしかない。また香取さんも人形の顔の向きに興味はないようだし、それに同じくジャンピングが大切だと思う障害者も多くはないはずだ。このようなわけで、何が不足して不満が生じるか、自立生活する障害者の全体をとらえてあらかじめ列記することはできない。

それでもここまでなら、介助者に一定の心がまえを呼びかけることはできる。利用者一人ひとりの好みに寄り添いましょう、など。さらに訊きすすめて筆者が困惑したのは、入れ換わって、利用者からみて介助者に〝過剰〟があった場合である。すなわち、香取「逆に介助者がすごいこだわって、（香取さんの方が）『俺、もう、そんなのいいんだよ』（と投げ出す）みたいなこともある」。たとえば、掃除。介助者は香取さんが思うよりずっときれいにしようと努める。香取さんは適当なところで「もうそんくらいでいいんじゃね？」としびれを切らす。このようなわけで、かれは掃除が嫌いだという。筆者、嫌いなのはなぜ？　香取「うーん……。面倒くさいからですよね」。かれにほどよい具合に掃除を指示することが面倒なのだという。

香取　いちおう（部屋の中は）理路整然と並べられているわけですよ（笑）。それを勝手にいじられちゃうとか、物が捨てられちゃうとかいうのは困るわけ。復元したいわけじゃないですか、後で。掃除している間にいじったら（香取さんに感じられている〝理路整然〟が）ガタガタ崩れて（それを後からもとに戻すための）仕事が増えていくっていうことが面倒ですね（笑）。あとは、加減ってあるじゃないですか。テキトーな介助者も困るんだけど、すげえきれい（に掃除をしたがる）なのも困るわけですよ。こっちは「この時間でおさまるくらいの掃除がしたい」っていうのがある。それが介助者に伝わらないとか……。

今度は介助者が努めてきれいに、ていねいにしようとする姿勢が、しかし利用者のもとめからは外れていく。たとえば香取さんは強力な洗剤を使うのが嫌いだ。それで汚れが落ちないのなら、仕方ない。ところがその介助者は、長いこと使って油がこびり付いたガスコンロをあきらめない。香取「（ここにある洗剤や道具では）これくらいで限界だねみたいな、（自分は）そのレベルで終わろうと思うけど、介助の人は『もうちょっといけるよ』って、ガガガガって（擦り続ける）」。利用者の制止もきかずに格闘する介助者の気持ちが筆者には想像できない。そう言うと香取さんは少しく同意しつつ「その人がこだわりたいところについては大問題なんでしょうけどね」と補った。掃除では介助者に悩まされているが、香取さんにもこだわりはあり、お互いさまということなのだろう。「俺だったら、納豆どこまでねばらせるか（笑）。介助者に『右五〇回、左五〇回ね』（笑）みたいなことがあるかもしんないですね」。筆者には香取さんの味覚もまた、まったく想像できない。

ここまでいくつか話されたとおり、日日の暮らしのなかで利用者と介助者の一方にかたよって好みやもとめがあるとき、指示と応答のなめらかな接続は困難である。そこでは不満が高じて衝突にいたるかもしれない。どのように対処するのかと訊いたが明確な回答はなかった。香取「ま、やっぱ〝スルー〟かなあ……」。つまりは受け流すというのである。「こっちも相手もだと思うけど、対応できるキャパがあると思うんですよね。これ以上はちょっとかかわれねえや、面倒くさいってことなのかもしんないけど、任せることをしなければ生活が持たんわっていうところになってきちゃうと、どんどん介助者任せみたいに（なっていくこともある）」。そうして今日もまたやかんの音を聞きながら、ああ沸騰させすぎだと胸のうち独り言つのである。

香取 （介助者に指示して何かをしようとすると）必ず、面倒くささとかイヤな気持ちとかが出てきちゃうと思うんですけど、それを（利用者が内心で）処理できることじゃないと、指示できないってことなのかもしんないですね。たとえばメシ喰うっていっても面倒なわけですよ。介助者に作らせて、肉じゃがの玉ねぎがでかすぎるんだよって（不満に）思ったりするわけでしょ。それについて自分のなかで、あきらめることを含めて〝気持ちとして引っ掛からない〟ことじゃないと、トライ（指示してやらせようと踏み出すことは）できないのかもしれないですよね。

ここに介助者の不得手、不器用などが重なれば事態はいっそう複雑になる。香取さんの棚には人形ならぬプラモデルが三体。これにはトライしたの？　香取「これはもう、覚悟を決めて、やる。まあ、説明書見てやりゃぁ作れますからね、誰でも（笑）。（筆者、とにかく作れることときれいに作れることとは違うでしょう？）そうですね。だからもう（介助者の手もとを）見てますよ、じっと（笑）。『もっときれいに切れ』とか言って（笑）。……。だからもう、三体は作ったけど、もうやれない（笑）。ほんとはあと一〇体くらい作って部屋中に置こうかと思ったけど『こりゃ無理だわ』と思って（笑）」。たいして広くないこの2Kの間取りに、香取さんのトライとあきらめはいくつ並んでいるだろうか。

それでもなお、香取さんがくり返し言いつづけてあきらめないのは、紅茶、緑茶と聞いたとおり「食」

にかかわることごとである。「そりゃ些細に、いろいろありますよね。たとえば皿の洗い方、メシの喰わせ方、さしみのしょうゆのつけ方（笑）。ま、いろいろ……」。つられて身をのりだす筆者。

筆者　僕はダバダバ派だけど、あれが自分の思い通りじゃないと……

香取　イヤなんですよ。

筆者　イヤだよねえ！（両者、笑）

香取　俺はしょうゆは、あんまつけないんですよ。だから（介助者のやり方によっては）「そんなにつけんな！」とか言うんですけど（笑）。さしみを食べるときははじめに言いますね。あとは、たくさんつけられたら「俺はそんなにつけないから」って言う。いくらちょっとでいいからって言っても、次のやつ（別の介助者）はまたドバってつける。「ちょっとでいい」っつってんじゃん！（笑）

末尾を補って説明する。香取さんを訪れる介助者は何人もいて、食事時に介助する担当が固定されているわけではない。新人はもちろん、よく知った介助者といえども、二人で初めてさしみを食べる場合には気を抜くことができない。香取さんはその実状じたいを否定しているのではないし、むろん調味料の多い少ないなどは当然にその都度指示するべきものと心得ている。香取「(生活場面では介助者も)やっぱ、自分のクセみたいなのが出ちゃいますもんね」。だからこのかぎり、末尾の嘆きはなかば冗談である。

冗談であることをよく承知しておおいに笑いながら筆者は思う。日日の暮らしのなかでこれからいったい何度、香取さんはしょうゆのつけ方を言い続けるのか。これまでもこれからもずっとそれが常態ならば、よほどつよくもとめて声を大きくしないと、かれ自身が自分の好みを忘れてしまうのではないか。いや、あるいは、それよりもはるかにまして端からあきらめる場合が多いのかもしれない。

介助者の不得手、不器用に話を戻す。すぐ目の前で細かに指示しながら、まるで二人羽織かとあきれるほど、思うままに動かない介助者の手、足。そのうえ、香取さんのもとには失敗のたえない介助者も派遣されてくる。香取「〝雑な人〟っちゅうのは危なっかしいわけ」。ときには部屋の中を歩くだけでテーブルや棚の物を落としてまわる介助者もいる。そこに香取さんの不足が重なって、怒鳴らずにすまなかった日もある。香取「今日もねえ、あったんですよ。トイレ介助しているときに、足、踏まれちゃったんですよ。俺が『痛てて、足、踏むなよぉ!』とか言って、(介助者に、気のない調子で)『すんませぇん……』とか言われて。『お前、それって(その謝り方は)無くねえ?』とか言って。あれ、気まずかったな(苦笑)」。車いすを降りるトイレ介助は足を踏まれる確率の高いポイントだが、今日の香取さんはそれをつぶしそこねた。

香取さんの不足は、直接には介助者への声かけにあった。「簡単に言えば、車いす乗ってるときは絶対に踏まれないんです。僕の場合は、足踏まれるときはトイレ介助のときなんですよ。だからそんときには『足踏まないでね』って言いますね。そういう感じでポイントポイントをつぶしていくって感じですかね」。具体的な場面のすべてを聞くことはできなかったが、香取さんの暮らしのそこここに「ポイント」のあるさまは筆者にも了解された。

たほう、かれがこの件を「気まずかったな」とふり返るのは奇異にも感じられる。足を踏んでしまって気まずいのは介助者のはずだ。そこで筆者、あなたの「気まずさ」とは何か。香取「そんときは、なんか『酷ぇ言い方だったかなぁ』とか思ったけど。『足、踏まれてるから痛いんですけどぉ……』とかそういうふうに言った方がよかったのかなあとか思って」。堂に入った口調の卑屈さにまたも大笑いする筆者。そこに「笑い事じゃないんですけど」とさらに笑いを重ねつつ、あわせて香取さんは、介助者の不器用に舌打ちしたい気持ちは自分なりに努めて抑えているのだが、とも付け加えた。そのたび苛立ち、咎めても仕方がない。荒げた声の大きさほどには何も改善されないから。つまり今回は、とっさにわき起こった怒りをそのままあらわにしたことが、香取さんのもう一つの不足だった。

障害者が、生活能力にいくらも差のある介助者をつかうとき、試されるのはかれの寛容である。香取さんはふだん、しっかりこらえてやり過ごす。しかし、たとえば薬のビンから錠剤を出すときいつも勢いよく振る介助者がいて、不安に思っていたとして。「案の定、こぼれたんですよ」。そうなると、香取さんとて穏やかにはすませられない。その介助者が来るたびに「ハラハラしながら見てて、そういうのが積もり積もっ」れば、やがて今日のようになってしまう場合もある。この介助者がとうとう薬をこぼして、香取さんが語気を強めたときのこと。

香取　まずいな、と思って。これじゃあ喧嘩売ってるだけだと思って、説明するわけですよね。俺はね、（あなたが）そういうやり方いっつもしてて、「絶対失敗するな」と思っていたんですよ、と。案の定、そうなって。手間も増えるでしょ？　そういう一つ一つのやり方にも、結構、気を揉んでるっていうことは理解しておいてくれるかな……、みたいな（笑）。

これを聞けば筆者は、香取さんの口をついた「足、踏むなよぉ！」の言葉から、その瞬間の痛みよりもむしろ、日ごろ当の介助者に感じていた香取さんの不安をこそ知らなければならない。さらには、要領も手際もわるいこのほか何人もの介助者にたいするかれの憤懣が、怒声に変わってあらわれるのは時間の問題であるということも。

指示して介助者たちをつかう香取さんの周到は、いまやおおかたでかれらをしのぐ。だのに介助者は付いてこない。それどころか、かえって余計な間抜けをくり返す。香取「こないだおもしろかったのは、チャーハン作ってて、僕が『コショウ振って』って言ったんですよ。そしたら（コショウの小瓶を）マラカスみたいに振った人がいて（笑）」。楽器のように激しく振り掛けた、のではない。しけって固まったコショウを砕こうとした、のでもない。ただ瓶を振り続けたのだ。聞いている筆者にも何のことだかさっぱり分からない。このほかにも、まどろこしい場面は「たくさんある。すごいある。ほんと些細なことですけど」。たとえば電車で出かけて帰りの面倒を避けようと往復切符を買えば、帰りの改札口まで来てその切符をどこにしまったか見つけられない介助者。利用者は介助者がそれをどこにしまうかまで指示しなければならないのか。そうして、それを利用者の方が覚えていなければならない。これらがくり返されれば「『だ・か・ら!』(気をつけろと言っているだろう、等々と怒鳴り散らしたくなる) みたいな感じになっちゃいますね」。香取さんのこの心中は筆者にもたやすく察せられた。

こうして介助者のようすを具体的に知るほど、またあわせてその時時の香取さんの気持ちを想像するほど、対照的に、かえって筆者の得心が妨げられるところもある。介助者のていたらくにもなお怒りの自制を心がける香取さんの事情や、自分の苛立ちを介助者に「説明する」というかれの姿勢である。怒鳴り散らしても仕方がないと言われればその通りかもしれないが、さりとて、当の介助者にむけて痛みや不快をはっきり伝え、叱るべきものは叱り、怒りを発散しなければストレスがたまるばかりではないか。

香取　そういう意味では、当の本人の前でいきなりやる(発散する)っていうのは、たぶん、うちの利用者(香取さんらが運営する自立生活センターから介助者派遣を受ける障害者たち)では、できないですよね。ま、俺くらいじゃないですか(笑)。みんなヒヤヒヤしてるんですよ、俺が介助者に言う(発散する)もんで……(笑)。

存分な発散がおこした厄介は、次節以降で順に訊く。自立生活の継続にかかわって誰がなぜ、何を「ヒヤヒヤ」するのかについても。その前に、言えない利用者たちのストレスについて確かめておきたい。筆者、ストレスは無いの？　香取「いや、もう、みんなストレスでしょう。（筆者、それは見てて分かる？）体調に出ますからね、みんな。（中略、日ごろの不満を）どんどん言ってくるんですよ、言える介助者に、次から次へと。そうするとそれを聞いている（筆者の補足、聞かされている）介助者がこんどはストレス感じて（笑）、『助けてください！』って来るんですよ（笑）」。香取さんもほかの利用者も、ごくあたりまえに不快を感じていたのだ。しかし、そのほとんどは事態の改変に歩をすすめない。香取「面と向かっては言えないけど、周り（別の介助者など）には言ってて。それが回り回って伝わる、みたいな（笑）。そういう構図ですかね」。それでもただ悶々とするよりはましと言うべきか。

香取　何て言うか、ストレスの発散の仕方っつうのも、ふつうの人とかだったら、酒を飲んで話すとかちょっとジョギングしてみるとか、そういう〝自分の気晴らしパターン〟みたいなのがあったりすると思うんですけど……。障害者の人は、そういうのがないっていうか、（そもそも気晴らしの機会を）作るのも難しいっていうところもあるんですよね。それをするために介助者を動かすんで、また疲れる（笑）、みたいな。（気晴らしのために）たとえば金魚を飼ってみたけど、金魚の世話するのに介助者つかわなきゃなんなくて、その介助者がまた上手くできなくてイライラする（笑）、みたいな。

筆者は、こんどはつられて笑えない。いまの私は本書の読み手にむけて、障害者が介助者に金魚の世話を指示する場面を紹介しつつ、介助者の無能に嘆息する利用者の切実さをじゅうぶんに描き、伝える力を持たないから。けれどそれこそが日常生活だとも筆者は思う。香取「そうですよ。金魚飼うこと、犬を飼うことなんですよ。メシを作るとかね。でも、それをするためにひと手間かかることの、この面倒くささ（笑）」。それになにより筆者には、介助者をもどかしく、はがゆく感じる日日を果てなく暮らす気持ちなど、想像さえできない。

自立生活は、障害当事者が自ら決めた生活を介助者が支え、助けてはじまる。理念的にも現実にもその理解に大過はない。ただ筆者が香取さんに訊くかぎり、自立生活はむしろその細部を障害当事者が耐え、あきらめながら維持、継続されている。

2――発散のゆくえ

香取さんみずからの言葉も借りて、まずはじめに断りを記す。以下で話される〝雑巾の洗濯〟事件において「いちばん問題だったのは、俺（香取さん）が寝てたっつうのが決定的な問題なんだと思う（笑）」。それはそのとおり、かれがすべてを見ていなかったから事は起こったのだし、だから自立生活の理念をきびしく当てはめて、この件については特段、議論すべきことはないという見方があるかもしれない。香取さんも、かりにこれを「オーソドックスな自立生活センターの考え方で解決するとなったら、自分

（すなわち利用者）が寝てるときに介助者に洗濯させようちゅうのがまずダメ（笑）」。とはいえ実際に、理念に違って香取さんは介助者にまかせたのだし、事後のやりとりも理念にのっとって推移したわけでもない。ここでは理念の空中戦から離れて、現実にそくして吟味をすすめる。

前節の末尾で、障害者が介助者に感じる不満やいらだちと、それを当の介助者に伝える場合の少なさを聞いた。たほう香取さんに限って言えば、まわりが心配するほど直截に気持ちをぶつけることもある。たとえば今回。香取さんのなかでもいまだじゅうぶんに結論づいてはいない生々しいやりとりを、順をおって話してもらおう。

香取　事実というか、ま、俺から見た話ですけど（笑）。洗濯をしてもらってたんですよ。俺は、ふつうに寝てて（笑）。（つよい語調で）いつもどおりに（笑）。「洗濯機回してもらえます？」って言って回してもらって、干してもらった。干し終わったころに俺が起きて。うちは洗濯機が外にあるんですけど、二、三日前くらいに俺が（このときは香取さんが指示していた）洗濯機の上に広げて雑巾を干しておいたんですよ。あ、その干したのも同じ人なんですよ（笑）。その雑巾が「あれ？　ねぇなあ」と思って「ここにあった雑巾、どこ行きました？」って訊いたら、「え⁉　一緒に洗っちゃいました」とか言われて（笑）。俺も「ま、マジで⁉　ちっ、最悪だわ！」とか言って。

雑巾も洗濯物もすっかり干し終わっていた。香取「あああ、もう、だめだ！　もう全部、いま洗った物もう一回洗い直し、っつって洗って……」。衝撃の一幕はあわただしく進んだ。

筆者が注目したいのはここから先である。全部を洗い直した後で、香取「や、『なんで洗っちゃったんですか？』って訊いたんです。（それに介助者は）『いや、なんとなく……』みたいなこと言って（笑）。こっちもまさか雑巾と一緒に洗われるとか想像してなかったから、そのうえさらに『なんとなく』とか、そんな感じのことを言われて、『この人どういうつもりなんだ？』とか思って。『ほんっと、最悪だわ！』と思って（笑）」。まさに散散である。しかし今はよどみなく話す香取さんから少し離れて確認しよう。はじめは不意打ちだった。香取さんには身構えるための予感も、言葉を選ぶゆとりもなかった。また前の話題をふまえて言えば、その介助者に日ごろから不安を積もらせていたわけでもない。だから「ま、マジで⁉」の叫びはまったく反射的な感情の表出とみてよい、と筆者は思う。

やはり前の話題で、香取さんは、足を踏まれてつい声を荒げたときさえも後からすぐに自省していた。ここでも努めて気を静めようと介助者に問いかけている。だのになぜか介助者は口ごもる。それが香取さんの怒りを再燃させた。言い訳すればよかったか、平身低頭謝りつづければよかったか、それは分からない。けれどこのような立場におかれた者ならたいていどちらかを言う。介助者の応答はそれらいずれでもなく筆者に不思議である。香取さんの記憶のかぎり、介助者から「すいません」の一言もなかった。

ちなみに香取さんにはこの日、別の事情もあった。香取「その後（勤め先である自立生活センターに）行ってやらなきゃならないことは会議だったんですよ。イヤな話をしなきゃなんない会議だったから、この気持ち抱えて会議に臨んだらその会議自体がうまく進まんなあっていう気持ちも俺んなかにちょっと芽生えてて」。筆者ならばそれこそ存分に怒鳴りちらしてそのまま会議に乗りこんだはずだが、その愚かをよく知る香取さんならでは、もっぱら落ち着くための作業を心がけたのであった。しかし。

香取 自分のなかでは冷静に、雑巾を洗ってしまったかれを責めることと、ただ単に一緒に洗われてくやしいっていうか、イヤだったっていう気持ちを分けて発散してたつもりなんですけど……、そう簡単に相手が取るわけもなく……（苦笑）。案の定、すごい責められたと思ってて。後から聞くとね。

かれは自分のくやしさと介助者を責める気持ちを分けたという。雑巾を洗われたと知ったせつなの第一声はともかく、洗い直した後について香取さんの主張はある程度は信じてよいだろう。そうであるならば介助者が弁解を口にできる雰囲気くらいはあったように思われるのだが、事実として、介助者の返答はあいまいなものであった。

この事件が起こったのは火曜日。香取「その後、『今日はすんませんでした』みたいなこと言ってくるのかなとか思ってたけど、なあんも言ってこなくて。『こいつ、どういうつもりなんだ?』とか思って。ごめんなさいとか、今度から気をつけますみたいなことでも言やあいいのに、そんなこともなかったんで、あ、俺、そうとう嫌われてんなと思って（笑）」。それではこの先、介助を受けるときに関係を取りづらいと考えた香取さんはさっそく担当のコーディネーターに同席を求めて当の介助者と話す機会を持った。それが金曜日。かれは衣服と雑巾を一緒に洗われてイヤだった気持ち、それを発散せずにはいられなかった気持ちを話し、相手の胸のうちを問うた。「どういうふうに思ってたんですか？　って話ですよね。今日まで、こっちからアプローチしなかったら何もアプローチしてこなかったわけだけど、そのまんま次の介助に来たって気まずいわけじゃないですか。おたがいイヤですよね。どういうつもりだったんですか？　みたいな話をしたんですよね」。ようやくに口を開く介助者。

香取　そうしたら『すいませんでした』とか……。じぶん家はけっこう、雑巾と全部一緒に洗っちゃうんで、みたいなこととかも言ってたし。ただ、すごい責められたって気持ちがあって、気が動転しちゃって何も言えなくなっちゃったっていう話もしてましたけど……。

やりとりを通じて香取さんと介助者、ふたりのあいだに好転があったとすれば、そのいくらかは介助者の側の変化にある。香取「最後には『香取さんがどういうふうに思ってたか聞けてよかったです』みたいな（ことを介助者が言った）。これからもよろしくお願いします、みたいな感じで。その後は、いつも通りっていうか（笑）、お互いに伝えられることは伝えていきましょうね、みたいな」。たほう、香取さんとしてはこれで落着してはかれの障害者がすたると思ったのか、ほかの利用者にも介助者にも訊いて回ったのだという。衣服と雑巾を一緒に洗うものなのか、洗われちゃったらどう思うか。またごく正直に寝ていたことも告白し、「俺の注意不足が、まあ、自分の過失？　がどれくらいあるんだろう（笑）、みたいなこととかも」。調査の結果は驚くべきものでもなく、雑巾と一緒に洗うという人も、一緒に洗いたくないないという声も、下着とその他のものは完全に分けて洗っている例もあった。「ま、ひとそれぞれだろうなとは思ったけど……」。そのうえで香取「世間一般的にそっちの（一緒に洗う）方が多数であるんだったら（笑）、さらに強く『うちは絶対違うんだよ!!』って言うか、もう絶対洗濯機の近くに雑巾は置かない！　みたいな（笑）、それくらいの注意を払わないといけないかなあという気もするし」。結局のところいや増したのは、またも香取さんの周到ばかりのようであった。

なりゆきの始めから筆者が対照させて聞いたのは、同居して日の浅い男女が味噌汁の具やアンダーウェアの干し方などで文句を言い合うさまである。つよい好みやこだわりがあれば舌打ちのひとつもするだろうし、すこしばかり声を荒げても奇異でない。それはそれだけのこと。この点については香取さんも「イヤな気持ちを抱えたまんま（その後）その人とまじめに話すこともできないなと思ったんで。そこ（雑巾と一緒に洗濯されて腹を立てたその場）で発散できたっつうのはよかったんじゃないか。それなかったら、たぶん金曜日にも話する気が起きなかったと思う」。ゆえに、なおさら男女の例との類似を感じて腑に落ちない筆者「だったら（発散する香取さんにたいして）介助者も『ほんと、ごめんね』ってふつうに言えばいい」。香取さんの即答「そうだよね。（しかしそうはならなかった）だから介助者にとっては違うことだったのかもしんない」。つまりは「すごい責められた」と。

俺としては発散したんですけど、そういう意味に受け取ってもらえなかった。そう筆者に言いながら、香取「気づかなかったんですいませんでしたとか言ってくれてたら、またちょっと気分も変わったんじゃないかなと思うんですけど。ま、悪いと思ってほしいっていうのはあるけど、まあちょっと譲って、そりゃもう事故だから悪いとかいいとかの話じゃないんだっていうスタイル（介助者が開き直って応答する）でもいいとは思うんだけど、（実際には介助者は）完全に固まっちゃってて（笑）。それが（なぜなのかも）よく分かんねえっていう状況……」。おそらく前段の男女にはいずれのやりとりも自然だろうが、いまの介助者と香取さんではいずれもが無理だったのだろう。なぜなら、両者は対等ではないようだから。怒声はひとり香取さんの発散としては聞かれず、むしろ利用者と介助者の非対称な立地点を前提にしながら、絶対的な非難、叱責として介助者につよく感受されたようである。

障害者と介助者とのあいだにあると思われる、しかし筆者にはじゅうぶんに理解し尽くせない複雑な関係性について、ずっと前から香取さんに訊いてきた。そのひとつ。これもまたかつて、駅の階段の前で「この車いすを上げてください」と声を出す介助者にそれは障害者の意志への侵害であると教えた人がいる。尻を満足いくまで拭いてほしい気持ちと同じくらい人びとによく知られたその指弾も、すべての障害者がためらわずに倣えるものではないらしい。香取さんは、これまで幾度となく同じように扱われた場面があったことを筆者に教えながら、それを糺すことの苦痛を説いた。糺すたびに自分が物として扱われていた現実があらわになるから（第3章「障害当事者の主体性と非力」）。階段を上がりたいのは介助者でもこの車いすでもなく私なのだと、言いながら悲しく思う香取さんを何人もの先達が軽んじるかもしれない。けれど事の是非、評価はおこう。ともかくもかれにとって、それを糺して言うのは難儀の一つである。

その、階段の前の車いすにくらべて、今回の事件ならば、言いたいことを言いたいように言って、言われたことが言われたままに伝わり、何かしらの暴露も悲しさも伴わないのではないか。雑巾と衣服を一緒に洗うなよ、汚いじゃないか。あ、そうですか？　ごめんなさい。これに重ねて「雑巾と衣服を一緒に洗った介助者は障害者の意志を侵害した」だの「俺の服は雑巾と一緒に洗われて当然だったのか、悲しい」だのと言う者は、絶無ではないだろうが、ごくわずかであろう。そう訊く筆者に応えて香取「ま、ある意味、そういうの（香取さんにとっての気安さ）があったかもしれませんね。階段だったら、前にも話したことですけど、自分がどういう存在として相手に思われてるのかっていうのがあまりにも直接的（にあらわになってしまう）じゃないですか。物として扱われてたってよく分かるけど、雑巾だったら、一般論として言ってしまう（ことができる）。障害者と健常者、利用者と介助者っていう話じゃなくて、一般論として『お前、雑巾と一緒に洗うんじゃねえよ』って（怒りの）感情を出しやすかったっていうか、ぶつけやすかったたって言えばいいのかな」。けれど今回はそれさえも、香取さんにしてみれば雑多、余計な詰問の色合いをつよく帯びてしまった。かれの自立生活には、存分な発散が達せられる機会もまた少ない。

公正を期するために重ねて書くが、事件の要因にはまずもって香取さんの指示の不徹底がある。それでも筆者は、今回のようにひどく不快を感じて思わず腹を立てるかぎりならば赦されるのではないかと思った。そのような外野からの問いに、香取「まあ、基本ダメなんでしょうね、腹を立てちゃ（笑）。〝自立生活界隈〟のなかでは……」。筆者などは、介助者が利用者に「今日はこれを食べなさい」と言えばたしかに自立生活の理念に抵触していると考えるが、うかつにも雑巾を衣服と一緒に洗ったといって理念的な責めを負わされる道理があるとは思われない。しかし当の介助者はそのように感じて立ちつくした。香取「理念なんか持ってこなくてもいいところで持ってきて、話がまとまらないこともあるかなあ……」。いずれにせよ現実に、背景にある障害者―介助者の関係性からまったく独立して利用者が発散するのは至難である。

しかしこのとき、筆者の問いに応じながら香取さんはまた、あわせて、理念を持ちだしてそれを基軸とするやり方の重要性についても教えた。かりに利用者からの発散を筆者がみとめる程度にまで自由にすれば両者の関係性を損ねるおそれればかりが増す、と。なんとなれば、香取さんの洗濯のように、そこにわずかでも利用者の不足を指摘できるならば、発散の肯定は利用者の免責にさえ近似してしまうからである。それらが思わしくなく重なっていけば「利用者と介助者の関係が、悪くなっちゃうんです」。それゆえ、そのような事態が生じた場合、コーディネーターは「当然の展開」として必ず利用者、介助者の双方ともにたいして「利用者の主体性」を規準にしながら意見するのだという。具体例を聞いた。

香取　キャラクターの（意匠が）付いたパッケージの（スナック菓子の）限定品が出たんです。利用者が食べおわったパッケージを大切にしていたんですけど、それ、介助者が捨てちゃったわけですよ。利用者から見れば「勝手に捨てんな！」っていう話なわけだし、介助者からすれば良かれと思って、その辺に散らかっている、二、三袋か一〇袋くらいか分かりませんけど、もう捨てちゃってもいいもんだなと思ってゴミ袋に入れて……。

できごとの構成は単純であるように筆者には思われた。しかし香取さんの説明は難解である。コーディネーターはこの件について、原則論をもって調整に入った。香取「そこで何が問題なのかっていったときには、やっぱ理念的なところが出てきて。（利用者には）『捨てるな』と言っておかなかったのが悪い、また（介助者には）利用者の主体性を尊重せずに、訊きもせずに捨てたのが悪い、そういう話になってました」。利用者と介助者それぞれに意見したコーディネーターの意図はどこにあったか。

筆者は中学生の子とその親を想像しながら、子の何かを断りなく捨ててしまった親という設定で話を作った。これに引き比べて、今回も介助者が間違いを謝ればそれですむのだろうと思った。そう言う筆者に香取さんは、それでは「何も解決しないですからね」と念を押した。「（それでは）利用者からしてみれば『間違ったあんた（捨ててしまった介助者）が悪い』って話になっちゃう」。すなわち利用者である自分に一切の非はないことになる。その通り、筆者はそう考えていた。より客観的に表すなら、筆者は捨ててしまった介助者だけを見ていた。これにたいしてコーディネーターは事態の中心に利用者をも引き込み当事者として扱う。「利用者の主体性」という規準を介助者にも利用者にもともにむけて。その場の録音はないから伝聞型で、香取「あんたの生活なんだから、（パッケージが）そんなに大切だったらゴミの近くに置いとくんじゃねえよとか（笑）言うだろうし、介助者の方には、こういうことが起きちゃうんで勝手に片付けちゃダメなんですよみたいなことは（を）言うしかないですね」。けれど筆者にはまだ、このコーディネーターが利用者にもとめた何かがわからない。

香取さんはこの〝パッケージを捨てた〟事件も、かれ自身の〝雑巾の洗濯〟事件とおなじく利用者としてのミスだと言う。香取さんがそう見るのも、コーディネーターがそのように扱うのも、ともに筆者には利用者にかたよって厳しい裁定であると思われた。ふたたび中学生の子と親に登場してもらい、それとくらべながら、コーディネーターの調整の文脈とそれによる効果を解釈していこう。じっさい、子の持ち物をなんらのつよい意図もなく（つまりはうっかりと）捨ててしまった親が、それを咎める子の怒りを、その子自身の不用意をあげつらいながらおさめようとするのは珍しくない。捨てられないようにちゃんとしまっておかなかったお前が悪いのだ。それはいくらかの場合、くるしい言い逃れでもあろう。しかしまたそれはいくらかの場合、散らかしても気にかけず、ほんとうに大切なものさえ粗末にする子への戒めでもある。もし捨てて責められた介助者が利用者の不用意を言うならば、前者のねらいがつよいであろう。けれどここで利用者を諭したのはコーディネーターである。その言葉にはしぜん、後者のふくみがつよいであろう。かれは利用者と介助者のあいだに矯められるべき傾向があるとみとめたのである。またさらにかれはその認識を利用者のみならず介助者にも明らかにすることで、介助者が不満を積もらせないように図った。

先に香取さんは、いちいち理念に立ち返ることをせず、あるいは利用者の不足を軽視しつづけていると、やがて利用者と介助者の関係が悪くなると言った。香取さんにも不足はあり「ま、だから、それが雑巾（事件の原因）じゃないですか」と。あらためてそれについて訊くと、さすがにこのパッケージ事件くらいならばそこまでには至らないがと前置きして「（でもなかには）〃主体性は障害者の方にある〃って言いつつも、実際にはぜんぜん主体的には生活していなくて介助者まかせみたいな利用者もいる。（すると介助者が）その理念とのギャップに堪えられずに『私、なにしてんのかよく分かんないんで（これ以上介助をつづけるのは）無理です』」と訴える場合もあるという。直接にそのやりとりを紹介できないから、類似のできごとに代えて話してもらった。

香取　ジャムを買ってくるかこないか、っていう問題がありましてですね。利用者の人が朝、パンにつけるジャムが欲しいと。介助者に「コンビニ行って、ジャム買ってきてもらえる？」っていう話になったんですよね。そしたら介助者が「や、自立生活ってそういうもんじゃなくって、だいたい昨日買い物行ったんだから、つまり買い忘れたわけですよね。それを介助者に朝、買いに行かせようっていうのは、ちょっと違うんじゃないの？　買い忘れたんだったら買い忘れたなりのメシを食うっていうのが自立生活ってもんなんじゃないの？」という話を利用者にしたらしくて……（笑）。

今まで自立生活センターの運営を一〇年くらいやってきて、初めてのできごとだったという。衝突の背景にはその介助者が長いこと積もらせてきた不満があり、それはのちに香取さんにも報された（ごく一端を後節で訊く）。香取さんがトイレで足を踏まれてついに介助者を怒鳴ったように、介助者も苦渋のすえ、愛想がつきて利用者に意見した、いわば介助者の発散であった。この事件についてはコーディネーターの調整の努力もむなしく、誰もが納得できる結論は得られなかった。まして筆者には、たまりたまった利用者への不満を理念を盾にとってぶつけた論法はうまいと感心はできても、その介助者が理念にしたがった生活を利用者にもとめるさまは腑に落ちない。香取さんに「どう腑に落ちないんですか?」と訊かれても説明的に答えられないが、介助者の言っていることが、正しいけれど過剰だと思うのである。

筆者　ジャムの話は、パッケージのことでコーディネーターが利用者に言ったこともそうなんだけど、ひらたく言うと「おおげさなこと言うなあ」と思うのね。

香取　おおげさ……(苦笑)、なのかもしれないですけど、……、ほっといてはいけないことですよね。そしたら(両者の関係が)うまくいかないですから。……。まず利用者が自分の生活をしていけなくなるし。その介助者との関係のなかで自己決定していけなくなるっていうか。介助者も、介助を続けていけなくなっちゃいますよね。

介助を続けられないとは、それが自立生活の理念に照らして是とされる介助でなくなること、ではなく、じじつ辞めてしまいたくなることである。香取「辞めちゃうっていうか、辛くなっちゃうってことかな。(介助者が)自分がしたい介助と相手(利用者)が受けたい介助がぜんぜん違ってるから、辛くなっちゃいますよね。ジャム買って来てほしいと利用者は思ってるわけじゃないですか。でも介助者は、それは違うと思っている。そういう関係のなかで介助を続けていくってのは、結構、辛いってことですよ」。対話はまとまりなく、よどんだ。筆者には、日ごろ重なる不満を、いや〝雑巾〟のようにある日とつぜんに生じた不愉快さえ、それらを利用者が発散しても介助者が発散しても自立生活の全体をつつむ理念に絡めとられて不自由のように思われた。香取さんは「すごい難しいですね」と言ってから、一息ついて続けた。「べつに利用者もそんな正しく生きているわけでもないし、介助者もそんな正しく介助しているわけでも、できてるわけでもないと思うから、うーん……。ま、やっぱりそういう介助者もふくめて、うまく生活していくことも自立生活の一部なんじゃないのかな、というふうに僕は思いますけどね」。筆者は何ほどの納得もできないまま、聴きとりを進めることにした。

3――コーディネーター

洗濯や買い物、おそらくほとんどの生活場面はそれぞれに、利用者と介助者に不快や不満、怒りをおぼえさせる。それらのいくらかは自立生活センターのコーディネーターに伝えられ、状況や必要に応じて調整が図られる。センターに属する障害者、健常者の数人が任にあたり、香取さんも障害者コーディネーターの一人である。介助のシフトを組むといった業務のほか、トラブルに際しては利用者と介助者の「仲介役ですかね」。何枚ものカレンダーと格闘し、事あらば雑巾にもジャムにも向き合って努める。

介助のすべてにかかわると言ってさほどの誇張はないかもしれない。ただすでに聴いたような、利用者と介助者の衝突があらわになって持ち込まれる案件はじっさいにはまれで、コーディネーターに言ってはじめて互いの真情を浮き彫りにするのが常とのこと。積もった胸のうちをまるで吐き出すように訴えるのだろうか。

香取　やっぱり一番多いのは（利用者と介助者の）関係がうまく取れないことについて話し合ったりすることですかね。利用者からは介助者が（思うとおりに）動いてくれないと。「そこは気遣ってくれよ」みたいな（不満）。たとえば駅員が寄ってきたときに、自分が言語障害が大変だったら「私にぜんぶ振られたって私がぜんぶ対応できるわけじゃないんだから介助者の人にやってもらいたい。あの人（別の介助者）だったらいつもやってくれるのに、この人はやってくれない」みたいな。介助者の方としてみれば「この人（利用者）は介助者にすべてまかしてきて、自分のことなのにすべて〝介助者まかせ〟になってるからイヤだ」みたいな。なんで私が駅員とぜんぶ……、ま、やってあげてもいいんだけど、なんか、やってあげたくない、みたいな……（笑）。

筆者はすでに何度か、理念の空中戦から離れて聴いたままを記したいと書いた。それでも補っておくならば、このような場面は一般に、まるで小さな子の保護者に見立てて介助者に話しかけてくる駅員や店員は障害者の存在を無視しているのだから、介助者はかれらに向かって「行こうとしているのは（買おうとしているのは）私ではなくてこの障害者ですから、障害者に聞いてください」と返答すべきところ、と教えられる。そのような返答にはむろん歴とした意味も意義もある。だがあくまでここで香取さんは、じっさいに生じたできごとを筆者に教えているに過ぎない。筆者もそれ以上、何かを論じる必要を感じない。

聴きとりを続ける。このようなとき、香取さんたちコーディネーターのやり方は「まあ基本的には、利用者の気持ちはこういう気持ち、介助者の気持ちはこういう気持ちっていうのをお互いに知ってもらって妥協点を見つける（笑）、ということかな」。ただし妥協点を設定するさいには、自立生活の継続という命題に外れることはゆるされない。具体例「たとえば『介助者の誰々さんが忘れて来なかった（つまり無断欠勤）。もう来てほしくない！』みたいなことがある。それも、そういう気持ちになるのは当然だよねっていう話もしつつ、でもぶっちゃけ今（その介助者に）、辞められても困るんで（笑）、本当はそう言いたいんですけど（利用者にはそうとは言わずに）、『この人（無断欠勤した当の介助者）はこういういい面があったんじゃない？　こういう仕事とか協力してくれたじゃない？』とかそういう感じでサポート（利用者の憤りを静めようと）していく」。むろん介助者には利用者の気持ちや事の重大さ、深刻さを切切、説くのだが。筆者、コーディネーターとしてではなく香取さんが当事者だったら、どうなのか。香取「（笑）、もう来なくていいって思うのは、よう分かりますよね。忘れるってどういうこと！　なんでそんな人と付き合っていかなきゃなんないわけ！　って思いますよね。まあでも、そう思うけど、じゃあ辞めてほしいかっていうとまたべつ……。とりあえず（真情とまでは言えないがその何分の一でも）気持ちが出せたり聴いてもらったりできたら、またその人（欠勤した介助者）とちゃんと関係をつくっていける場合の方が多い。まあ遅刻ぐらい（の失態に限ったこと）ですけどね。遅刻は何て言うか、どんな介助者でも一回、二回とか（することがある）。それがどれだけ困ることか分かんないうちは、やっぱ、しちゃいますよね、どんなに言っても……」。末尾は聞いて筆者を少しく曇らせた。

ところで、いましがた香取さんの言った「関係をつくる」作業について、筆者はまるでその像が結べずにいる。だから何度か香取さんにも訊いた。その回答の一例。

香取　こないだ（自立生活センター運営のための）研修に行ったんですよ。そこで「健常者職員とちゃんと関係を取りましょう」って言われるんですよ。みんな「ふんふん」って聞いてるんですよ。それで「や、ちゃんと関係取りましょうって、どこ目指しゃあいいの？」って俺が訊いたんですよ。だって、仕事上でちゃんとやってくれる関係を目指しゃあいいのか、もっと生活もふくめて信頼関係つくるところまで言ってんのか、ちょっとよく分かんないんですけど、って訊いて。そしたら講師の人に「ま、何でも言える関係になろう」とかって（笑）、言われたんだけど……。

さっぱり分からないなあと口に出した筆者に即応して、香取さんも「俺も分かんないですね」とおきながら、「ま、俺の理解したのは、〝これは今言えないな〟みたいなこととか、そういうふうに思われないような、相手が思わないような関係ってことなのかなって思って」と足した。前段、無断欠勤の介助者と利用者にもどるなら「あなたにはもう来てほしくない、くらい憤っているのだ」と言える関係、だろうか。講師の教える「何でも言える関係」は、はるか遠くにあるらしい。

この節の冒頭で利用者の〝介助者まかせ〟を聞いたが、ときには利用者のもとめを「調整」するのもコーディネーターの苦心のひとつであるという。香取さんはそれを調整と言うが、筆者には利用者への諭しにも感じられる。具体例「たとえば『明後日、県外に出かけたい』と。でもそこに行ったとしても一時間くらいしか滞在できないようなシフトになってるんですよ（筆者補、たとえば介助者Jが担当する三時間のコマがあって、行きに一時間、帰りに一時間かかれば現地にいられるのは一時間である）。それでも行くって言う。これまでの経験からいってたぶん帰って来れないんですよ、時間内には。『帰って来れる？』って訊くと『帰って来れる』とか言うんだけど。それを行かせるかどうか」。何人もの利用者に何十人もの介助者を派遣する自立生活センターだからこそ、即断、即決はできない。

香取　まあ介助の人（今回はJさん）が延長してもいいんだったらいいんですけど、その次に予定があると難しいじゃないですか。でもじゃあ延長できりゃあそういうこと（突然の計画、変更）をどんどん認めちゃっていいのか。それも、そういうもんだと思われちゃうと（利用者に、急に言い出しても構わないと認識されると）、介助者の人も何時に終わるか分かんない状況になってくると、やりにくいっつうのもあると思うから。そういうのは調整したりします。

何をどのように調整するかは時時だが、たとえば今回の場合は、ありていに言えば利用者に県外行きを断念させた。それは介助者の働きやすさをじゅうぶんまもって、つきつめて考えるならば辞めてしまうような事態を避けるため。言い換えればセンターがかかわる障害者すべての自立生活の継続のためである。筆者が何も訊かないうちに香取さん自身が言った。「だから俺、(利用者から見れば)イヤなやつですよ(笑)。イヤな役回りっつうか(笑)」。それがコーディネーターである。

利用者と調整するやりとりを聞きながら、その特質を理解するために筆者は、第2章で聴いたピアカウンセリングの理念と技法を思い返していた。両者はまったく違うが、対照させてみることでコーディネーターの仕事をいっそう詳しく吟味したいと思ったのである。ピアカウンセリングのさらなる解説については他書にゆずり、ここでは香取さんの経験にそくして訊いたそれぞれの異同のみを紹介する。筆者からの質問、コーディネーターの姿勢はピアカウンセリング(ピアカン)とは違うのか。

香取　ううーーん、ま、利用者から単純に話を聴くときはピアカンモード。ただ、僕はもうピアカンとかっていう立場でかかわることって、あんまりないかな。コーディネートする側として、利用者の話も聴くし、介助者の話も聴く。(筆者、感情を解放しましょうとか、言いにくいことをどうやって言うか、ではないのですか。)ピアカンは「あなたが言いたいことを言ってください」みたいな感じですけど、(コーディネーターとしての)僕なんかにもう、言ってくんないですからね(笑)。もちろん〝聴く姿勢〟っていう意味では〝ピアカンの精神〟(に倣う)ですけどね。ただ「あんたの気持ちだけ聴く」んじゃないですよって（笑）。こっちも調整したいことがあるんで、みたいなですかね。

いざとなれば誰よりつよく障害者の立場を言うはずの、だからこそ日ごろから利用者にも遠慮のない意見を言っている香取さんに、当の利用者は胸襟を開かない。その心中の解剖をおいて訊く。筆者、調整役としての香取さんは、場合によっては介助者の代弁もするのか。香取「代弁っていうか、俺が介助者の気持ちを想像して言ったりとか、俺の経験から『（自分の場合には介助者との関係が）こうなっちゃったよ』みたいな。（具体的にかれが聴いた介助者の話を持ち出して）誰々さんがこう言ってました、みたいな形はないですかね。それ（を言ってしまうこと）はトラブルのもとっていうか、ね」。香取さんは介助者の本音をかれらの言葉で聞いている。それを持て余すこともあるのだろう。

連想してもう一点。前の対話（第3章「障害当事者の主体性と非力」）では、ほかならぬ香取さん自身が介助者に言いたいことを言えないさまが教えられた。それは遠慮であったり怖れであったり、何かをあからさまにして居づらくなるのを避けるためだった。しかしこれを聴いている現在（二〇〇九年前後）は当事者主権、利用者主権の標語が掲げられて久しい。だから利用者としては、少なくとも言えないよりは言えた方が望ましいだろう。そのような観点からは利用者の〝主権〟意識をたいせつにすべきではないかと訊いた。香取さんの応え「当事者と話すときは『あなたは利用者、俺は（介助者を）派遣する事業所の人』みたいな関係はまずいと思ってんですよね。（障害当事者が）〝ただの利用者〟になっちゃうと、使いたいようにだけ介助者を使って、ダメな（自分の思い通りにならない）介助者だったらもうポイ（替えてくれなどとセンターに要求する）、みたいなことになりがち」。おそらくいまや筆者が注視すべきは「言いたいことを言えない」利用者ではなく「言いたいようにしか言わない」利用者のようである。

香取　金払ってんだからこっちが求めるサービスを提供して当たり前だろ、みたいなことになりがちだと思うんですよ。いや、あなたも地域で生活したい人、俺も地域で生活したい人、立場的には一緒で自立生活センターがなければ困っちゃうのはお互いさま、一緒だよねっていうところ（を理解してもらいたい）。あなたも自立生活センターを支える人なんだよ、と。（筆者、とはいえ我慢させるわけにはいかないだろうと訊いた）基本、自分のやってほしいことは言っていい、んですけど……。ただそれは、ただ無責任に言っちゃあダメっていうか、相手（介助者）のことを思って言ってねっていうか。相手との話がちゃんとできるような形で言って（ほしい、と伝えるようにしている）。そういう感じですね。（筆者、自立生活プログラムなどの影響はないかと訊いた）僕の勝手な解釈だと（小笑）、ピアカウンセリングの「自分の気持ちをありのままに、素直に言っていいんだよ」っていうところが、ねじ曲がった形で伝わっちゃってる、みたいな。「自分の気持ちを出そう」というの（かけ声）を、ある意味、自分（障害当事者）に都合いいとこだけ受け取って……。ほとんど〝ジョーカー〟（カードゲームの最高位の切り札）みたいな感じで（笑）、「自分の気持ちを言やあいいんでしょ?」みたいな（笑）。

各地に組織され、めざましい活躍ぶりのよく知られる自立生活センターではあるが、ときにはコーディネーターを悩ます〝ただの利用者〟も出てくるのだろう。

調整がうまくいかず、じっさいに介助者が辞めてしまった例もある。直接のできごとは利用者が飼いはじめた小動物。利用者は以前から飼いたいと言い、介助者は不承知を表明していた。香取「利用者は曲げなくて。俺とかの対応のまずさで、介助者は結局、辞めちゃいましたね。ま、それ（小動物）だけが理由じゃないんだけどね」。小動物以外の理由はここではふれない。小動物にかぎってみれば、香取さんがここで指摘したのは事前の相談の不足と利用者当人のかかわり方である。理念的にはむろん、飼うか飼わないかは利用者の自由である。ただしそこで起こる問題を「本人が自分で解決していってくれるんだったらいいんだけど、できなくて（自分の主張を容れない）『あの介助者イヤだ』みたいになるんであれば、本人がヤダヤダしか言わずに事務所（センター、直接にはコーディネーター）が介助者とやりとりしながらなんかヘンな〝三角関係〟になっていくのはイヤなんで（笑）、そりゃ違うだろ（利用者の自由と言ってすませられない）っていうの（センターとしての判断）もある」。この件については飼育の介助はできないと言った介助者が辞めて立ち消えになった。

しかし実状として、香取さんのイヤな気持ちにかかわらず、自立生活の大部分はすでに利用者、介助者、コーディネーターの〝三角関係〟によって構成されている。香取「障害者が自分で決めて生活するっていうの（理念）と、でも実際はそうなっていないところで、コーディネーターがどこの立ち位置にいるかによって利用者の生活も介助者のかかわりも変わってきちゃう、かもしんないです」。さきの「調整」をかれは言い換えて「どこに落としどころを持ってくのか」を探るのがコーディネーターであると続けた。

三者の組み合わせにはまた、利用者、介助者とコーディネーターをふくむセンター、自立生活とゆるやかに繋がる誰か、という場合もある。かいつまんで経緯を言うと、その利用者はあるNPOから借りていた福祉用具を壊してしまった。電話で「ごめんなさい」とは言ったが直接に出向くことはなかった。しばらく経って、また何かを借りることになった。それを介助者だけが取りに行き、ごく自然なこととしてその介助者は、過日利用者が用具を壊した件について詫びを言った。これ以上に詳しくは書けないが、読み手にはそれぞれの経験にも照らしていくらか推し量っていただきたい。香取「本人は電話で『ごめんなさい』って言った、と。もう謝った、と。でも介助者は自分が借りに行くときに（相手と）顔を合わせるわけだから、自分が壊したわけでもないのに謝んなきゃいけない。だからこれからも気持ちよく借りるためにも一回、謝りに行くべきだって利用者に言ったんですけど、行こうとしない。それでまあ、介助者の人とかコーディネーターの人とか『もう、なんなのあの人は！ 借りるときだけ都合よく借りて、謝ることもしない！』みたいな感じになってしまうわけです」。さらに書けない事情が続くから、読み手からはますます介助者たちの心中が理解できないとのお叱りを受けるかもしれない。申し訳ない。ともかくも、当の利用者と香取さんにコーディネーターが二人ついて、四人で話し合った後の、香取さんの感想。

香取　（いつまでも謝りに行こうとしなければ）「まわりの人がどういう気持ちになるか分かる？」って訊いたら、「イヤな気持ちになる」っていうのは分かるんですけど、それ以上は、なんでイヤな気持ちになるかとか、イヤな気持ちになることがどういうことを引き起こすのかっていうことにかんしては想像できなかったんですよ。それは俺としてもすごいびっくりすることっていうか……。僕の感覚で言ったら、そういうふうに思われるっていうことは、たとえば自分の支援をしてもらえなくなる、一生懸命してもらえなくなるとかそういうことに結びついていっちゃうと思うんですけど、そういうふうには結びついていかない、その人は。それにあらためて驚いたっていう（笑）、感じですね。

たちまち筆者の空想の世界のなかに、なぜそこで障害当事者がへりくだらなければならないのか。以前に壊したからといって次に何かを借りる権利が行使できないはずはない。まして介助者が自分のことのように謝って、障害者にも同じようにしろと言える道理などないはずだと一蹴する闘士たちの言葉がうかんだ。それと言ったのに返して、香取「逆にそのくらい言ってくれた方がこっちも気は楽ですよね（笑）。壊したのは悪いけどなんであなたがそのことでやる気なくすの？　あんたは仕事としてやってるわけで、私は利用者でサービスを受ける側なんだから、それでモチベーションが下がるとか言われても困るんですよって、開き直るって言えばいいか、まっとうな意見と言えばいいか……（笑）、くらい言ってくれた方がこっちとしてもやりやすいっすよね」。ふだんならば香取さん自身の方がよほど〝開き直って〟生きていますけどねと笑いを重ねつつ、少なくない障害当事者たちについて、かれらの言動が

「相手にどういう気持ちを起こさせるかってことにかんしてなかなか思い至らない。自分がやりたくない、やれない気持ちは一生懸命言うんだけど……」とふりかえる。「今は一般の求人倍率って〇・五倍なんだけど、福祉業界に限ると二・五倍（笑）。やっぱり（福祉業界の）離職率って高いし、うちらの職場でもやっぱりそうだし。けっこう気持ちを使う、体力的なしんどさよりもメンタルが崩れていっちゃうことの方が圧倒的に多いと思ってるんで。そのメンタルに負荷がかかることはやっぱり避けたい。ただ生活してるだけでもトラブルがあるわけですけど、その福祉用具だったらべつに一言謝れば事は収まるわけで、わざわざそれを長引かせることはせんでもいいだろ！ って思いますけどね（笑）」。経営者として、資源たる人手の確保と就労環境の整備はなによりの務めである。それが間接的にも脅かされるならば、香取さんは事態を捨て置けない。ところが同じ利用者にはいっそう直接的に介助者に心的な負荷をかけられることさえあった。「この介助者イヤだって言ってセンターが知らないうちにシフトから外して、別の介助者に頼んでいたんですよ」。それがなぜ可能になったか、やはりここでは書かない。「その介助者は新人で、自分が外されちゃったのがショックでショックで（苦笑）。『私、もしかして嫌われてるんですか？』みたいな話になって」。筆者はもう一度闘士の面影をうかべながら、念のため、それは当事者の権利の主張とは違うのかと訊いてみた。

香取　そう言ってくれりゃあ楽ですよね。「介助者選ぶのはこっち（利用者）なんだ。イヤな介助者をなんで使っていかなきゃなんねえの？ 自立生活って、誰に介助してもらうかとか、自分で決めるっていうのが理念でしょ！」 そうやって開き直ってくれるんだったら、うん、俺もそう思うよ、みたいな（笑）。でもその結果は引き受けてね、俺は引き受けられないよ。あなたがそうやって介助者を育てようとしないことで起きちゃうことについては、俺は向き合っていけないからね、みたいな。

ここまでをふまえて、三者関係の一角としての自立生活センターが担うべきはたらきについて、香取さんは総じて言った。

香取 たしかに初めて来る（新人の）介助者を受け入れていくっていうのは、すごいエネルギーが必要で、すごいナーバスなことだから、そうなってしまう（イヤだと思う、外そうとさえしてしまう）のもある意味、分かるんで。そのへんは自立生活プログラムとかいろいろ仕掛けを作っていかないと、なかなか（障害者のなかに受け入れる力が）開花してこないところなのかもしれないですよね。どうしたらその介助者とうまくやっていけるのか、練習みたいなことをしていく必要があるのかなと思ったりしたんですよね。

それはピアカウンセリングの次の一歩でもあるという。自分の感情を解放して、イヤなものはイヤだと言う、その先へ。「最初はまず『イヤだ』っていう話ですよね。たとえば（介助者が自分を）子ども扱いしてくるとか、馴れ馴れしいとか。（ピアカウンセリングの場であれば）それをみんなで出し合う、私もそういうふうに思うとか言い合うわけですよね。でも、それを乗り越えていかなきゃいけないってのはみんな分かるから、じゃあそれを乗り越えるためにはどうしたらいいと思う？　みたいな話ですよね、今度はね」。むろんそれはまったく、容易な作業ではないのだが。

想像に想像を併せながら訊いた。筆者、コーディネーターはみなさん苦労しているらしいが、それを話し合う機会はあるのか。わずかに苦々しい口調で、香取「いやもう、コーディネート会議とか、もう〝愚痴言う大会〟みたいな、それに近いところもあるかもしれないです。結局、まあ、コーディネーターどうしはそれくらい話せないとちょっと、辛くて辛くてやってらんないですよ」。もっぱら利用者にむけた感情について。「やっぱりいちばん辛いのは、その利用者のことがイヤになってくるっていうのがありますよね。介助者もそう（担当する利用者を疎ましく思うようになる）だと思うんだけど、（不満などが）溜まってきちゃうもんね。それを解決っていうか、収めていく、利用者のいいところを見つけ出して気持ちを収めていくとかしていかなきゃならないから……」。聴きとりではこのあと、もう一度、香取さんは先の利用者への共感を話した。「（新人の）介助者を外したくなる気持ちとかは、ま、よう分かりますよ」。かれはひとしきり新人介助者の扱い方の難しさを説いた。またすぐに続けて、利用者と新人介助者とのあいだをどのように取り持ってきたかも具体的に教えた。三者関係のひとつの頂点にいるかれは、ほかの頂点にいる人びとの心もちや事情をずいぶんとよく承知しながらコーディネーターの任にあり続けている。

ところで、先に筆者は、利用者と介助者の衝突があらわになってコーディネーターに持ち込まれるのはまれであると聞いた。けれど香取さんの経験的に、すでにいくつか話されたとおり、むしろ互いに真情を表すことのできる利用者、介助者のあいだの方が調整しやすいのだという。香取「(不満や憤りなど)そう思うってことを(言葉に)出せたり聴いてもらったりできたら、その人とちゃんと関係つくっていける場合の方が多い」。なぜなら「本人たちが関係をよくしたいとか、このことについてクリアしたい気持ちがなけりゃどうしようもない」から。さりとて香取さんのように存分に発散しては、妥協を図るどころでもないようだが。香取さんには「みんなヒヤヒヤしてるんですよ。『そんなにつよく(介助者に憤懣を)言っちゃったら傷ついちゃうよー』(笑)」。説明的に言うならそれは「『そんな言い方でその介助者、ちゃんと理解してくれるの?』って。『もう来ないよ!』って辞めちゃうよ、みたいなヒヤヒヤじゃないですか」。三者のかなめに立つコーディネーターにとって、香取さんのような利用者、介助者が少ないのは幸いだろうか。それとも心のうちに沸沸とさせながら言い出せずにくすぶる不満の仲介ばかり求められる方が厄介だろうか。

いきおい、コーディネーターたちは当事者のあいだでじゅうぶん争点化されないままの課題にとりくまざるを得ない。利用者と介助者のあいだに立って、ふたりがなぜかしら直接には言い合わないまま抱きつづける互いへの不満を聴き、ときには橋渡しして状況を好転させようとこころみる。「なんで毎日こうなるの? みたいなくらい(笑)」頻繁に寄せられるという案件のなかには、ふだんは遠慮なく発散するはずの香取さん自身が持ち込んだ、筆者にはどうにも不可解な相談もあった。

香取「下ネタをばんばん言ってくる介助者がいるんですよ。それがもう、うざいんですよ(笑)」。介助者に品がない、というのがこの案件の本質ではない。介助者が好きな芸能人を語り続けても、昨日の野球を解説し続けても同じである。筆者の疑問、それがどうしてコーディネーターに相談すべきことがらなのか。コーディネーターはどのようにするのか。応えて香取「そこは、介助関係だからってことですよね。介助者も（利用者との）かかわり方が分かんない。自分は（利用者からの指示もなく、用事が見つからないときなど）どうやってここに居たらいいんだろう、みたいな。関係のとりやすいネタ（間を持たせるつもりの話題）として介助者は言っているかもしれない。それを頭ごなしに『言うな』って言われると『腹立つなあ』みたいなこともあると思うし」。介助者は短時間にかつ家事や身体介護など特定の作業を目的に訪れるヘルパーと違い、ただ控えていることも務めである。しかし生身の人間が長いことそこに居るのだから、なるほどなにかしら手持ちぶさたにも感じるのだろう。

この件、コーディネーターが当の介助者に訊いてみると、こんどは介助者からの返球も直接の介助行為とは離れたものだった。香取「俺が朝、すごい無愛想だって言ってるらしい。（介助者が朝やってきて香取さんに）『おはようございます』って言ったら（香取さんからも）おはようございますって返してほしいわけですよ（笑）。まあ、俺もそうできたらいいんだけど」。介助者の言い分はそれとして、けれど介助者は友だちではないし、香取さんの朝は香取さんだけのものである。「たとえば『今日は仕事、行きたくねぇな！』とか思って起きてるところにそんな〝社交モード〟で来られてもちょっと困る（笑）」。もとより香取さんは、その介助者を不当に扱っているのではない。「（無用の気を遣って）自分が疲れちゃったら成り立たないと思うから（笑）、ふつうにしようかなと思ってたけど、相手にはずいぶん無愛想みたいに映るわけですから、そのへんの加減、むつかしいです」。自立生活はありふれた日常を生きるためのものであるのに、それを、介助者がゆるさない。

誰のための生活か。コーディネーターの受ける案件のなかには、もう少しばかり直接的な介助行為にかかわって、しかし一方にとってのみ切実な相談もあった。

香取　台所のまな板を除菌するかしないか。介助者は除菌したい。利用者はべつに除菌しなくても大丈夫（笑）。どこに落としどころを持っていくのか。じゃ、もう、一週間のこの曜日にはまな板を除菌することにしますか、みたいな（笑）。そういうことですよね（コーディネーターが）やってるのは……。

筆者のもっともつよい疑問はそれが本当にコーディネート会議の議題になるのかということだった。香取さんは「なります」と応えるばかりで、筆者は質問を変えた。この調整の申し入れは介助者からだった。「まな板が汚いんだけど、（利用者に）『除菌しますか』って言っても除菌しないんだけど、なんとかしてください」。介助者は除菌したいと思って利用者に意向を訊く。利用者は今度、明日するからなどと返す。介助者は不潔さにがまんできずにコーディネーターに相談したのだという。担当のコーディネーターから利用者に清潔にした方がよいと助言すると、利用者は「『分かった』って言って。まあ、やらないんですけどね（笑）」。こまめに清潔にするようにと約束させても結果は知れている。筆者の質問、それは介助者にどう報告したのか。担当でないので詳細は分からないがと断りつつ、香取「介助者の人に納得させるのは、や、もう、あなたの生活じゃなくてその人（利用者）の生活だから、無理強いはできませんって（苦笑）、言うしかないじゃないですか……」。なんとも歯切れが悪い。

筆者には、この調整にはなんらの合理性も感じられなかった。それればかりでなく、この程度のことならばなにも利用者にいちいち確かめるほどでなく、介助者がみずから判断して除菌すればよいと思った。なぜそのように勧めないのか。

香取　そこがねえ、言えないんですよねたぶん、うちらも、ね。自立生活センターとしても「（勝手に）除菌しちゃってていいよ」って言っちゃった瞬間、いろんなものが勝手にやっちゃってていいよって話になっちゃうじゃないですか。まな板の除菌はやってもいいんだけどこっちはダメなんですよ、みたいな話もしなきゃなんないから、言えないんですよね。

前節で聞いた事件のなりゆきをふまえて考えれば、たしかに、コーディネーターが利用者の主体性を強調しておかなければ介助者もやがてそれを軽んじるようになってしまうかもしれない。あるいは筆者がよいと思うような介助者ひとりの判断が続けば、今度は利用者の〝介助者まかせ〟を助長することになるかもしれない。コーディネーターはかれらのあいだに立って、いずれの可能性をも減じるために調整をすすめる。

4——適当にすませることの困難

自立生活をめぐる香取さんのいくつかの立場のうち、障害当事者すなわち介助の利用者としての経験や心情、および利用者と介助者のあいだに入るコーディネーターとしての苦心を聴いてきた。かれにはそれらと併せて介助派遣を行う事業所の運営という仕事がある。個別、具体的なコーディネート全体の基調ともなる、自立生活センターを運営する立場からの見方、考え方を訊いた。

コーディネーターが調整をつづける利用者と介助者との関係性について、センター運営のための研修会では「ちゃんと関係取りましょうって、どこ目指しゃあいいの？」と講師に訊いた香取さんだが、自身のセンターではかれもまた同じように言うほかはないらしい。「（利用者には）介助者との信頼関係、（介助者には）利用者との信頼関係をつくってください、みたいなこと言っちゃう」。その含意は「ちゃんと必要なことは伝え合っていけるような関係をつくってください、みたいな感じですよね」。筆者、現実はそうでは……、香取「ないですね」。筆者、それでもいわゆる信頼関係と呼ばれる関係性があった方がいいのは、なぜ？

香取　社協とかふつうの事業所（自立生活センターではないヘルパー派遣事業所）みたいに「この時間はこれと、これと、これをしてください」「これと、これと、これはしちゃいけません」ってやってた方が、そりゃ派遣する側としては楽ですよ。そこでジャムを買ってくるかこないかなんてトラブル、起きない。（けれど）障害者の方がそういう生活を望んでるわけじゃないからね。

聴きとりの当時、制度的に見れば大小の訪問介護事業者、社協と香取さんらは「まったく一緒の制度（にもとづいて介助派遣を行っている）なんだけどね」、でも「センターの介助者って、それとは違うものですよね」。筆者、もう少し説明してほしい。

香取　（自立生活のなかで利用者は）自分のやりたいことを言って、それを介助者はやってくださいって（いう役割関係に）なるわけだけど、やっぱ、そこに（は事前に）〝決まっていないこと〟がたくさん出てくる。（ゆえにその都度、何をするかしないかを）決める作業が必要になってくれば、話し合いみたいなのが必要になってきちゃうから、そういう話ができる関係になってくださいねってことですかね。

しかし実際には利用者、介助者にむけてセンターが強調したりコーディネーターが苦心を重ねる、すなわち両者がそのような関係になりにくいのはなぜか。うーんと短く考えながら、香取「それは（あくまでも）介助者というよりは利用者の希望（があるのみだから）ですよね。自由にやりたいっていう利用者の希望でしかなくて、介助者にとっては別に、まあ〝自由に生活させてあげたい〟っていう気持ちはあったとしても、（それは利用者のもとめに応答するものであって、それなくしても生じるような）介助者からの願いじゃないんじゃないですか。介助者としてはただ単に仕事としてその人のところに行く（この場合は自立生活にかんする知識や理念などを持たず、最狭義の「決められた作業をこなす」構えで臨むようす）っていうことだから」。そのような介助者たちはまた、自立生活する障害当事者の介助について「〝なんかわけ分かんない〟っていうの（認識）もあると思うんですよね。今日行ってはじめて何をするのかを知る（その日の介助者としての仕事の内容を指示される）、みたいな状況は、ま、ふつうのヘルパー（他の事業所や社協が派遣するヘルパー）の感覚じゃ、ヘンじゃないですか？（そうして香取さんのセンターにもまた、そのような介助者が絶無とは言えないのである）」。この説明をそのまま裏返して言えば、つまりかれがセンター運営者として利用者、介助者にもとめる「信頼関係」とは、利用者が意欲と判断をもって希望を言い、介助者がそれに適切に応答するあいだがらである。言いたいことが言えない、指示に沿わないのはもちろん、無理難題を押し付けるのも黙してつき従うのも「必要なことを伝え合える」ありさまとはいえない。

前段では介助者の側の不足をおもに書いたが、むろん、利用者の側の不足あるいは介助者の側の過剰もまた、このましくないありさまのひとつである。香取さんはすぐに続けて次のようにも言った。「（センターの介助者は、他方ではまた）はじめは、どこまで意見していいのかっていうか、（利用者に向かって）意見なんかしていいと思ってないこともありますからね」。実話ですがと断りながら「外出してるときに『暑いからコンビニで水買っていいですか？』って言っていいんですか？　みたいな（小笑）」。

筆者、訊かれたコーディネーターはどう応えたの？

香取 「あ、いいよ」（笑）。まあそのタイミングで買っていいかどうかは確認してくださいねとは言うけど、買っていいよ、倒れちゃうし（笑）。で、そしたら利用者の方にも、事前にそういうことは介助者に声かけしておいた方が親切だよ、そういうことは必要だよ、みたいなことも言いますかね。

いつものことだが、筆者はさほど深刻と思わずにこれを聞いた。だから利用者と介助者の「信頼関係」の難しさを挙げるなら「穏やかな（部類に入る）話だね」とつぶやく。これもいつものとおり筆者の誤りを見逃さずに、香取「あんまり穏やかでもないですけどね……」。それは頻発するし、容易でもないと。「〝休憩問題〟はよくありますね。外出するとめちゃめちゃ歩くわけですよ。どこにもぜんぜん座らないで一日おわっちゃう、介助者が『すげえ疲れた』みたいなことになっちゃって。あの人の介助はもう（勘弁してほしい）、みたいになっちゃう場合があるんで。だから介助者には『ちょっと休んでいいですか？』とか言ってもらっていいですよと。利用者にも『ただ歩いているだけでも介助者は結構、疲れるんで、ちゃんと休憩するとか「大丈夫ですか？」とか声かけしてね』みたいに言ったりしますね」。ところが。

香取 そうは言っても利用者の方は自分がしたいことの方が圧倒的に強いし、介助者に休んでいいなんて、そこまで気が回らない（笑）人もいれば、言いたくない人も、すっかり忘れる人もいるから……。だから次に行ったときにうまくことが運ぶかっていったら運ばないことがあって、くり返しですかね……。またねえ、難しいんですよ、障害者の人が「大丈夫？」とか訊くじゃないですか。そしたら介助者が「疲れました」ってなかなか言えないですよね、実際のところは（苦笑）。慣れてくればいいけど、「や、大丈夫ですよ」って言っちゃいますもんね（笑）。そうすると（後からコーディネーターに苦情のように）「実はこんなことが（あって辛かった）……」みたいな話になっちゃう。

このような話題はほんとうに尽きないらしく、かれは「永遠に続きますよね」と一言挟んで「たとえば、介助者の時岡さんが俺との関係のなかではできるようになりました（必要なことを伝えられるようになった）。でも、違う人（利用者）の関係になったらできない。とか、俺が時岡さんのときにはできるようになった（同前）けど、違う介助者のときはできない、とか。そういうことがあるんで」。前の節までに聴いたできごとの全体は、つまりこのような背景と状況のなかで構成されているのであった。

ふたたび〝まな板の除菌〟問題にもどる。日ごろからなんとか「信頼関係」を醸成しようと努め、会議で複数のコーディネーターが知恵をあつめてもそれが解決しないのはなぜか。

香取　解決しないですよね。しないっていうか、利用者の人呼んで「（介助者からまな板が）『汚い』って言われてるけど、洗ってんの？」って（訊くと）、「洗ってる」って言う（笑）。利用者にしてみれば、まな板なんて自分で使うもんじゃないし、目の届かないところなんですよね、台所っていうのは。俺だったら台所に行くとかしますけど、家の空間の中ではベッド（の上でほとんどを過ごす）みたいな人とかは台所に行くこともないから……。

香取さんの説明に筆者はひどく恥じ入った。ごく有名な〈あなたは私の手になれますか〉の言葉のイメージが強すぎたのか、自立生活する障害者の生活空間に「自分で使うもんじゃない」なにかが存在するという認識がまるで欠落していたのである。まったく当然ながら自立生活は、それをもとめる障害者ただ一人では継続され得ない。かれのまわりにはいく人かの介助者たちがいて、かれに代わって何事かをなす。その場面で、利用者が直接にかかわらない生活上の必要がいろいろに生じる。今回の〝まな板〟問題もかれの目が届かない、物理的に利用者から離れたところで起こった。

まな板は介助者が使う道具である。この際、その手入れは介助者にゆだねればよいだろうと筆者は思う。けれど自立生活の理念に沿って、コーディネーターの立場からそれは言えないと先に聞いた。また今回は当の介助者自身も、何かのついでに自分の判断で除菌してしまうこともなく利用者に意向を確かめたり、それがうまく運ばないとみてセンターに改善を申し入れた。そのようにしたのはなぜだろうか。

香取「そうなんですよ。（利用者の口から除菌しろと）言ってほしいんですよ介助者は。介助者も言ってほしいと思ってるし、利用者も勝手にやってもらいたくないと思ってるしね」。ここからしばらくは筆者が請うて、香取さんに推察してもらった答え。「もしかしたら、介助者から見て自分がどう評価されてるかっていうことに繋がってんじゃないですか。私が使うまな板をこの人はきれいにしてくれてるのかどうか。それによって私が大切にされているかいないか推し量る、ひとつの道具なんですよね、たぶん、まな板って」。この推察にはゆるやかに手がかりもあり、「同じように問題になるのは（泊まりの介助者が使う寝具の）シーツとか枕カバーですよね。（これは特定の利用者に偏らず）どこの介助者でも言われますよね。介助者からしてみれば、自分のためにどれだけ利用者がなにかをしてくれてんのかを見る、なにかがある（シーツへの気配りに見て取ることができる）んじゃないですかね」。もちろん真偽のほどは分からない。

ここからは、まな板の利用者がコーディネーターに促されてもなお除菌の指示を出さずにすませた結末をふまえて、筆者の考察。自立生活では、利用者の側になにかをやりたい気持ちがあればその実現が課題となる。利用者、介助者それぞれあるいはともに工夫をこらせばよい。しかし、利用者が直接にふれることはなく、必要も感じず、やりたいとも思わないことがらについてはどうか。この点、介助者が利用者との「信頼関係」をつくろうとする姿勢にくらべて、利用者が介助者の信頼を得るためにつくす傾向がよわいのではないか。外出先で休みたいと言い出せない介助者は限られた利用者の時間を考慮に入れているのに、まな板の除菌をもちかけられて応じなかった利用者は（介助者のシーツの洗濯に思い至らない利用者も）介助者の快、不快に関心を持たない。また今のところ香取さんの周辺について言えば、この状況にむかう利用者、介助者、コーディネーターともみな、倣うべき処方箋を持ちあわせていない。

たほう、想像すればすぐに知られることだが、直接のかかわりがあるものすべてにその都度、利用者がはっきりと好みやもとめを持って指示するはずもない。香取さんは納豆をしっかりねばらせるため介助者にとくに指示すると言った。それを引きながらかれに訊く。筆者「でも、納豆（ほどあなたの好みがつよいもの）じゃなければ、あとは適当にやっといてってのもあるんでしょ?」、香取さんは短く「そうですね」と応え、筆者はその返答を物足りなく思った。当然の現実を香取さん自身はどう評価しているのか。重ねて端的に訊く。

筆者　それってさ、ズルくね?

となりの部屋で控えている介助者が笑った。筆者の口ぶりになにかしら思い当たるふしもあったのだろう。香取さんも小さく笑って、ズルいと言えばズルいかもしれないがと前置きしつつ「でもそれは『もちつもたれつ』っていうか、まあ『あんばい』ってやつですかね」と続けた。かれの言う「あんばい」はつまり、となりの部屋の介助者の笑いともかかわっている。それらをひとまとめに、香取さん自身が解説してくれた。

香取　その、介助者にまかせるってことは、なんて言うか、察してほしいっていうことでもありますからね（笑）。時岡さんに「今日のご飯はまかせました」って言うのは、時岡さんが自由にラーメンとかを作っていいってことではなくて、僕がいったい何を食べたいと思っているかを察したうえで自由にしていいよって（笑）、ことだったりするんで。それが辛いって思う介助者は多いですね。

これを聞いてすぐには、筆者は、いろいろな時期に介助者が替わってそのたびに掃除の仕方や食事の好みを教えたり訊いたりする手間を思いうかべた。だから「新人さんでは間合いが取りにくいものね」と間違いを返した。そうではないのだと、香取「逆に（利用者と介助者の）親密度が高くなった方が（介助者まかせに）なるんですよね。恋愛と一緒ですよ。彼氏に『私を楽しませて』みたいなのと、まったく一緒ですね」。またそうした利用者の気安さは、現況では、介助者の側がいなして遠ざけなければならないとも。「もう、介助者の方からちゃんと距離を取ることになりますね。（介助者は）その辺をこころえてるっていうか……。そりゃ僕だってそういう（察してほしいと身勝手を思って介助者まかせにしてしまう）危険性がある。誰にでもあると思うから、そこについて（介助者が）どれだけ予防線を張れてるかでもあるとは思う。反対に、障害者（の側）にも張れる人と張れない人（介助者に甘えない人、甘える人）がいるかな……」。それらの違いはどこから来るのか。香取さんは簡単には言えないなあと考えつつ、いろいろな人とどの程度かかわってきたのかが左右するかもしれないとだけ教えた。

ふだんの生活のなかには、納豆ほどには利用者のもとめが明確ではないが、介助者に察してもらいたいと思う程度には好みのある場面が少なくない。香取「や、これがまたあるんですよ、いっぱい」。それについて筆者は批判的に言った。納豆のようにつよくもとめて利用者が指示を工夫すれば、応えて介助者もそれを遂げようと努める。そのような協働はよい。しかし、たいして、まるで利用者が労を惜しむように介助者にまかせたとしても、それでも介助者が苦心して努めなければならないなら、それは不均衡ではないか。すなわち「ズルい」。

そうした筆者の批判をまずは受けとめながらも、しかし香取さんはたほうで、現実の介助場面では利用者の〝介助者まかせ〟がむしろ介助者の手数を減らすこともあるのだと示して諭す。すなわち「もちつもたれつ」。

香取　それこそジャム買いに行くか行かないかって話、あったじゃないですか。介助者が後から一人で買いに行くのはどうか（おかしい）と思った、って。じゃあその利用者の自己決定で、買いに行きたいんだったら自分で行くべきだって言うんであれば、（朝食前のそのときに）ベッドから車いすに乗せて、（居室、居宅から外への）出入りも大変なんですよ。そこまで介助、つきあうのか？　突然「ジャム買ってきて」って言われて、いやそれは昨日買っておくべきで、無いなら無いなりの生活すべきじゃないの？　って言うんであれば、じゃあ今から買いに行くわって（利用者が）言ったときに、じゃあ介助者はそれにつきあうのか？　って話だよね。

事件の背景についてはすでに聴いている。その実状はここではおいて、現象のみに注目して考えたい。自立生活は、障害者が健常者とそっくり同じに行為、行動することで達せられるのではない。たとえば買い物がえり、ショッピングセンターの駐車場で何かを買い忘れたと気づいた場合。もちろん、利用者自身が売り場で品定めをしたいというならそれを止めては論外だが、どのメーカーのどのサイズかも分かっているジャムを一つ、介助者だけに買いに戻らせて道理に外れるわけがない。そうであるならば、朝、介助者だけをコンビニに行かせようとしてもそれ自体に何の無理もないだろう。これらの通念をすっかりふまえて利用者は介助者にコンビニまでの使いを頼んだ。介助者は、しかし、日ごろ積もらせていた不満をこのときとばかりに、利用者の虚を突くようにぶつけた。香取さんの自立生活センターが両者にもとめていた関係性が醸成されていたら、あるいは介助者の側に利用者の日ごろにたいする不満さえなければ、およそ生じることのない拒絶だった。またそのようにすることで、介助者は事態の深刻さを、利用者とコーディネーターにつよく印象づけた。

やりとりを巻き戻して、コマ送りでふり返る。筆者は利用者の怠慢を挙げて、介助者だけが苦心するのは不均衡だと批判した。それにたいして香取さんは、たとえばジャムの利用者ならば外出するだけでも一仕事なのだがと事情を説明した。それから筆者は、たしかに障害者と健常者はまったく同じに行為、行動できるわけではないと書いた。それは外出だけではない。たとえば自分と直接にかかわることごとにさしたる好みやもとめを持たないとき、それを適当にすませようとするためにさえ、介助者の手、足を使わなければすまない。香取「たとえばパンツ選ぶとか。べつにどれでもいいわけですよ。今日は赤じゃなきゃいけないとか、そういうふうに生活しているわけではないんで（笑）。（だから介助者に）『どれにしたい?』（と訊かれれば）『どれでもいいよ』とか言って（笑）。でもどれでもいいじゃ（介助者が）困るよね」。だから慣れた介助者でもないかぎり、香取さんはいつも選ぶ。筆者ならば引き出しを開けて、ことさら選ぶという意識もなく手にとったものをはくだろう。香取さんにはそれができない。

すると。巻き戻してみれば筆者の批判は、香取さんが何かを〝適当にすませよう〟と思うことの当然と困難についての認識を欠いている。一日のあいだに筆者は何度、適当にすませているだろうか。介助サービスの利用者が同じようにして、それを咎める論理を筆者は持たない。ただそれはすなわち、介助者に選択、決定をゆだねるやり方である。香取「それに対応できる介助者と、できない介助者がいますよね」。ことがらと介助者との近しさ、自立生活の理念にむかう介助者の構えなどが絡み合ってなりゆきが決まる。たとえばドライブ。利用者にどこでもいいから連れていってと頼まれたなら。「介助者が車の運転すごい好きで、あっちにいい景色があるんですよって行っちゃうっていうのはあると思います」。あるいはたとえばウィンドウショッピング。利用者に、私の好みの店に連れていってと頼まれて。「（それを介助者に考えさせるなんて、いったいこれは）『誰の生活なの⁉』みたいに思う人（介助者）もいる」。筆者の〝適当〟は、これほどに不確実ではない。

こうして筆者に分かったのは、結局のところ以上のような事情から、香取さんが介助者に「適当にやっといて」とまかせる場面の少なさである。香取「どれでもいいよとかそういう曖昧な部分つくっちゃうと、たとえば『ズルくね？』とかいう話になってくるわけ。だからそれこそパンツ選ぶとか（にいたるまで）、そういう問題にならんようにせにゃならんなと思ってる」。こうして香取さんの自立生活では、息を抜くことさえままにならない。

香取さんに限らず、利用者と介助者は誰もが「みんな揺れながら」、今日もそれぞれの「もちつもたれつ」と暮らしの「あんばい」をさがしている。

香取　利用者の方だって、自分で決めたいっていうのもあれば、決められない、決めたくもないっていうのも（笑）、気分とかもあるじゃないですか。「ああ、今日、洗濯しなきゃなんないけど面倒くせえなー」（笑）。それでもしなきゃって思うときもあれば、やんないときもあれば、「介助者、うまくやってくんねえかなー」みたいな（笑）。まあ介助者の方もそれにつきあわなきゃなんないのは結構（面倒だと思う）……。先週（介助に入ったときに）は指示してくれたけど、今週は指示してくれなくて、（指示を）待ってたら怒られた、みたいな（笑）。介助者の方もだから、待ってた方がいいのか、ここは（介助者から提案を）言った方がいいのか。つねに、迷いながら……。

適当にできない利用者の窮屈と、それを解けば介助者の負う厄介。しかも面倒は介助者の側に偏りがちである。香取「介助者にしてみれば『それは私に訊かないで』っていうようなことを『決めて』（と介助者に頼む）みたいになることが多い場合は〝ジャム〟みたいなトラブルが多発するんですよね」。介助者の心もちを見きわめ、指示にほどよく緩急をつけるのも、自立生活の技法のひとつである。

たほう、いったい介助者は、自立生活しようとする障害当事者の「生活」を支えることがどこまで可能なのか。自立生活の理念に呼応し、または対価を得るための職業として従事する介助者たちは、利用者の指示を待つ。利用者はそれゆえに、つねに選ぶことを強いられてもいる。それがもとめる「生活」だろうか。自立生活は介助者によって現実のものとなるが、介助者によっても性格づけられる。障害当事者は介助者だけが使う道具はもちろん、介助者の心もちにまでも関心を向けなければならない。

〔付記〕

ほかにも介助者を不満に思ったり足りないと思ったことはあるか。聴きとりのある日の帰りがけに何気なく訊いた。香取さんはこのようなとき、いつも筆者に難しいことばかり言う。香取「おにぎりを三角に作れるかどうか（笑）」。自立生活を探究して、これは取り合うべき話題だろうか。浅学のとまどいをよそに、香取さんもその介助者も三角むすび作りに存分の手間をかけた。「ネットで一緒に調べて、You Tubeで『下の手は支えるだけらしいぞ』みたいな（笑）」。三角のを喰いたいと思い、できないからできる方法を探した。それだけですと香取さんは言った。

動画をまねて作ってみたが、できなかった。何年も前からの、筆者も見知った介助者である。何年ものあいだ、香取さんがかれに三角をたのむ偶然はなかった。たのみ、できないと分かり、ふたりで調べ、工夫したが作れなかった。かれらをどのような関係性とみるべきだろうか。

また筆者自身について、三角の話を聞いて生まれた感情を告白したい。筆者はふたりの協働をほほえましく思ったのである。それは、競技会を観戦して視覚障害選手とガイドランナーから受ける気持ちとは大きく違う。おさない兄弟が虫取りをして、下の子がねだるカブトムシをふたりで捕り逃がした場面を見るに近い。自立生活のまわりを、筆者のように思う人びとが囲んでいる。自立生活は運動として、それらの人びとに対峙している。

第5章

介助者を育てる

本章の聴きとりは二〇一二年から二〇一四年にかけておこなった。これまでにおなじく介助者たちのありさまを訊き、今回は医療とのかかわりをつよく持った利用者と介助者との関係性が多く話された。またあわせて、大学入学から始まる香取さんの自立生活がおおよそ二〇年を数えて、ここからふり返るならば何がどのように見えるかとも訊いた。それらを報告するに先立ち、あらかじめの断りを二つ書き述べる。一つは、二〇一二年に生じたできごとについて筆者は香取さんに一二年、一三年、一四年それぞれの時点でくり返し訊き、それぞれの時点での実状やかれの考えが話された。それらには個別に記すのが適切な話題もあり、列記して一覧するべきことがらもある。以下では各時点を行き来しながら、かつ話された時点をそのつど明示して書き進める。読み手にかけるいくらかの面倒をお詫びする。二つは、香取さんにふり返ってもらったおおよそ二〇年は、学生時代とその後数年からなる前半の一〇年と、自立生活センターの運営にたずさわった後半の一〇年とに大別される。以下では前半が言われたり、後半に照準したり、あるいは二〇年全体を概括する場面もある。それぞれの同一、連続と変化、分別についても留意されたい。

1——介助者の本分

利用者の一人が他界した。自立生活センターの機関誌で訃報にせっし、しばらくの後、二〇一二年なかばに筆者は香取さんを訪ねた。香取「Fさんは脳性麻痺で、自宅で亡くなったんですけど、介助者が看取ったわけなんです、一対一でね。それがすごい、介助者としてはショックで」。それはそうだろうと筆者は思った。人の死を目の前に見たのだから。しかしすぐにわかるとおり、香取さんが言いたいのはそれではなかった。もう少しだけ経緯を聞く。

香取　朝、前の（泊まりの）介助者と交替したら、ちょっと様子がおかしい、意識がちょっと遠いなあっていう感じ、寝てるのかなあという感じで。脈計ったりしてたけど、おかしいな、と。（かかりつけの）訪問看護（ステーション）とかに電話して、それは病院に行った方がいいね、救急車呼ぼう、みたいになってる最中に亡くなっちゃったと。

この場面もそれ自体、想像に難くない。訊けばFさんはその一週間ほど体調をくずしていた。「訪問診療にも来てもらって、インフルエンザなんじゃないか、でも熱は上がってない。いちおうタミフル飲んでおくか、みたいな感じで」。後日、医師からは急変とみるべきやむを得ない結果であったとも言われた。香取さんは続けて筆者に「介助者って、生きてることを支援することは考えてるけど、死に方を介助するっていうか、死にぎわの迎え方っていうのはすごく難しいんだなっていう（ことが分かった）……。そのへんのことってたぶんどこの自立生活センターでもいろいろ（事例が）あるとは思うけど、なかなか表だって出てこない（ひろくは知られない）、〝性〟のことよりも見えてこない話だなっていうことが分かった」と話した。筆者はここまでを聞いて、なるほど介助者もたいへんなのだなと思い、しかしこれはおおよそこの程度の話題だとも判じて聴きとりを先に進めようとした。

それを制するように、香取さんは言った。筆者には思いがけない指摘だった。

香取　介助者としては「自分にすごい落ち度があったんじゃないか」って思ってるみたいなんですよ。なんだけど、僕としては、（介助者には）もっとやれることはもしかしたらあったのかもしれないけど、ま、（その場、その時についてみれば十分に）やれることはやったと思う。（それでも介助者がなにかしらふり返るというならば）そこよりも、Fさんが生きてきたなかでの、その人がちゃんと一生懸命生きてきたことを支えてこられているか、きたかどうかっていうことを見たほうがいいのかな、って。Fさんという人は精一杯生きたと思うから、（ふり返るならば）「（彼女は）精一杯生きたね」っていうところでいいんじゃないのかなとは思うんですけどね。

どうやら介助者の受けた「ショック」とそれを見て取る香取さんの心もちにはいくらかのズレがあり、介助者のありさまについて香取さんは肯定的でない。それぞれを、必要におうじてくり返し訊いていこう。

介助者はその日、看取りの直後、もうひとつおよそ日常的でない経験をする。検視のための警察からの事情聴取を、一人きり警察車両の中で受けた。それには「センター」も関われなくて、介助者だけ。かなりのストレス」だったろうと香取さん。しかし別様に言えばそこで介助者には何ら手抜かりの無かったことが詳らかにされ、医師の死亡診断書と合わせてFさんの他界の経緯に不審の点は無いとも認定された。にもかかわらず、その後、自立生活センターではこのできごとをめぐってしばらくのあいだ「すごい揉めた」のだという。香取「それは、センターのなかでこれをどう受けとめるのか、みたいな」。介助者もコーディネーターも、みな自分を責めた。

利用者の他界はどれほど一般的で、どれほどどまれなのか。前段の一年後、二〇一三年に確かめて訊いた。香取「僕らのなかでは初めての経験です（でした）ね。（筆者、他のセンターとの情報交換などは無かったのか、この一年ではどうかと訊く）うーん、生々しくは出てこないですね。誰々さんが、たとえばガンで入院していて亡くなりましたとかいうのは聞くけど。あのときは（Fさんの他界をきっかけにして）いろいろ相談とか問い合わせとかしましたね、他のセンターに。『どういう事例がありますか？』みたいに。介助者が『もっとできたことがあった』とか無かったとかいう話になっちゃって、参っちゃってる介助者もいるんだけど、そういうことってありました？　とか。（筆者、どのような回答が得られたのかと訊く）かみあった回答を受けた感じはしなかった（笑）、こっちが訊きたかったことが解消された話にはあんまりならなかった。ただそういう（利用者の他界という）経験を他のセンターでもたくさん、してるところはしてるんだなっていう、それが分かったくらい」。以下しばらくは、このような状況下でのやりとりとしてお読みいただきたい。

ふたたび二〇一二年にもどる。センターで議論が続く背景には、Fさんの日ごろの医療とのかかわり方もあった。Fさんはすでに肺高血圧症との診断を受け、一般的な話として余命は五年程度とも説明されていた。香取「まだ五年は経ってないんですけど」。そのなかでこの一週間ほどは風邪のような症状があり、喘息のような状態とも言われつつ服薬して過ごしていた。香取「そもそもその前から医療とのかかわりがちょっと、医者が本人との会話をあまり重視してなくて、介助者との会話でやってたりとか。（言語障害のあるFさんの言葉を）全然、医者は聞き取れないから。（それゆえ介助者とのやりとりが多くなり）だから介助者に『もうちょっと橋渡しがうまくできていたらよかったんじゃないか』とか、いろいろ反省点が出てくるわけですわ（苦笑）」。しかし、そうした介助者やコーディネーターたちのふり返りを傍で聞きながら香取さんは思う。「体調悪くなった一週間のうちに訪問看護も訪問診療も来てるんですよ。俺自身はだから、そこにかんしてはもう（プロたちの眼に緊急事態と映らなかったFさんの容体について）自分たちの判断ミスなんて（無い、それどころか）そもそも判断する訓練さえ受けていない僕らが何もすることはできない（できたはずがない）って思ってるけど……」。介助者たちにもそうと言うのだが、いっこう流れは変わらない。

香取　やれることはやってきたし、一〇〇パーセント全部やるっていうのはすごい難しいよね。本人にどうしたいという気持ちが強ければともかく、その本人さしおいて医療（者）と話をするのも難しいことだと思う。（介助者だけが判断して利用者本人のことを）「最近ちょっと調子悪いみたいだけど、先生、大丈夫なんですか?」みたいに訊くとか。言語障害があってもなくても、本人が気に掛けていないことについて、たとえば俺が最近、夜になるとすごい苦しそうに（介助者には）見えたとして、俺自身は気にならない、夜だから疲れてると思って俺から先生には何も言わなかったというときに、介助者が（香取さんの意向をふまえずに、介助者だけの判断で医者に）それを言うかどうか（言う必要はない、と香取さんは思っている）。

医療とのかかわりは、むろん、Fさんとその介助者に限らない。その点についてはどうか。「（まず）Fさんについては、それ以前にも、たとえば夜すごい息苦しそうにしているみたいだという話が介助者からセンターのコーディネーターに上がってきてて。それは訪問看護とか訪問診療（の機会）にちょっと訊いてみた方がいいかもね、と（アドバイスした）。（また利用者、介助者全般について）僕らのセンターの場合は（体調などの情報を）毎回毎回上げろというふうにはなっていないけど、体調が悪いときにはちょっとノートに書いておいてとか、メール連絡してねとか（くらいの声かけはしている）。『今、風邪ひいて寝込んでますんでよろしく』みたいな」。強い申し合わせのようなことはしていないが、個別の状態に即してそれぞれ縦横の情報共有が心がけられてはいた。「やっぱりコーディネーターに上がってくるんですよね、介助者が不安に思えば。すごい咳き込んでるんだけど、どうしたらいいんでしょう？　とか」。ここで筆者はFさんや香取さんのようすを想像して合いの手を入れた「でも咳き込んでる本人は何も言わない？」、応じて香取「本人は、いたってふつう（笑）。風邪かなあ、ちょっと薬飲んどこうみたいな感じ（で深刻に思わない）」。ここまで聞いて筆者は思う。自立生活で、料理の味加減を介助者が指図してはいけないが、病院に行った方がいいくらいは言っても構わないのではないか。

香取　そうだね、（じっさいのところ）「病院行った方がいいんじゃないですか?」くらいは介助者も言いますけどね。（筆者、そのあたりは〝グレーゾーン〟?）そうだね。この人の場合は言う、この人には言わない（というのが実状）。俺には介助者も言わない。この人は自分で判断して決めてる人（だから言わない）、この人には言っておこう、コーディネーターに報告しておこう、みたいな線引きは（介助者たちのなかに）まあ、あるんでしょうね、きっと。

そうするとFさんは「自分で判断できる人」で、介助者はあれこれ言わなかったか。香取「や（笑）、なんていうか（笑）、判断できるんだけど（それ以上に）あんまり病院行くのが好きじゃないから……、こう……」。かりに「線引き」と言うなら、Fさんについては明らかに介助者の出番はなかった。ただしそこでのFさん自身の判断は、おおむね医療機関から遠ざかるものだった。そのような日ごろがあっての急逝は、いきおい、介助者たちに迷いを生じさせる。かれらに寄り添って書くならば、もっと何かできたのではないかとくり返すのも〝無理からぬ後悔〟か。香取「かかわった人たちはひきずってますね。それに（香取さんが）『そこはもう医療の判断領域であって、ヘルパーはヘルパーとしての責任を全うしたかどうか、介助者として支えられたかどうかってところ（を顧みるだけ）でいいんじゃないの?』っていくら話しても、無理ですよね」。そう言いながら重ねて香取さんはもう一度、自分はFさんの病状やそれにたいする医療の判断、介助者たちに何かできたか否かについては「まったく興味がない」と苦笑した。

介助者たちや香取さんの議論や見方にかかわらず、じっさいのところ、このできごとの前後でセンターの体制に大きな変化は生じていない。先に聞いたていどの体調や健康についての情報共有はすでになされており、急を要する場合の対応も事前に研修ずみとのこと。「(今回もその研修どおり) 119番にも電話してたんですよ。その前に先生 (かかりつけ医) にも電話して、救急隊が到着する前に息をひきとっていたという状態で。何かあったら救急車を呼びましょう、訪問診療、訪問看護に電話しましょうっていうのはみんな知ってる、徹底していること」。救急車を呼ぶことはふだんから、さほどに珍しくもない。とすればこの経験によって何がどのように変わったと言えるのか。センターとしては今後、何をどのようにしていくのか。

香取 やあ、それがすごい難しいですよねえ。「人はいつか死ぬんだから」(何も気にすることはない) っていう話では、みんな納得しないですからね (笑)。みんな自分が〝最期を看取る人〟になりたいとは思っていないわけじゃないですか。それをいかに回避するかを考えると思うんですけど……。(そのような介助者にたいする)〝覚悟のさせ方〟みたいなことが (課題と言える)。「もうこの人死んじゃうから、(シフトで) そういうところにあたるかもしれないから覚悟しといてね」とか、言っておかなきゃいけない……(笑)。

むろん本当にそうと言ったことなどない。「難しいですよね（笑）。（もし実際に）言われたらみんな辞めますよね（笑）。『マジで⁉』みたいな。そういうこと（看取り）する仕事だと思ってる人はあんまりいないと思うんですよ」。あんまりいない、と話しながらそれを説明しつつ香取さんは感心する。センターには高齢かつ進行性の難病患者である利用者担当の介助者たちもいて、かれらにかぎっては雑談のようにその利用者の臨終が話題になるという。「でもその人たちは少数精鋭だから。（筆者、なぜ？）や、もう、すごい大変だからですよ、技術的に」。介助の能力も高いかれらはそのまま、状況の把握、理解やいろいろの心がまえも長けている。

精鋭たちの雑談のなかみを笑って聞きながら、筆者はふと思った。「でも、それは〝介助〟なんですよね、技術的に大変でも〝看護〟ではない？」ひどくあまい質問である。筆者の真意は「それはもはや介助の域を超えている、看護と言うべき支援だよね」なのであるが、香取さんには「たとえ看護に見えても、理念に違わず、それはあくまで介助なのですね？」と届いた。だから順接のように応えて。

香取　ないですね。病気を治そうとして（介助者たちがそこに行っている）とかではないですからね。死ぬ過程のために行っているわけでもないし。

今度は筆者が逆接のように「理屈ではそうだけど、現実は違いますよね（事実上、看護になっているではないか）？」と押し返す。しかし香取さんにはそれは介助以外のなにものでもないから気に留める

ふうもなく、

香取　や、でもその人も、確実に死んでいくっていう感じでもないっていうか。老いていってるのとそんなに変わらなかったりするんですよ。だいぶ高齢の（その）人の弱り方を見てるのと、たとえば三〇、四〇の人の弱り方を見てるのと、こっちの気持ちも違うっていうこともあるかもしれないですよね。あれくらい高齢の人だったら、ふつうの人でもいつ病気になって死んじゃうか分かんないじゃないですか。

筆者と香取さんのやりとりが行き違っているさまに注目いただきたい。筆者には精鋭たちが看護しているように見え、それを介助と呼ぶのは強弁だと言っている。香取さんにはそれは介助にしか見えないから、先ほどからの話題、死と看取りについて応えた。本節で聴いている〝香取さんの心もちと、Fさんを看取った介助者たちの「ショック」とのズレ〟は今、香取さんと筆者のあいだにもある。いつ死んじゃうか分かんない人はふつうの人なのか。重ねて訊く。高齢のその利用者の日日は自立生活で、ヘルパーの実践は介助なのか。香取「自立生活で介助なんですよ」。食い下がって筆者、それは〝長時間滞在する訪問看護〟と何が違うのか。

香取　うーん、どうなんでしょうね。やってることは、変わんないっちゃあ変わんないかもしれないし、変わるっちゃあ変わるかもしれない。ただ、うちら（自立生活センター）としては（介助派遣は）その人（利用者）が生きたいように生きる、やりたいことをやる、それを支援するっていうのが目的だからね（ゆえにそれは看護ではない）。

筆者の三の矢、変わる、すなわち介助と看護との違いがあるとして、両者を弁別するための要諦はなにか。筆者「ぜったいになくてはならないものは意思決定？　訪問看護に意思決定はあまりないよね、体位交換や清拭だから」。香取「うーん、まあ、そうなるのかなあ。ま、ちょっとよく分かんないですけどね……」。対話はここで停滞した。香取さんも「（話せるのは）今んとこ、まあ、そんなところですかね」とその場を畳んだ。

利用者の健康、医療とのかかわりをめぐる香取さんたちの経験をさらに知るために、時間をおき、前段から一年後、二年後のありさまを見たい。まず二〇一三年、生き死ににかかわる議論はこの一年のあいだ、センターのなかでどのように交わされてきたかと訊いた。香取「よく話されたのはね、医師と看護師と僕らの役割分担とか」。それはひとつには一年前と同じ、何かもっとやれることがあったんじゃないかという後悔。しかしここでそれと並べて言われたもうひとつは、あの経験をあらたな背景ともしながら、けれどそれ以前からずっとあった課題である。

香取　くだらないことかもしれないけど、たとえば医者から「薬を朝昼晩、ちゃんと飲んでください」みたいに言われてるとき、そこまで守って飲んでる人は世の中一般にもそんなにいないとして（笑）、そのへんは本人の生活なんで本人にまかせとけばいいと思うんですけど、でも、飲ませるのは介助者で。（もし本人が飲まないと言った場合）ちゃんと飲んでないってのは、何かあったときに責任どうなっちゃうの？　みたいなこととか。あとは薬を何で飲むか、みたいな（笑）。ジュースで飲むかコーヒーで飲むか、そういうこともいちいち、面倒ですよね。気になる人は気になりますよね、介助者としては。医者に訊いても「お水で飲んでください」みたいなことしか言わないし。実際、水で飲まなくてもいい場合もあるし、（朝昼晩の毎回）飲まなかったからどうなっちゃうってわけでも、ま、効き目がちょっと変わっちゃうとかはあるかもしれないけど、まあ、そういうことが心配になる人（介助者）は心配になる。

もしFさんの他界を聞いていなければ筆者は間違いなく、これを笑い話としてここに書いただろう。介助者は利用者の指示（飲まないという宣言が指示であるかどうかはともかくとして）にしたがって泰然としていればいいし、あるいは手足に頭はついていませんからとうそぶくのもひとつだと。しかし、Fさんの経緯を知れば、今は介助者の不安にも道理があると思う。そこで先に例に挙げた「病院行った方がいいんじゃないですか？」の提案と同じく、ここでもやはり「薬を飲んだ方がいいんじゃないですか？」くらいは言っても構わないのではないかと訊いてみた。香取さんはこれに直接に応えず、むしろさらに込み入った実状があるのだと教えた。

香取　うーん、難しいっすよねえ。（処方されたとおりに薬を飲むべきだ、の対極ともいうべき事態、すなわち）「それ、飲まなくていいんじゃないの？」ってのもあるじゃないですか。ま、実際にはあるわけですよ。（類似の事態として利用者が）たとえば夜中に病院行くとか言い出したり。いやいや待てよ、と。今、この状態で行ったって、薬出されて「また外来に来てください」みたいなことしか言われない（と介助者には思われる）ときに（苦笑）、「朝明けてから一番で行った方がいいんじゃないの？」とか（言っても構わないだろうか）。たとえば（利用者の体のどこかが）痛いとか言ったときに、もう痛み止めの薬を飲んでいるのに「もっと飲む」とか（指示したら介助者はどうすればよいか）。なんていうか（その時時の状況次第で）「病院には行かなくていいんじゃないの？」っていう場合もあるし「行った方がいいんじゃないの？」っていうのもあるし。難しいですね。

当の利用者、介助者には申し訳ないのだが、今度は筆者は少し笑いながらこの話を聞いた。本当にそんなことがあるのかとくり返して訊いてしまった。薬の飲み過ぎも夜中の病院も「実際に起きていることです」と香取さんは念を押した。さらに続けて。「夜中に救急車で行ったはいいけど、（救急車には）車いすを積めなくて。普通のタクシーにも乗れない。結局（センターの車両で）車いすを持って迎えに行くという作業が発生して。それが必要なことであればもちろんやるんだけど、それはちょっとな（しばらく様子を見ても構わないように思われる）、という場合。（しかしそれでも）介助者も『（急いで病院に行かなくても）大丈夫だと思うよ』みたいな適当なことは言えないし……」。あれこれの経験を重ねて、センターとしては、できるかぎり日ごろから訪問診療、訪問看護を受けてもらい、また併せて何か不調、不具合を感じたらまずそこに確認するように言っておくのだという。

いくつもの場面を挙げながら香取さんは言う。利用者の体調や健康にかかわる判断や対応は「医療にアウトソーシングしないとやってられんわ（笑）、みたいなところですかね」。これはすなわち求められる判断、対応があまりに幅広く複雑で、センターとしての適切さが一様に決められないことの当然を言っている。そのように見るならばFさんの他界も夜中の病院もわけへだてなく考えるべきできごとである。利用者の体調や健康に過度にかかわるのは介助者の、またセンターの第一義ではない。それゆえに、Fさんの経緯についてこれ以上、議論をつづける意味もない。いやむしろFさんの場合は「ちゃんと訪問看護も、医師もちゃんと定期的に来ていて、薬も出してもらってたなかで亡くなった」のだから議論の余地さえもない。だのにこの一年、センターでは何度も介助者たちの後悔ばかりが話された。香取「もっとやれることあったんじゃないの？　とか。自責の念というか……」。

その傍にいつづけた香取さんにあらためて訊いた。Fさんの他界をめぐる介助者たちの「後悔」について今、どう考えるか。一年前とほとんど同じ言葉でかれは応えた。「自立生活してる当事者として思うのは、そこだけ切り取って何かやれたとかやれないとかって言ってもしようがない。その人（障害当事者）が生きてきた、自立生活してきたところにかんしてどれだけやれてきたのかっていうところの方がよっぽど重要なんじゃないのかなと思うんですよ」。精確さのために筆者が補えば、香取さんはFさんの他界の経緯を軽んじてよいと言ってるのではない。その経緯、あるいは利用者の体調、健康に照準する熱心さに比して、「その人の自立生活とか自己決定とかにどれだけ支援できたのか」について省みる介助者の姿勢の不確かさをこそ問うているのだ。

香取「病院にもっと行った方がいいんじゃないの？」と言えたか言えないか。警察が来て事情聴取されて（事件性はないと認められ）、医師も（不審の点はないと認めて検案書に）サインしてるなかで、もう終わっちゃってますよね。そこを（話題にして）会議して、できたとかできないとかを考えるんであれば、Fさんが生きてきたなかでの介助とのかかわり（「どれだけ支援できたのか」）だって、同様に、考えたっていいわけだと思うんですけど。

しかし介助者たちの議論はこの一年、そこにはまったく及ばずにきた。

香取　死んでもちろん悲しいけど、精一杯生きて亡くなったんだから、よくやったねっていうか、だと思うし。だから（翻って介助者の側は）よくやってこれたのか。自責の念を持つんだったら、そこ（急逝）だけじゃなくて、（日ごろから）よく支援できてたのかどうかだって、考えてもらいたいな、考えるべきなんじゃないのかな、と……。

筆者の合いの手、香取さんと介助者とのあいだにはギャップがあった？

香取　（笑）、そうですよ、僕の言ってること、ほとんど通じなかったですね（笑）。

なぜだろう。手もとにはそれを考える材料がなく、この先、機会があれば介助者たちに訊いてみなければならないが、その際の参考程度にふたつを書きつけておく。強いて説明的に言うならば「通じなかった」わけは何だろうと香取さんに訊いた。しばらく考え込んでから。「ま、やっぱりそれ（Fさんへの介助の全体）を見始めちゃったら、時間としては膨大にあるわけだし、検証が（他界の経緯よりも）もっと難しい。し、（こう言っている）僕も支援する側として、一〇〇パーセントやってきたとは全然、言えないわけで。そこをまあ〝なあなあ〟にやってきたところとかもあるから（苦笑）。それを検証しようってなったら、見れないですよね（直視することに躊躇する）、みたいな」。こんどは精確さのためでなく筆者が意地悪く書き添えるならば、介助者たちは自らの介助の検証には進めなくても、すでに医師と警察によって免責されている経緯ならば後悔することもできる、ということか。

もうひとつは前段までのさらに一年半後、二〇一四年末の介助者たちについて。Fさんの他界から二年半以上経ったいま、利用者の体調、健康にむけた介助者の意識はどうかと訊いた筆者への応え。香取「や、最近はもう〝喉元過ぎれば〟みたいな感じじゃないですかね。だから僕は言いますけどね、『この人も死んだからね』みたいな（笑）」。たとえば香取さんと同じ障害の利用者について、その介助者たちに「この人も肺炎になったら死ぬよ、みたいなことを言うんですけど」。筆者、内容は冗談ではないね。香取「僕は冗談のつもりじゃないんですよ、でも介助者たちは『香取さん、酷い冗談言って』みたいな感じで……」。無理からぬ事情としては、人の入れ替わりもあって、介助者たち誰もがFさんの他界を知っているわけではない。それでも全体として危機感が薄らいでいるのは憂慮すべきことではある。「僕らができることって結局、ちゃんと医療につないであげるかどうかくらいじゃないですか。『風邪ですね、お大事に』とか言ってるのか、これは緊急事態だと思って『訪問看護の人に言うよ、病院の先生呼ぼうよ』みたいに当人に声かけするのか、ぜんぜん違いますよね」。介助者の真意はやはり訊かなければ分からないが、あくまで筆者の想像のかぎり、つじつまが合うように言うならば、かれらはまたもとどおり、ふだんの介助とおなじ程度の熱心さで利用者の体調、健康を見るようになったのであろう。しかしFさんの他界を「後悔」した介助者を見た現在の香取さんはそれに不満のようである。

香取　僕が思うのは、「今はなにも考えてないけど、死んだときに自分のせいだって思うんでしょ?」って(苦笑)。「もっと自分たちがやれたんじゃないか」とか「あのとき気づいていればお医者さんに教えてあげられたんじゃないか」とか悩むんでしょ?　ひとりだけで自分に責任あったんじゃないかって思うんでしょ?　だったら今からやれることとやろうや、と。少なくともこの人(利用者)は風邪ひいたら死んじゃう可能性があるってことくらいちゃんと認識して介助入ろうよ、みたいな。

しかし、おそらく。そこで「死ぬ可能性があると認識して介助に入れ」などと言ったならば、またしても、香取さんの声は介助者に通じないだろう。誰もかれらに「死なせるな」などと言ってはいないのに。

2——職業としての介助

前節末からおおよそ一年近く前、二〇一四年のはじめに時間を戻す。医療とのかかわりとならぶ本章のもうひとつのめあて、香取さんの一人暮らし、自立生活の二〇年をふり返ってもらう聴きとりをもくろみ、筆者はかれを訪ねた。二〇年の全体、前半・後半の各一〇年、あるいは筆者との対話を続けた十数年、どのような区切りでも構わないから話しやすいように話してほしいと請うた。すると、引き合いに出されたのはまたしても医療とのかかわりをめぐる介助者たちのありさまだった。

まったくの偶然、つい先ごろに体調をくずして入院した利用者がいたとのこと。Hさんは進行性の難病のために体力に不安があり、今回は風邪が悪化して肺炎を発症、入院は三週間程度だった。香取「ちょっと微熱、というところから一気に（体調が）下っちゃって。ふつうの人だったら薬飲んで休んでいればなんとか（なるくらいのもの。しかしHさんでは）そういう感じにはいかない、難しいですね。本人もまさかこうなるとは思ってなかったみたいな」。ただこのときは周囲の心構えはひととおりできていた。「風邪をひいたらそうなる可能性があるってことは分かっていて。（もちろんそこから）ちゃんと回復に向かっていくのか、意識不明とか危篤の方に振れるのかっていう緊張感はありますけどね」。退院後にコーディネーターや介助者たちとは、今後の可能性を見据え、備えて、健康管理や体力づくりをやらないといけないね、などと話した（これから一年足らずの後には前節末尾の〝喉元を過ぎた〟ようすも聞くのだが、同じ介助者のことでもないから今は忘れておきたい）。

十数年をふり返る話題として香取さんが最初にこれを言ったのには、わけがある。

香取　入院中、Hさんが「介助者を付けてもらいたい」と。夜も体位交換とか、痰が出て。看護師さんが対応してくれるって言ってるけど、困ることもあるから、みたいなことになったんだけど。（ところがいざ介助者のシフト調整を始めてみると）介助者のなかには「入院したら私の仕事じゃなく、病院の看護師さんの仕事だと思うし、そこまで私は責任持てないんで行けません」っていう人が出てきて。（対照的に）「大丈夫です、行きます」っていう人もいたんだけど……。

あらかじめ確認しておくと、かりに入院中の介助にあたったとして介助者の通勤等に大きな変化はなかった。むろん感覚的な問題でもあるが客観的には数キロメートルの範囲である。だから介助者の言葉はそのまま、そこが入院中の病院であるからと理解してよい。

これにむけて香取さんは大別、ふたつを言った。

香取　確かに介助者の理屈もそのとおりだと思うんです。（一般に）入院したら（患者の看護は）看護師さんがやるっていうふうになってるわけで。ただ僕らの自立生活っていう考え方で言えば、もちろん看護師さんは看護師さんの仕事をするけど、介助者として必要な、やってもらいたいこともある、と。寝返りをうつとか布団なおすとか、あたま掻くとか（笑）。それが必要だって言ってるわけだけど、（その介助者の考えとは）合わない。そのことをどう考えるか。その介助者を説得するのか、諦めるのか。諦めた場合には別の人を探さなきゃならないけど、それでいいのか。考えなきゃなんない、調整をしなきゃなんない。やあ、時間かかるなあ、みたいな。

すなわち、ひとつにその介助者の言い分は適切である。またもうひとつに、この事態に際し香取さんの仕事は「調整」である。前者について念のために補っておくが、香取さんはその介助者が間違っているなどとはつゆも思っていない。少なくとも筆者の聴きとりのかぎり、そのような発言はない。発言すべてを転記できないので、その旨、とくに記しておく。

さて、このできごとははじめ筆者に目新しく思われた。だから反射的に「今日はこの一〇年について訊こうと思っていたけど、そんな場合じゃないね」などと軽く言った。香取さんは筆者のそのせまい視界をおし拡げるように「だからこの一〇年、そういうことをずっとしてきたんだな、ということですよね（笑）」と返した。つきることなくわき起こる新しい問題に、ほとんど一から取り組む、その連続だと。かれの指摘を手がかりに対話を続けた。

筆者　でも一〇年前におなじことが起きていたら、なにかが違ったような気がする。

香取　そうですねえ。勢いで乗り越えよう、勢いで行っちゃってたかもしれないですけどね（笑）。いや、僕とか介助者の若さと体力に物を言わせて（笑）。多少たいへんでも必要がある（と利用者が言っている）んだから（介助に）行っちゃおうよ、みたいな。調整とか、あんまり時間をかけないで。（たほう、そもそもが）「行きたくない」って言う介助者を、たぶん雇ってなかったかもしれないしね。

本質はできごとにではなく、その背景の変化にある。種種の制度、それにもとづく介助者確保の経緯、集まってくる介助者のありさま、使用者である香取さんらの心構え。大くくりに訊けばそれらのなかから香取さんは、まず、自立生活センターの運営にあたるかれらの心構えの変化を挙げた。「（以前は介助者を）ボランティア的な発想（で扱っていた）って言えばいいのか。今はもうちょっと社会的なあれこれを考えながらやっていかないといけない。（今回の場合で言うなら）説得して行かせようという（利用者側の意向だけに沿うようにする）んじゃなくて、介助者が『本来はヘルパーのやる仕事じゃないことを無理にさせようとしている』と言ってくることも考えに入れなきゃならない（異議申し立てが寄せられるのも当然のこととして対応しなければならない）」。これらの変化は何より制度の成立・改変に由来している。「社会的なあれこれ」について詳しく訊いた。

香取　僕が学生のころに比べたら、だんだん、社会的なサービスとして（介助を）提供していくのにはそれなりの責任が付いてきて。働く人（介助者）も僕が学生のころはボランティアだったけど、今は職業としてやろうという意識が強い人を雇うことになったりとか。社会的には、昔なら（介助者が）「腰が痛い」って言ってもそれ以上はどうしようもなかったけど（苦笑）、今はそういうところにもしっかり対応していかないと労基署から思い切り怒られちゃうし（笑）。利用者の方も、ただただサービスを購入したいだけの、消費者としての意識がすごい高い利用者も来るし。昔は制度とか無かったから、個人対個人のつきあいのなかでの〝関係性〟みたいなことを言っていたけど、今はそういうところじゃなくて、サービスを提供する側と消費する側みたいな感じになってたりとかもするんで、難しい……、たいへんですね。

後半、利用者の意識については角度を変えて後節で聴く。ここで注目したいのは、香取さんがこれらを介助者の側の変化よりもむしろかれ自身の変化に軸足をおいて筆者に教えた点である。かれは現在、利用者であると同時に、介助派遣事業所を運営し介助者たちを雇用する立場である。続けて訊く、現況は「難しい」と言って適切か。

香取　難しいですね。そういう難しさがよく分かってきた一〇年、って言えばいいのか。もうちょっと簡単に（自立生活や介助について）考えてたけど、そんな簡単に考えられないっていうか、そう簡単なことととして考えてない人たちもたくさんいるっていうことですよね。今の例だと入院中の介助はヘルパーの仕事じゃないと考えてる人がいると。「あ！　いるんだそういう人も！」みたいな（笑）。（以前のように）自分たちだけだったら「行くのは当たり前じゃん！」で済んでたし、そういう人しかいないって思ってたけど（笑）、実は違う考え方の人も結構いて、その人にたいしては調整していかなきゃならないっていうのがだんだん分かってきた、みたいな。そういうこと言ってくるのは行政だけかと思ってました（笑）。あ、行政は言わないか。行政は「それには金は出さないよ」って言うくらいか。

これも補っておけば、香取さんが「そういう人しかいない」というのは当然にも、介助者として働こうとする人びとのなかには、の意である。また「自分たちだけ」というのは時間的にもひろくふり返って言っているようで、かれの初期の一人暮らしを支えた大学の知人、自立生活センターを立ち上げたころのメンバーなどを含めたかれにごく身近な者たちのイメージであろう。いずれにせよ用語の精確さに筆者の関心はうすく、聴きとりを先に進める。

さまざまの変化と現況をふまえ、あらためて訊いた。「ともかく、その介助者はへんなことは言ってないよね」。即答して香取「へんなことは言ってないです。へんな人でもない。ごく一般的な考え方の人ですよね。いや、まともな人っていうか。ちゃんとそこに気づいてるんだ！　っていう（笑）」。かれの言葉を手がかりにするなら、おそらく今、香取さんらのもとには「まとも」な介助者が来て「まとも」なことを言っており、香取さんらはそれを「まとも」に受けとめて「まとも」に対応しなければならない。「難しさがよく分かってきた一〇年」は、だから別様には、何かしら「まとも」になってきた一〇年とも言える。ならばそれを「難しい」と評する由来はどこか。重ねて訊こう、この一〇年、経験が積み重なってあれこれと容易になったのではないか。

香取　まあ、積み重なったっていうのはあるけれども、簡単になったとか楽になったとかっていう意味では、逆に、難しく……。自分の考えていることも、目標っていうのも上がってきているのかもしれないですけどね。（筆者、目標が上がってきたとは？）一〇年前とか、（さらに）自立生活を始める前であれば、メシが喰えて、風呂に入れて、トイレに行って、まあ「さしみのしょうゆが自分好みで付けられればいい」みたいな（笑）、利用者が自分らしく生活できるというところから、今は介助者の生活も考えないと。一〇年前だったら（介助者の雇用形態としては）バイトしかいなくて。まあ一年か二年やればいなくなっちゃう人だから、その人のその後の生活とか考えなくてもいいけど、今、正規で雇っていけば、その人の将来設計ができるようにとか。その人の家族、小っちゃい子どもがいればその子にこれから金がかかっていくなとか思えば、そういうことも無視できない。

香取さんが「介助者の生活を考える」必要は、そのまま今日の介助者と介助の関係を映している。いく人かの介助者は生活のために、すなわち継続的で安定的な収入を得る目的でここに来ており、そこで想定される就業の期間は数年を超えて長い。また香取さんはそのような介助者たちの雇用主として、社会通念上のごく一般的な責務を果たそうとしている。それは筆者にも分かる。けれどそれは事業所の経営と言うべき活動であって、自立生活とは別個のことがらと見るべきではないか。筆者の疑問「これは今、自立生活の話を聴いているのか、福祉経営論を聴いているのか」。

香取 そうなんですよ。だから、そこはもう切れなくなっちゃってるのかなあ。ただ自立生活してる人にとってみれば経営的なところって関係ないと思うんですけど、でも残念ながらこの地域では自立生活を支えられる事業所はたぶん僕らのところしかない。そうなってくると、この事業体を（自分たちで）構築していったりとか、（状況に応じて）その時時で変化していくとかしないと、自立生活している人（の自立生活それじたい）を継続させていけない。それ（事業所の経営）はもう、やれる人がやるしかない、みたいな。僕のなかではほとんど一緒のこと、〝自立生活することとイコール事業所を経営する〟と（笑）。

文字にすればなおはっきりするが、末尾の〝自立生活することとイコール事業所を経営する〟を聞いて筆者は違和をおぼえた。そこで自立生活「する」のは不特定の利用者であって香取さん一人ではない。イコールとは言えないのではないか。

香取 （不特定の）誰かがするんだけど、そのなかにまあ、僕も入ってるわけですよね（笑）。でも大きく言っちゃえば、（そもそも）自立生活の根本的なところに「自分の介助者は自分で育てる」っていうことがあることを考えれば、（事業所を）経営していくってところとあんまり変わらないかもしれないですね。それぞれみんなが自分ん家で社長やってる、みたいな。

たしかに、ふり返ってみれば、香取さんからこの十数年にわたって聴いてきたかれの経験はその多くが介助者を「育てる」苦心であった。しかし先段で言われたとおり、現在の介助者のなかには正規の被雇用者、つまり〝プロの介助者〟がいる。また、自立生活をしようとする障害者の一人が自らだけの介助者を育てるのでもない。このようなとき、介助派遣の事業所としての育て方はどのようであるのか。Hさんからの話題からはまったく離れて、以下、介助者を育てるいとなみの全体についてあらためて聴こう。

二〇一四年現在、香取さんらの自立生活センターは「障害者総合支援法」の下で介助者の雇用（常勤職員、契約職員、登録介助者）と派遣を行っている。さまざまな制度の成立と改変は、それと並行して、福祉専門職の教育課程にも「自立生活」の語を定着させてきた。こころみに筆者の手もとにある『社会福祉用語辞典 第9版』（ミネルヴァ書房、二〇一四年）を開けば、「自立生活センター（ＣＩＬ）」の役割は「地域生活に必要な自立生活のための技術を身につけることと自立生活を支える支援システムの開発の二つ」であると紹介され、また「介助」の項には「生活の基本場面において、生活主体がある行為を実際に行う時に、生活主体の必要に応じて行われるところの他者による補完・代替的な行為。具体的には、入浴介助、排泄介助、食事介助等の用語がある。介護が、対人援助活動の諸側面を包括する広範かつ深遠な概念として理解されている場合が多いことに対して、介助は、日常生活場面における個別的な機能的側面に限定する行為である」と書かれている。自立生活センターは、このほか、たとえば『2013年版　社会福祉士国家試験対策用語辞典』(弘文堂、二〇一二年)にも項立てされている。

それらをふまえて訊いた。少しく苦笑して香取さん「制度の説明はあるけど、自立生活でヘルパーが何をするか、みたいなことは書いてないですよね」。むろん筆者も香取さんもすべてのテキストを精読してはいない。この話題にはこれ以上深入りせず、実際に香取さんらのセンターに来ている介助者たちに限って見よう。育てようとするその介助者(の卵)たちは、どの程度「自立生活を支える」(『社会福祉用語辞典』)志向性を持って来るのか。具体的な一人一人について言うこともまた絶対的に言うこともできないが、大づかみにその程度は低いと香取さんは教えた。「介護の仕事だと思って来ますよね。で、介護っていったらやっぱり障害者の生活をお膳立てしてあげる、守ってあげるみたいな。そもそも何をするかも分かっていない人もいますけど」。この対照を使って香取さんは、前者よりも後者を好ましいという。「まったく考えていない人は(まだ)いいんだけど、〝障害者イコール主体性が無い人〟で、ヘルパーの方が一生懸命考えて支援してあげなきゃなんないっていうふうな感じで考えているんであれば、その人はちょっと難しいかもしれないなとは思いますね」。話されたことの大意は筆者にも理解できる。しかし「何も考えていない」とはどういうことか。香取さんはそれを「あまりイメージを持っていない人」だと言った。いくらか具体的には「利用者が『今やってもらいたいのはこういうことだ』って言ったら、『そうか、私の仕事はこういうことなんだ』って思える人」とも。総論としての意味は分かるが細部は曖昧でもある。困った顔をする筆者に続けて香取「たとえば待機も仕事だと思えるかどうか。こちらが『ただそこに居て待ってるのも、何もしていないように見えるかもしれないけど、立派な仕事なんですよ』と言ったら、『あ、そんなもんですか、ふんふん』みたいに思える人と、『待っているのは何かおかしい。ヘルパーの仕事として来てるんだから何かやってなきゃいけない』みたいに思う人と」。

読み手にはつい先ほど確認した『社会福祉用語辞典』がよい参考になる。そこに書かれていたとおり、生活主体の必要に応じて、個別的な機能的側面に限定してなされるのが介助である。しかしどうやら広範かつ深遠な援助をめざす介助者もいるらしい。

それにしても、このようなとき具体的な何かを「する」ことの意義でなく「しない」ことの好ましさが言われるのはなぜだろう。他にどのような例があるかと訊いた筆者に香取さんはあとふたつ、「しない」ことができる介助者を是として教えた。

香取　障害者の健康のことを考えて、香取さんは野菜が足りないからもっと食べた方がいいとか言ってくる。(前職の)施設でそういうふうに習いましたとか(という経験を持つ介助者もいる)。それから街を歩いているときに「障害者を守ってあげなきゃならない」みたいな人は結構、先に歩いて「すいません、すいません」って道を開けようとするんですよ。いやいやいや、それは要らないから。何て言うか別に大名が歩いているわけでもないんだし（筆者大笑）。ぶつかってケガをするのはよくないけど、絶対にぶつからないようにしなきゃなんないわけではない。ま、障害者本人が「人がたくさんいるから道開けてもらって」って言ったらやればいいと思うけど、そうじゃなければ、まあ見てればいいんで、みたいな。

くり返し聴けば、香取さんの言う本質は余計を「しない」ことではなく、利用者との意思疎通にかかわる介助者の姿勢にあることが知られる。介助はやはり「補完・代替的な行為」なのである。入浴、排泄のように、当人が入りたいときに入り、出したいときに出すのを助ける。だから業務はまず利用者の「入りたい、出したい」の声から始まる。「入ろう、出そう」を言うのは介助者ではない。これには何かしらの専門職、すなわち「熟練した秘義的な専門技能サービスをクライエントに有償で提供する職業」（『社会福祉用語辞典』）としての訓練を受けた者には、職業人としての良心がとがめる場合もあろう。香取さんは言う「そのへんのすりあわせはちょっと、難しい人は難しいですよね」。そうではあるが。およそここまでならば、すでに多くの研究者や当事者たちもあれこれを論じている。今日、香取さんたち自立生活センターが「自立生活を支える支援システムの開発」、すなわち介助者を育てる任にあってとりくむべき課題は何か。

香取　前に施設とか、他のところ（自立生活センターではない事業所）のヘルパーで働いてた人だと、本人の指示に従ってやるということよりも、たとえばうちでいうならコーディネーターとか事務所の人から言われたことをやる、みたいな思考になっちゃってるんでね。もちろん本人だけに訊いていてはすまない場面もあるけど、ただほとんどのことは本人とやりとりしていればできること。

介助者は、つまり、利用者の介助者であると同時に事業所の被雇用者である。おそらくそれゆえ、介助者のなかにコーディネーターへの誠意も生まれるのであろう。しかしそれを案配して、雇用関係と介助関係の間合いを計る必要がある。そのいくらかを後に、4節でさらに聴こう。

十数年をふり返って見るならば、前段までのいくらかは、ボランティアで来ていた介助者にはまれな傾向だったかもしれない。センターのウェブサイトで広く求人情報を出す以前、介助者募集のビラを撒いてそれに応じた人びとならば「介護の仕事だと思って来る」ことは少なかったのではないか。そう訊いた筆者に。

香取　昔の人も今の人も、「自立生活を支援する」っていう意識は、もちろん（過去にそのような意識が）高い人もいたかもしれないけど、（全体の傾向としては）今と同じように、「自立生活の支援」っていうよりはまあ、「何か困っている人がいるから手伝いに来ました」みたいな。意識っていう意味では（現在も過去も）あんまり変わらないところがあるかもしれないですね。

これも十数年まったく変わらず筆者のナイーヴな思考をすげなく退け、ことの本質は別にある、と香取さんは言葉を継いだ。「ただ『こっちが求めること』っていうのが大きくなっているんだと思うんです」。

香取　昔だったら（介助者のほぼ全員が）ボランティア、学生を中心にボランティアを募るみたいにやっていたときだと、その人たちは（大学在学中の）長くて三年くらい、（大半は）一年くらいでくるくる回っていく人と思ってたんで。長く働いてもらう人ではないっていうか。そういう意味では一年、二年、三年くらい働ける人として言えば（接すれば、教育すれば、求めれば）いい、みたいな（程度）でしたよね。いやもう、一年とかっていう単位でもなくてもっと短い単位で、半年くらいやってくれればいいかなって感じで。そこから少しずつお金が入るようになって、ファストフード店でバイトするよりも介助のバイトする方がいいかな、みたいな人たちになって。今はさらに、うちの職員で長い人だと五年くらい、一〇年くらい一緒に働いている人もいる。っていうなかでもっと長く働いてもらう人を育てたいっていうふうに考え方が変わってきてる。そういう意味で求めるものはちょっとずつ変わってきたっていうのはあるかな。

制度として介助者を雇用するようになった。その多くは登録介助者（すなわちアルバイト）だが、常勤職員もいてかれらには長期の雇用関係も見込まれる。だから求めることが大きくなった。本節前半の

「まとも」な人材を得て、かれらの生活の維持にも心を砕きつつかれらを育てるようになった現在。この地点に立って言うならばボランティアと被雇用者とはどのように対比できるか。

香取 ボランティアって関係性がかなりアバウトなところがあるから、もちろん悪い方向に進むかもしれないけど、結構いい方向にも進むっていうか。介助っていう関係性に固定するだけじゃなくて、いろんな関係性を、ふつうに遊びに行ったり飲みに行ったり、全然、できたりする。仕事として来ていればあんまり話さなくていいようなこととかも話してたりとか。

受けて筆者は、それを説明的に言えばどうだろうかと訊いた。香取「まあ〝ハイリスク・ハイリターン〟って言えばいいのかな（笑）。今は〝堅実運用〟みたいな。今はリスクはだいぶ狭まってるけど、その代わりリターンも無いよ、介助の切れ目が縁の切れ目、みたいな（笑）。今でもかかわっている人（介助者でなくなっても交流がある人）って、やっぱり、制度に乗っかる前に介助してた人の方が多いですよね」。香取さんの言葉は筆者の感傷にふれ「やっぱりむかしは良かったね」というような顔にさせた。その筆者を笑い、かれは続けた。「でも、逆に僕はこっちを望んできた方だから。介助者がちゃんと来る、遅刻しないで来る、仕事としてしっかりやる、プロとして仕事する、っていうことですね」。そして何より「そこを支えているのはやっぱり制度だ」と。またそこに自立生活の「危うさ」の一端があるとも。それは節をあらためて聴こう。

3――自立生活、その不確か

十数年のふり返りを続けて聴いている。それは「障害者の自由が一つ開けると、また違う自由を求めていく。それがどんどん広がっていく。いつまで経っても新しい課題が出てくる」十数年だったと。筆者が聴きとりを始める以前もふくめて、時期やことがらを限らず、どのような自由の度合いが増したかと訊いた。

香取　僕がいわゆる自立生活を始めたときに比べればぜんぜん、やりたい、やろうと思ったことをやれる（度合い）っていうのは増えてますよね。（筆者、当時の「やりたいこと」は何だったか）九四年とか九五年とかは学生時代だから、大学に行ける、授業を受けられる、そのためにご飯を食えるとか、トイレに行けるとか風呂に入れるとか。まあ、たまに遊びに行けるとか。そういう感じですかね。

それからおおよそ二〇年。「今はもう、職場に行くっていうのはほとんど当たり前。もちろん行けることの喜びっていうのもあるとは思うんだけど、それよりも今は行かなきゃならないってことだし（苦笑）。この地域だと新しい鉄道路線も開通して、出かけられる自由度もすごい増している。だから、何かをするためのハードルが、前はすごい高かったのが最近はだいぶ下がってる。何て言うか……、物足りないっていうのもあるかもしれないですね」。香取さんがそれらを「ハードル」に喩えたのは筆者に印象的だった。新しい鉄道の駅はじっさい、すっかりバリアフリーなのだ。「たとえば前だったら駅の階段でそのへんの人に持ち上げてもらって、降りて、持ち上げてもらって降りて、みたいなのを何回もくり返さないと行けなかったところが、今はもう全部にエレベータが付いてるから（笑）、行けちゃうっていうか（笑）。行くっていうことの気軽さはすごいあるかもしれないですね、二〇年前、一〇年前に比べれば」。まさに文字どおりの物理的環境の変化。

すると、移動については何かしら見るべきほどに自由になったと言えるか、と訊いた。

香取　自由になりましたか？　うーん……。自由にはなったんでしょうけどね。ただ、それを維持するエネルギーっていうか、その環境を調える（ための労力）っていうのも、それに付随してでかくなってるかもしれないですね。

物理的環境について話しながらそれに重ねてさらに調えなければならないというもうひとつの「環境」とは、介助者のありさまである。「前だったら家の中だけがうまくできる介助者がいればよかったのが、外に行っても介助できる介助者がいなきゃならなくなるっていう。大した差はないけども、でもいろいろと練習しなきゃなんないし、知っておいてもらわなきゃなんないことも増えてくるわけで。そういう労力をかけなきゃなんなくなってる」。読み手のなかには、あるいはこれを当然のこととさほど気に留めないむきがあるかもしれない（外出のためにはよそ行きの服を着るでしょう？）。しかしこれは、自立生活に固有、特有の事態とまでは言えないが、つねに必ず考慮に入れるべき特質の一つではある。たとえば外出について、ひとり香取さんの経験値だけが上がっていっても用を達するわけではない。その都度に同行する介助者もまた香取さんの程度に見合う者でなければならない。利用者と介助者、ふたりの条件がそろってはじめて〝したい外出〟ができるのである。

とはいえそのようにして、今のところは総体として、物理的環境も介助者の能力も好ましい方向に変化を続けている。「以前は『このくらいの生活までいければいいのかな』みたいなところから、どんどん『こういうこともできる』『こういうこともできた』みたいに、可能性が少しずつ広がっていっている、一〇年前、二〇年前に比べて」。筆者が刮目したいのは、香取さんがここまでを言ってわずかな一息も入れず、すぐさま継いで挙げた次のことがらである。かれは前節末尾の話題をくり返した。

香取　まあ、やっぱりそれはすごい、制度がしっかりあるっていうのが、やっぱり一番大きなことだと思いますけど。介助の制度がある。それはつまり（介助）派遣をしてくれる事業所があるとか、そういうことですけどね。

制度は、今日、自立生活の全体を支え、大づかみに言って自立生活の基本的な性格それじたいを方向づけている。ただし、その事実は立体的に知られなければならない。たとえば、筆者は前段までを聞いてすぐさま話題を移し、それでは今日的にはどのような不自由に取り組むべきかと訊いた。新しい駅のエレベータなどが話されたが、移動についてはまだまだ、残された困難も多いはずだと思ったからである。香取さんはひとまず筆者に応じて「何だろな、自分で車を運転できたらもっと自由なのかな。バスがもっと乗せてくれれば自由なのかなあ。そういうレベルではもちろん（取り組むべき課題は）あるとは思うんですけどね」と口にした。けれど筆者の質問の的外れをかばうように、かれはすぐに続けて言った。

香取　あとは漠然と、制度っていうものが（この先）いつ、どうなるか分からないっていうの（状況）があるから。ここ一〇年、一五年で措置制度から支援費制度になって、自立支援法になって総合支援法になって。どんどん変わっていっている。もちろん良くなっている面もあれば、使いにくくなってる部分もあるし。必要な時間数を出してくれる（請求を認める）ようにもなったけど、出てないところ（請求に応じない自治体）もあるし、出ない人（請求が認められない障害者）もいる。そういう漠然とした不安みたいなものはありますけどね。

制度は自由を支えつつ、不安をも抱かせる。その改定や継続いかんで、それに拠って立つ自立生活はその細部から全体にいたるまですぐさまゆらぐ。じじつ制度は変わってきたし、その過程で障害福祉サービス報酬の一部減額も経験されている。そこから「制度がこのままずっと維持されるかどうかっていう不安」が起こるのは、筆者にはまったく奇異ではない。

ところでこのとき、香取さんはいかにもかれらしい（と筆者には感じられる）改善策を挙げた。かれは制度の重要性を「自立生活って、僕のなかではすごい危ういもの。いつなんどき、どういう政策によって変えられてしまうか。そこを考えておかないと、守ってもいけないし作ってもいけない」と筆者に説く。筆者は聞いてすぐに厚労省前のデモや法改正の前のパブリックコメントの投稿を思いうかべた。かれは「そういう意味でね」と話を継いで、「それは買い物するっていうことにもかかわってくる（笑）」のだと謎かけのように言った。かれは安楽椅子の空想家ではなく、車いすで行く生活人である。

香取　自立生活（の継続のためには）介助者で働ける（じゅうぶんな収入を得ることができる）ような社会にしていかなきゃなんない。そういうところから言うと、やっぱり経済的なもの、その市町村の財政力がすごいかかわってくるし。そう考えるとやっぱ地産地消で（笑）、その地域でお金が回るような仕組みの方がいいのかなあとか。あと、安い労働、バイトで働かせてる企業の物を買うんじゃなくて、ちゃんと雇用を守ってる企業の物を買った方がいいのかな、とか（笑）。そういうことですかね。

かれはこれに前後して、自分にとって自立生活とは「社会のなかでどのようにふるまっていくか、生きていくかをつねに考えることですよね」とも言っている。そのひとつに「どこで買い物するのか」もあり、ひいては地域の経済、市町村の存立、制度の活用から介助者の生活が成り立つまでを射程に入れる。自立生活のための闘いは霞ヶ関にだけでなく、パンやトマトの売り場にもある。

話題を少し戻そう。香取さんは先段で制度への不安を口にした。制度に翻弄されて危ういと。しかし、それは制度の空虚を言っているのではない。「昔は役所とドンパチして、それでやっと自立生活ができる、みたいな。最近はそんなに役所とドンパチしないですよね（笑）」。大枠が決まれば市町村は淡淡と仕事をこなすだけだし、すでに香取さんはかれの住む市の役所とはそうとうに渡り合ってきている。いまや「ここに住んでいれば（自立生活のためにこれ以上、役所と）交渉とかすることはもう（必要ない）。これがまた違う（対応の未整備な）市町村だと別だけど」。もちろんあぐらをかいてはいられないが、少なくともひといき入れてもご破算とはならない程度の屋台の上に自立生活の一端はある。

しかしね、と、かえす刀のようにかれは続けた。

香取　ただその、自分の意思で生活していくってことにかんして言えば、まだまだぜんぜん危うい。制度がどうなっていくのかみたいなところ（それについての不安）は、まあ么あるとは思うんですけど、自立生活の理念とか考え方っていう意味でいけば、本人が主体的に生きる、自己決定してその結果を引き受けて生活するっていうことだと思うんで、主体的に生活していくっていうことにかんしては、ぜんぜん、まだまだ、そりゃ危ういものですよね。

制度を言うよりも語気をつよめて、かれは障害者の主体性が危ういとくり返した。すなわち日ごろの自立生活センターの運営のなかで、くり返し、つよくそれと意識されているのである。「介助者がそこ（障害者の主体性に従うべきこと）を伝えられていなければ、勝手にお膳立てしてどんどんやっていっちゃう。ヘルパー2級（の有資格者、現在の介護職員初任者研修修了者）でも、世の中（一般通念）的にも、障害者のイメージって二〇年前も今もほとんど変わってないと思うから。すごい危ういと思います」。今度は聞いて、筆者ははっきり奇異に感じた。この十数年で名だたる研究者、実践者たちの数々の著作から、いったいどれだけ〝当事者主権〟なる主張を聞いてきたことか。あるいは各種の福祉専門職の養成校の教員で当事者の主体性を尊重せよと言わない者が一人でもあろうか。それはしかし、不可解なことに、この香取さんが今もって危ぶむほどわずかにしか定着していないようなのである。筆者はこの先、いつまで同じ話を聞くだろう。

もうひとつの違和感は、かれがごく当然のように、制度への危惧とまったく並列に主体性の問題を挙げたことからくる。筆者にははじめ、それらが大きく異質なものと見えた。けれど具体的な例を聞けば、制度の確立と運用がもたらした今日的状況として両者がともに語られることの道理も知られる。イメージを得るためにやや誇張して言えば、自立生活は次第に大衆化しつつある。

香取　そこ（障害者の主体性の実現）の考え方は、介助者も伝えられていなきゃ分からないし、障害者の方も伝えられなきゃ分からない、ですよね。センターの利用を初めてしようとする障害者がいたときに、その人が、いきなり自分のことは自分で決めていいとはまったく思ってないですからね。やっぱりたとえば、お母さんがすべて。「今日はどこそこモールに連れて行ってあげてください。あそこのお店とそこのお店が好きなので、そこを見せてあげてください。映画は何時からやってるんでそこに行ってあげてください。ご飯はフードコートに行けば食べるところがあると思うんで、うちの子は何々が好きなんでそこで食べてください」みたいな（苦笑）。障害者の人もそれが当たり前みたいに思ってるし、介助者の方も（それではだめだとセンターから）言ってなければ、そういうもんだと思ってぜんぶお母さんの言うとおりやる、みたいな。まあそっちの方が多数派ですよねやっぱり、まだまだ。

この障害者はまぎれなく、障害者総合支援法の定める障害福祉サービスを利用する障害者すなわち「利用者」であり、担当する介助者のなかにはヘルパー2級の資格等を有する者がいる場合もある。それらは、しかし、香取さんが考えるあるべき「自立生活」の実現をなんら担保しない。すなわち「自立生活はまだまだ危うい」。かれがこの現実に「危うい」の語を与えて表するのは、「自立生活」の理念は聞いてすぐさま理解されるものでも、実践しうるものでもないからである。香取「これ、すごい難しいところ。『自分のことなんだから自分で決めなよ』みたいなのが、なかなかストンっていかない（腑に落ちて了解されない）。そもそも『なに？　なんのこと言ってるの？』みたいな（苦笑）。もう完全に文化が違う。肌を露出しちゃいけないイスラム圏の女性に向かって『こんなに暑いのになんで服着てるの？』みたいなことを言うくらい（笑）、ちんぷんかんぷんなことを言っている、（香取さんとその利用者の間に）ギャップがあるかもしれないですね」。過度の一般化をおそれ、あわてて注記しておくが、これはすべての利用者に当てはまることではない。「特定の誰々さんと話すと、そういう感じもある、ということです」。その限定的なやりとりを訊いた。

香取　日日の介助（場面）のなかで起きたことを話しながら伝えていくしか手段がないですね。たとえば「あの介助者がどうの（と不満などを言う）」ってなったら、いや、それはあなたの生活なんで、あなたが何を食べるとか、ジャムはどれくらい塗るかとか、店員との話を介助者まかせにしちゃうとそうやって分かんなくなっちゃうよねとか、そういう例のなかで話していく。あとはいろいろなときに考えながら、一緒に飯でも食おうかみたいなときに「なに食いたい？」と訊いてみるとか。いま想定しているのはこれから養護学校卒業して自立生活しようっていう人なんですけど、そういう人に「なに食べたい？」とか言ってもあんまり出てこないんですよ。センターの事務所でご飯を作って食べようっていったときに「じゃあ材料、なにが必要だと思う？」みたいに訊くとか。そういうのを通して練習する、みたいな感じですね。

香取さんの教えた例示から、筆者は部活動や企業の後輩指導、新人教育を思いうかべた。簡単そうにも、面倒くさそうにも思われた。そう言うと、そのいずれにも当てはまるようにかれは応えた。「難しいですよね。自立生活してしまえば自立生活センターのかかわる時間が多くなっていくと思うけど、そうじゃなければ圧倒的に、まあ、自由を阻害する人たちとの、障害者を守ってあげようとする考えの人たちと接する時間が圧倒的に多いから、なかなか積み上がっていかないと思いますよね。練習する機会がないっていうか。でもたぶん時間さえこっちにくれれば、それと介助者に払えるお金があれば、それは意外と簡単なんじゃないかなって、簡単であってほしいって思ってる（笑）。時間はかかると思うけど、自分で決めて結果を引き受けるっていうことを何回もくり返せばそれはできると思う」。今度は筆者は〝アルキメデスの梃子〟を思いうかべた。何がアルキメデスで誰が梃子かはここではおく。

筆者はあわせて、ここで香取さんは自立生活の本質にふれて言ったと思った。「自分で決めて結果を引き受ける」である。自立生活をよく知る碩学から福祉学科の一年生まで誰もが筆者に同意するだろう。目下のところそれを叩き込まれるべきは食べたいものもすぐに決められない自立生活の初心者である。香取さんとしては何をどのように「引き受ける」ように促すか、と訊いた。

香取　や、それはもうほんとに小っちゃいことからでいいと思うんですけど。たとえばカップラーメンにお湯入れたけど、三分のところ五分になっちゃって伸びちゃった、みたいな。そうなって不味いカップラーメンを食った。あ、そうか、と。三分を守んないと伸びちゃって不味いんだ、と。それを介助者のせいにするんじゃなくて、自分がそれを決定して、自分（の不足）でそうなっちゃったっていうのをちゃんと引き受けるってことかなあと思うんですよね。

筆者が自らを評価して、香取さんに長いこと教えられて成長した点があるとすれば、この例がどれほど的確でひろくふかい意味を含むかじゅうぶん理解できるようになったことである。成長の跡が見られないのは、たとえば福祉学科の一年生にその的確さや意味を教授できないことである。学生を含む健常者の多くにとって、カップラーメンを作るのは日常生活動作である。いちいち、何かを決定していると いう自覚はない。それが自己決定だ自己責任だと言われても「まあ、そりゃそうだよね」程度にしか感じられない。じぶんの未熟を棚に上げて困惑を言う筆者に応えて、香取「ああ、そうか。もっとなんか、大層なことじゃないと(いけないのですか)。でも障害を持っている人がカップラーメン作るってなると、まずその何分かっていうのとかも全部、介助者っていうか周りがやってくれちゃいますからね、ほんとに(苦笑)。(カップラーメンを作る程度のことは、健常者には)大層なことじゃないんですね。ないんですよね」。筆者の困惑のもうひとつは、やはり福祉学科の一年生にこと細かに説明しても、きっとカップラーメンの時間くらい介助者が見てやればいいではないかと軽んじられるであろう現実(かれらが忘れまいとノートに取るとは考えにくい)にある。これにははっきり否と応えて、香取「でも、大層なところにも行けないいんですよね、小っちゃいことを決定していく練習を積み重ねないと。いざディズニーランドに行こうとか、どこか旅行に行ってみようとかっていうところまで行けないですよね。もちろん、周りがお膳立てして行けば行けると思うけど」。その食事の、旅行のどこをどのように捉えて「自立生活」と判じるべきか、それを見分けろと香取さんは言うのである。

だから、手間を惜しまずここでも補って書く。香取さんはカップラーメンの時間を必ず障害当事者がはかれなどと思ってもいない。前章にも書いたが、香取さんはかれの介助者にいまさらフタの開け方も湯の注ぎ方も言わない。それが今日、初めて介助に入る新前でなければ。その証左として訊こう。香取さんがやりたいことを自在にできる程度、いうならば〝自由度〟は、介助者にうまく指示できることと同義か。

香取 うーん、（長い間）そうなのかもしれないし、それが「指示」でなくてもいいのかもしれないですけどね。たとえば介助者と一緒に経験すること……。たとえば野球を見に行く。障害者の方も、一回、野球を見に行ったとすると、介助者も経験をするし、そこで知り得ることって多いじゃないですか。そうすると障害者の方も（次回からは）そんなに指示を全部、一生懸命やらなくても、簡単に言うとどこの駅まで行ってどこで乗り換えて、お金は幾ら、そういう細かい指示をしなくても「今日またあそこ行くから」って言えば介助者も「あそこで乗り換えるんですよね」みたいな。そういうかたちも含めて「指示ができる」ということになってくる。

つまり、香取さんたちの「指示」は消耗品、消え物ではない。それは利用者と介助者のあいだに積み重なるようなものである。けれどあるいはこれもまた読み手にはあまりに当然のことと聞こえるかもしれない。何度もくり返すほど指示が大まかになるのは分かりきっている。それよりも結局のところ、カップラーメンの三分は利用者が言うべきなのか介助者が見るべきなのか、はっきり解答を示せと思われるかもしれない。言葉遊びになってはいけないが、筆者の解答は「介助者が見るように利用者が言う」

である。何となれば香取さんは、筆者が特に訊くまでもなく、前段に続けて次のように話したのである。

香取　前にも話したことですけど、介助者にそれができる能力がなければそれは絶対に達成しようもないわけで。だから「指示」は、介助者を達成できるところまで持っていくための手段だと思うから。だから介助者ができることであれば、それこそ「カップラーメン作って」って言えばもう勝手に三分で作ってくれる（笑）。ただそうなってくると、介助者以上の〝自由度〟って得られないですよね。そういう意味ではやっぱり「指示」が、ちゃんと、介助者に能力があることとそれができることってまたちょっと違ったりするから、そういう意味で（利用者がいかに介助者の）能力を引き出せて達成できるかっていうのにかかってきますね、自由度が増すかどうかって。

筆者の解答を敷衍して述べると、利用者はそこで、①介助者ができることを介助者に任せる、のではない。まず、②介助者ができるかどうかを見極めなければならない。そうして、放っておいたら時計を見ないと思われたら時計を見るように言うのである。ここで示した①と②の異同をふまえて、香取さんはさらに、③介助者ができないならば育てるべきだと言っている。ただし、④できる、できないは単純に言い分けられない。利用者の指示の如何によって達せられる場合もそうでない場合もある。③には利用者の手綱さばきも含まれ、それが④の前提ともなる。

ところで、ここまでの説明と同時に香取さんの頭にうかんだのは、介助者への指示の工夫とならんで自由度を大きく左右するもうひとつの要因、すなわち自由の混乱である。利用者が介助者の能力を引き出すことが大切、の言葉に続けて香取「ただ、自由をはき違える障害者もいましてですね（苦笑）」。具体的に過ぎる細部をあいまいにしながら引用しよう。

香取　薬をすごい飲みたがるんですよ。処方されている以上に飲んじゃうんで、介助者が「ほんとにこれ、飲ませていいのか?」って不安になるわけですよね。そうするとその介助者に「自分のからだは自分が一番よく知っているんだから自由にさせろ」みたいに言うんです。その同じ人が、別のときに買い物に出かけて、介助者がよかれと思って「あっち行ってみますか」「こっち行ってみますか」って（勧めて長いこと歩き回る）。それにたいしては「介助者の人がせっかく一生懸命やってるのに『もう帰る』とか言ったら申し訳ないって思ってつきあってたんだけど、イヤだった」みたいに言うわけです（苦笑）。自由にさせろっていうのは、そういうときにまさしく言うもんなんじゃないのかと俺は思って……（笑）。「私の生活なんだからもう帰るよ」とか言えばいいのに。

この利用者のように自由にさせろと言う、あるいは帰りたいと言わないことの何が問題なのか。香取「ま、そりゃただ都合よく自由、自由、自由にさせろって言っててもそれは周りを混乱させるだけですよね」。なるほどそれはそのとおりだが、筆者の正直な気持ちはその言わなかった、いや言えなかった利用者に少しく同情的ではある。もちろん理屈に忠実に考えるならその同情こそが自立生活を危うくするのだとも分かってはいるのだが。

筆者の追加の質問、香取さんにはなにかしら周りを「混乱」させた経験はないのだろうか。即答できずにしばらくあれこれ考えて、香取「そりゃいろいろあるとは思うんですけどね（笑）。ほんとは自分で決めなきゃならないことを任せちゃう、とか。ま、駅員とのやりとりを任せちゃうとか（笑）」。しばらく考えた、というのはつまり、すぐには思い当たらないくらいに自由を混乱させないようにしている事実の現れでもある。

香取　そりゃ心がけてますもんね、やっぱり。（短い間）　ただこれがまた難しいところだね。あんまり指示ばっかりちゃんとしてると考えない介助者になっちゃうんですよね（笑）。介助者のなかに経験値が積み上がらないっていうか。また料理の話だけど（笑）、何回もこの料理作ったことあるのに「はじめて作った」みたいな。（筆者、それは本当か）本当。何回もここの道、通ってるのに、とか。

このようなわけで、とにかく香取さんは料理については工夫が尽きない。「介助者の個性に合わせて（笑）。料理できない人のときは『ここはどう効率よく飯を喰うか』。できる人のときは『今のうちに作りだめしちゃった方が楽か』みたいな」。筆者の笑い「健常者でそんなにいちいち、これは自由にさせる、これは任せるみたいに考えてる人はいない。自立生活は頭が疲れる生活なんだなっていうことがよく分かった」。大きな声で香取「あ！　それはそうですね、うん。〝アンチエイジング〟だわ、これ、みたいな。ほんと思いますよ（笑）」。ただし、やはりここでも最後には一言。「それを（利用者の）みんながみんな、できているわけじゃないと思いますね」。

4――関係としての自立生活

先に2節で、この十数年をふり返るやりとりのはじめに利用者の入院が話された。それはその入院じたいではなく、できごとのなかで確かめられた介助者のありさま、香取さんたちの心構えの変化について言うためであった。そこで香取さんはあわせて、「自立生活」全体の変化にかんしても次のように教えている。

香取　うまく言えないけど、たぶん一〇年（以上）前は自立生活してる（こと）だけがすごい、そこを維持すること（の困難や苦労ばかり）がすごくクローズアップされてたけど、今はそれがある程度クリアになって（達成されて）きている、そのうえで（今は）ふつうの人間がふつうに病気になる、生きていればいろんなことがあるよねみたいな（むしろありふれたできごとの）その一コマ一コマがやっとクローズアップされてきた、みたいな。でも、そのクローズアップされたことは（障害者の自立生活の経験としては）はじめてのできごと、みたいな。

その「はじめてのできごと」のうち、1節では利用者の他界にせっした介助者のありさまが、2節では入院をめぐる介助者のありさまが話された。それら利用者の他界も、入院も、本来ならばごくありふれた「ふつうの人間がふつうに」経験することごとのはずだとかれは言うのである。

ふつうに病気になった別の一例に、医師から胃ろうを造るように勧められている利用者がいた。胃ろうの造設じたいは「生きていればあること」のひとつだが、自立生活センターとしては手術に先立ち、いくらか調える必要があるという。香取「介助に入るヘルパーが資格取らなきゃならないとか。資格を持ってる人を増やしていくことができない（新規に採用することはできない）から、自分たちでやる（すでにいる介助者が資格を取る）しかないか、とか。でもバイトだと資格は取ったけどすぐ辞めていなくなっちゃうみたいになるとやれない（その利用者の介助を継続できない）ので、職員の雇い方も考えなきゃならないか、とか。（資格取得の）コストをどうしていくのか、とか（についてひとつひとつ検討、手配しなければならない）」。センターの経営面についてはこれらの項目の列記にとどめる。それは香取さんたち運営者にとって重要かつ必須の課題だが、本書の力点はもう一方の課題にあるので今はそれを優先する。すなわち事態にむかう利用者、介助者、センターの〝役割分担〟についてである。

コストの話題に続けて。

香取　あとは（センターにすべて）お任せされてもそれはちょっと（対応しきれないことがあるので）、利用者本人に、介助者を育てるってことを含めて、自分の生活をどれだけコントロールしてもらうのかみたいな話をしなきゃならない、ってことですかね。

筆者はたちまち前章で聞いた「介助者に指示してプラモデルを作る」例を思い出した。当の利用者にも、あるいは香取さんにもそれぞれの意味あいで申し訳ない連想ではあるが、胃ろうの手当てに比べればプラモデル作りなら介助者も少しは気が楽だろうと思ったのである。つい本音を口にした筆者「香取さんが誰かにプラモデル作ってもらうのとはえらい違うからね」。寛大にも非礼をゆるして香取「ぜんぜん違いますね（笑）。（無機物のプラモデルではなく）生きてる方（利用者）も〝なまもの〟だし、支援する方（介助者）も〝なまもの〟なんで（笑）」。それでも香取さんの見立てのかぎり、少なくとも「介助者を育てる」ことは（プラモデル作りの指示よりも？）難しくはないとも言う。なぜなら、介助者に指示するという作業それじたいは「日日、トレーニングしてますからね、実践で（笑）」。だからたとえ胃ろうからの栄養投与であっても、ほかのすべてに同じく利用者は介助者に指示できる（ようになる）はずだ、と。

むしろやっかいなのは「自分の生活を（利用者本人が）コントロールする」こと、それが難しいと香取さんは言う。「やっぱり（利用者の）体に変化があると、介助者もその変化に対応していかなきゃならないし、事業所としても対応していかなきゃならないから難しい。難しいっていうか、やること自体は単純なのかもしれないけど、そこに『もっていく』にはそれなりの調整が必要だから」。すなわち利用者の生活のコントロールこそが鍵になると。

香取　利用者本人も（たとえば胃ろうの造設で）生活を変えなきゃならないとなれば、そこに（あわせて）自分の気持ちなり、物理的なものなりも変えていかなきゃならない。生活スタイルを変えるとかも。（そのうえで）介助者もそこにあわせてやっていったり、気持ち的にもあわせていかなきゃならない。その（利用者、介助者の生活、業務、心情の変化にともなう）調整ってなんか結構、簡単に思われてるけど（苦笑）、かなり大変なことなんだなっていうのを最近、思っていますね。調整というか、話をして納得してもらう作業を（利用者自身にも）してもらわなきゃなんないんだけど、みんなは「話せばいいんでしょ」「話せばすむ」みたいに考えてるかもしれないけど、話したら話したで（そこから派生して）違う問題も出てくるから。

その問題については、おもにプライバシー保護の事情から筆者が推察もまじえて大意を示すにとどめたい。まずは当然ながら、体調の変化は利用者自身の生活を変える。大切なことは、それは並行して介助者のかかわり方も変化させるから、なにより介助者の了解が欠かせない実状である。すでに入院中の介助の例を2節で聴いた。さて、この介助者の了解をとりつける作業にかんしては、利用者自身が一方的に話せば十分であると思っている場合も、利用者がセンターに介助者への説明を期待して、しかも同じく通知すれば事が足りると想像している場合もある。今回の例を用いて言うならば「今度、胃ろうを造設します。ついてはこの先、食事介助の代わりに栄養投与の作業をしてください」と介助者に言えば、間をおかず「はい、わかりました」との返答があるはずだという思い込みである。そこで投与の簡単さを言っても、仕事なのだからと押しても、なんの調整にもならない。それどころか、これは筆者の創作だが、そんなことをやらされるなら辞めますという介助者や、ついでに積年の不満を言い募る介助者がいてもなんの不思議もない。香取さんらはもっぱら「調整」に努めなければならない。これは指示や介助の難易とは違う、それと並行した別個の問題なのである。

ところで調整の必要は、これも当然ながら介助者からも生じる。さらに調整の字にふさわしく複数の主体がかかわって混迷がふかまる場合もある。主体には利用者の家族も、さらにはセンターの「設備」さえも含まれる。聞いてすぐに理解できずに筆者、センターの設備とはなにか。応えて香取「たとえばコマ（介助者の担当時間割）の調整なんですけどね。時間が変わることは利用者の生活を変えることに直結しちゃう。利用者が九時に外出したいと思っていた。それがなんらかの調整で（筆者補、たとえば運転のできる介助者が配当できず）一〇時からじゃないと出かけられなくなった場合。利用者の一日が変わってしまうし、もしセンターの車を使うとなれば車の調整もかかわってくる。次に車を使う人が、今度は何時からじゃないと出かけられなくなっちゃう、みたいな」。かぎられた資源を分配する現在のやり方では、それらの調整こそが自立生活の支柱である。

さて、拡げた視野をふたたび利用者と介助者のあいだに絞り込もう。ふたりの関係について香取さんは、おおよそ二〇年の変化を次のように概括した。「二〇年前くらいは障害者と介助者が一対一という状況（がめずらしくない）だったと思うんですけど、『生の技法』（筆者補、改訂増補版、一九九五年、藤原書店）の最後の章に出てくる自立生活センターの数が最近では、ならせば全都道府県に少なくとも一カ所くらいの状況になっている（筆者補、精確に言えば二〇一四年現在、「全国自立生活センター協議会」加盟団体が無い県もあれば一〇カ所以上の都県もある）。今はもう個人でやってる（障害者が個人的に介助者を募集したり、個人的にそれに応じて介助に入る）方がたぶんレア（ケース）。センターができて職員（介助者）への研修とか教育システムがそれぞれにある、だいぶ組織化されてきたのかなあと。それでもやっぱり一対一の関係はすごい大切ではあるけどね」。以下は筆者の関心に沿って障害者と介助者のあいだに自立生活センターが介在するばあいを議論の対象としたい。

香取さんは「対の関係ではもう見れないですよね。自立生活センターもかかわって三者の関係で考えていかなきゃならない」と言い、それでも「自立生活センターのなかでやれることって、せいぜい、車いすの押し方とか、挨拶しましょうとか、物をもらったりお金の貸し借りはしないようにしましょうとか（苦笑）、遅刻しないように、仕事中は携帯いじったりしないようにしましょうとか、そういったことですよね」とも言う。それらが矛盾しないことは直感的にも了解されるが、しかし、香取さんの前にある課題の詳細についてはやはり訊かなければ分からない。ここでも利用者を特定せず、やや抽象的なやりとりを前提して問う。筆者「センターがあるとないとでは、利用者と介助者の関係の作り方は違ってくるの？」

香取　主観と主観になっちゃうんでね、一対一だと。そこにお互いの立場を（説明的に言い表してやることがセンターにはできる。たとえば両者のあいだに言い争いが起こったとしたら）「介助者の人はそう思って言ったつもりはないみたいだよ」とか、「障害者の人も、あなた（介助者）のことが嫌いでそう言ったんじゃなくて、もう来てほしくないと思っているわけではなくて、（たとえばその利用者の過去に）こういう経験があったからあんなふうに言っちゃったんだよね」とか、（とりなしを）言うことができたりする。

教えながらかれは、また、そのようなセンターの役割の根幹にふれて挙げた。

香取　（あわせて）自立生活している本人にとっては、いっこ、後ろ盾がある。（介助者と）揉めたとしても後ろで控えてる人がいるから、っていう安心感（を持つことができているのも、センターがあることによる両者の関係性の特質と言える）。

あるいは立ち位置はおなじく後方ながら、もう一方でセンターは、そこから介助者にむけていっそう積極的にうながして関係性の構築をもとめる。

香取　介助者には、センターのなかで言うこと（先にみた諸注意など）は基本的なことで、あとはよく本人（利用者）と向き合ってやってください、関係をちゃんと作ってくださいと言いますね。

ただ、注意して聴けば介助者にたいするこのうながしには二重の意味があるらしい。ひとつにはそれは利用者の不快を避けるため。「障害者の方でも嫌でしょうね。たとえば介助者が『あなた（利用者）との付き合い方はコーディネーターに相談して決める』みたいになるのは。自分とやりとりして決めてくれればいいのに『それはコーディネーターに訊かないと分からない』なんて言い出しちゃうと、壁がある、みたいな」。もうひとつも利用者の事情だが、こちらは介助者との個別の関係作りに消極的な傾向のある利用者に照準して、そのような状態を少しでも変えるため。「一方ではそれ（介助者が『付き合い方はコーディネーターに相談する』という姿勢を取ること）が（利用者本人にとって）楽っていうのもある。（利用者にしてみれば関係作りが）面倒くさいっていうのもある」。このときは介助者にいっそう心がけて、利用者の姿勢を正してもらいたい。そこで介助者に念を押して「一対一の関係をちゃんと作ってね、と言う」。いずれの意味においても、調整とならんでくり返し登場するこの「関係（性）」の語に香取さんは自立生活の〝かなめ〟の位置を与えているようである。

ではその関係、すなわち利用者（障害者）と介助者とのあいだがらについて、香取さんはこの一〇年、二〇年をどのように見るだろうか。かれはまず、それは筆者が最初に聴いたとき（本書第1章「介助者という他人について」）と今とでは「違っている」と言った。違いは何か、と筆者は続けて訊いた。

香取　それはやっぱり（今は介助者が）仕事として来るからね。仕事としてやろうと思っている、当人がね。（それによって）こっちも「仕事なんだからちゃんとしっかりやってください」って、言えるようになった。

なんという台詞かと筆者は感じた。それが「仕事」でなかったとき、こうは言えなかったというのだ。けれどその嘆息はおこう。しばらく間をとって、続けて。

香取　ま、もうちょっとこっちが自信、持てるようになったってことかな。ずっとこの聴きとりをやってて、（それを使って）時岡さんの（書いた作品すなわち本書の各章）で言うと、（そこで語る香取さんは）かなり〝言えてない〟〝遠慮してる〟、かなり介助者のことを考えてる、そういう感じだったと思うんです。ま、今まではもちろんそうなんだけど、（しかし今日では）こっちとして言っていいことは、これは言っていいことなんだっていうの（意識）が出てくるじゃないですか、やっぱり雇用関係であれば。簡単なことで言えば、時間どおり来てください、遅刻しないでくださいとか、ここがちゃんとできていないんで、もっとちゃんと、しっかりできるようにしてくださいとか、それはもう、言っていいことなわけじゃないですか。それを遠慮するとかしないとかの話じゃなくて。

かつては言えなかった、今では言う、その違いはそのまま、それぞれの香取さんの立場の違いとかさね合わさる。前者はひとりの障害者、あるいは初期のサービス利用者としての香取さんだが、後者はセンター運営者としてのかれである。その違いにふれながら、香取「（だから今日では）逆に、〝言わなきゃいけない〟こと（立場）になってきているっていうのもありますね、（介助者を）雇用する側としては。（利用者のもとに派遣する）職員を仕事ができる人にしていくっていうのも重要な役割だと思うんで」。さらにもうひとつの役割もあり、すなわち利用者自身にもそうと言わせなければならない。「自立生活センターとしては自分の介助者は自分で育てるっていう理念、考え方があるから、そういう意味でも自分の必要な介助については自分でちゃんと伝えていく（ように仕向けなければならない、すなわち「言わなきゃいけない」と自覚させる）、そういうこともある」。利用者、介助者のふたりはもう「対の関係では見れない」と香取さんの言う、そこに自立生活センターをくわえた三者の関係は、今日、おおむね以上のようである。

利用者（障害者）と介助者の関係にかんしては、また、別の話題にあわせて香取さんは次のようにも教えた。この二〇年の連続と変化を問いかけて筆者が「措置制度のころから自立生活運動はあったのだから、制度が変わったとしても変わらない側面があるでしょう?」と訊いたのに応えて。香取「でも、措置制度のときに自立生活できた人と、今のかたちになったから自立生活できた人っていうのは、やっぱり違いますよね」。何がどのような違いを生じさせるのか。

香取　措置制度のときはもうほんとに、人（介助者）を集められるパーソナリティを持ってる人（障害者）に人が集まっていく。そういう関係を築けない人は残念ながら自立生活できない、みたいな。

介助派遣をめぐる今日的な制度がないころ、雇用関係とは別の関係でもって当時の自立生活は成立していた。つづめて言えばその関係を「築く」ことがすなわち自立生活であった。さて今日、用語法はだいぶ変わった。たとえば香取さんの事業所は現在、「や、もちろん、自立生活してない人にも介助派遣します」。それが介助派遣事業である。「僕らが言ってる『自立生活』じゃないかたちでの地域生活をしてる人も増えてるしね」。ただし本書では筆者の関心に沿っておもに、いわゆる〝家と施設を出て暮らす〟障害者について介助者との関係を訊いている。もっとも読み手はお気づきのとおり、本章ではすでにそうでない障害者の例も挙げられているが。

二〇年の全体でなく、とくにこのところのありさまについて、香取さんの注目は何だろうか。

香取　介助者はいるけど、やることがないっていうか（苦笑）。ぜんぜん社会参加する場がない、社会参加する気もない、みたいなことはありますね。介助者と外出しても毎日同じコースで、ファストフード店行って、スーパー行って、病院に行って。自立生活してそれをしたかったの？　みたいな（苦笑）。

聞いた筆者はこのとき、その利用者にだいぶ同情的だった。3節で紹介されたとおりなにごとにも新前はいて、かれらにはカップラーメンの作り方だけでなく、自由のための練習も必要である。先回そう話したでしょうと確かめると香取さんは「そうですね。いや、そこがすごい難しいですよね」と受けて続けて、その練習のむかう先が定まらない実状を教えた。

香取 「自立生活」って（用語を）言えばテーマとしてすごいまとまっていられる（まるでひとつのことがらとして認識、理解できたような気になる）けど、じゃあ（具体的に）どうやって生活するかとなるともう、千差万別（笑）。僕が伝えられることだったら伝えられるけど、たとえばスポーツが何々がおもしろいとかさ、そういうことは言えるけど、そういうの興味がない人にとっては「ぜんぜん興味ないです」と。難しいですよね。

かれが鈴鹿にF1を観に行くから名古屋で宿は取れないかと掛けてきた電話を思い出した。障害者にやさしくないホテルでもウィークリーマンションでもと探したが、とてもとても、私はまったくの役立たずに終わった。けれどこのできごとは自立生活をなにか説明できるものではない。ワールドカップを観にドイツに行ったという話も同じである。自立生活すると言えばなにかを言ったことになる、わけではないのだとかれは筆者のあさはかをたしなめた。筆者なりに工夫して言い換えてみれば、「自立生活」という「個人の生活」などありはしない、となろうか。サーキットにもフィールドにも自立生活は走っていない。そこに誘っても自立生活の練習にはならない。ならば。続けて訊く筆者「そうすると、何をしていれば自立生活なんですかね」。間をおかず応えて香取「ま、とりあえず介助者を使って社会参加するっていうのが、自立生活、なんだとは思うんですけどね」。ここでしばらく考えて、「何してれば自立生活っていうこともないけど、自分が主体的に社会にかかわれるなにかがあるといいとは思うんですけどね。(でも)なかなかそう簡単にならないんですよ……」。簡単にならない理由は、一方で、聞きすぎるほど聞いてきた。香取「はっきり言って介助者のことだけで手一杯っていうのも、じっさい、あると思うし。他のこと考える余裕、ない、みたいな」。個々別々の介助者と種々細々の関係をむすばなければならないことの手間と厄介、制度ができてもなお充足されたとはいえない介助者の頭数。どれにも煩わされてこれ以上、介助者を使って何をするかなど思いめぐらす余裕のあるはずもない。

しかしここではもう一方の、利用者の自覚、興味や関心、姿勢について聴こう。香取さんたちはたゆまず、ねばりづよくかれらに働きかけている。筆者、センターでは障害者向けの研修などもするか。香取「もちろんやりますね。そのなかで『介助者が来たら何したいの?』とは訊きますね」。筆者、どんな反応がありますか。

香取　これやりたい、あれやりたいっていう人もいれば、「うーん、とくにない……」っていう人もいる(苦笑)。

香取さんは声かけを続ける。「やりたいことが出てくる人には『うん、すごい、それいいよ』って。自立生活ってすごいたいへんだから、そういうやりたいことが無くなっちゃうとほんと辛くなっちゃうんで、どんどん、小っちゃいことでも見つけてやっていくってすごく大切なことなんだよね、と。やりたいことが無い人には『それ、自立生活ではすごい辛いよ』って。やりたいことが無いってほんと辛いことだからね、って」。具体的な例示もおおく言われたが、ここではそれらは略す。代わりに、香取さんが「自立生活、やりたいこと無いとほんと辛いから」のフレーズを何度もはさみながら、まるで若い障害者がかれと筆者のあいだに座っているような口調で語ってみせたさまを強調しておきたい。迫力さえ感じる呼びかけに導かれ、応えるような心もちで筆者「じゃあ、それを聞いた障害者の人は?」

香取　(即答して)伝わんないですね(笑)。どうやったら伝わりますかね(笑)。

では、たほう、利用者をとりかこむ介助者たちに向けての声かけはどうか。

香取　あ、そうか、こういうことも介助者に伝えていかなきゃならないんだなと思ったのは、つい最近かもしれないですね。この仕事ってただ介助する、飯食わせて風呂入れてトイレ介助するだけが仕事じゃないんだよね、って。それはただの手段であって、ほんとの目的はその人が社会に参加していく支援なんだよね。(介助者と障害者)ふたりの関係をよくするとか、そういうのは、ま、目的じゃないからね、みたいな感じで言いますね。

たとえば障害者が何かしたいと思うのは、すごくたいへんなことなのですよ。健常者みたいに、そう簡単にはいかない。だから「（もしもある日、利用者から）『ディズニーランド行きたいんだよね』みたいに（したいことが言葉として）出てきたら、介助者が（口調をわざと軽くして香取さんは言った）『じゃあ行きましょうよ』と言ってくれるだけでも、相当なエンパワーメント、背中押すことになるんだよね、って」。よどみなく、香取さんは（筆者に、ではなくまるでそこに介助者がいるかのように）話し続けた。

そこに遠慮がちに割り込んで筆者は、しかしそんなことを言い聞かせる時間はとれないでしょうと訊いた。きっぱり否定して香取「事あるごとに話す。うちは月に一回くらいのペースで面談してるんで、新入職員には。別にそういうときじゃなくても『うちがやりたいことは（障害者の）社会参加だから』って言う。それから（入職して）一年目の人には半年くらいで一回、研修のまとめを発表してもらったり。一年後には問題意識とか、もっと考えてみたいことを発表して。万年だらりの介助だと『ここで働く意義ってなんだっけ?』みたいになっちゃう。毎日毎日、飯食ってトイレ行って、そういう介助だけになっちゃって『つまんね』みたいな。遅刻したって『だって別に（利用者本人は）寝てるでしょ?』みたいなことになっちゃうんで（笑）」。そうした研修を始めてもう二、三年になるという。

つい先段で、しかし障害者（利用者）にはなかなか言っても伝わらないと聞いた。介助者たちはどうか。これも即答して香取「難しい（苦笑）」。何がそれをじゃまするのだろう。筆者の知るかつての香取さんの介助者たちはみな、つよい問題意識に突き動かされていた。ような気がする。

筆者　以前は、介助者はそもそもそこから入ってるでしょう?

香取　うん……?

筆者　香取さんのお風呂をちゃんと入れてあげたいと思って来る人（たとえば施設職員経験者のような介護のプロ）よりも、「障害者の社会参加をするのだ!」と言って来る人の方が多かった気がする。

香取　そんなことはないかなあ。

筆者　じゃあ、昔も今と同じことを言っていた（風呂に入るのは手段であって目的ではない、などと介助者に説いて教えていた）の?

香取　あ、いや、昔はだから（苦笑）、その、社会参加っていうことよりもまず、俺がトイレに行くとかお風呂入ることの方がぜんぜん……（笑）、そんなこと（障害者の社会参加）よりもまずそっち（トイレ、風呂）固めないと。

旧い介助者たちと当時の香取さんのために筆者が補えば、昔からかれらはつねに「障害者の社会参加」を大きく掲げていた。香取「昔からそれはもう、もちろん思ってました」。ただ、はなはだしい人手不足とあまりの不慣れはいきおい、生活介助の比重を大きくする。それだけのことだ。それに照らしてみれば今日、介助者たちの技術は総体的にたいそう向上している。なにしろ「職業人として来るから」。しかしそれゆえ「こういう言い方するとたいへん失礼ですけれども、トイレ、お風呂、飯食うをサポートすればいいんでしょ、みたいなところで終わっちゃってる」介助者も出てくる。意識と技能、それぞれのバランスが都合よくとれる幸運は少ない。

職業人としての介助者が長い期間にわたって介助を続けるという、今日的条件のもとでこそ生じた事態もある。香取「だから、社会参加っていうところをちゃんと伝えていかなきゃいけないんだなと思い始めたのはここ一年とか二年とかかもしれないですね」。訊けばそれは、なかなか複雑な問題である。

香取　介助者がこの仕事に前向きにとりくむって、すごく難しいことなんだなっていうふうになんとなく感じてきて。やっぱり、障害者の日常があまりにも淡淡過ぎるから。そこだけで納まってたら何も考えなくていいっていうか。トイレとかお風呂とか、飯作るのとかは、一年とか二年とかやれば、ある程度のレベルまでできちゃうし。そうなるともう（介助者の側に）目標が無くなっちゃって「ああつまんない」みたいに（苦笑）。いやいやそうじゃないんだよな、って。こっちはまだ山ほど問題がいっぱいあると思ってるのに、目の前にいる介助者がぜんぜん、そういうふうには思っていない。やっぱり「社会参加」っていうの、もっとちゃんとしっかり伝えていかんとあかんのやなあ、と思うようになってきましたね。

筆者が啓かれたのは、ここからである。そのように思う香取さんが今、とくに言うべき「社会参加」とは何か。「いつでも同じだけど、やっぱり駅員ですよね（笑）。コンビニの店員もそうだし」。自立生活を語る〝古典〟の、介助者ではなく障害者本人と話すようにさせろという、あれである。それにけつまずいて筆者、いや、それはおかしい。それは新前の介助者に言うことで、一度言えば済む話である。長く務める介助者にいまさら言うことではないはずだ。それがどうも、そうではないらしい。

香取　昔は介助者がころころ替わるのが当たり前だと思っていたわけですよ。でも今は介助者は、これを職業として五年とか一〇年とかやる人が増えているなかで、まあ、最初はね、障害者の介助をやっていろいろ目新しいっていうか、たとえば「車いすの人とバスに乗るのが初めてです、新鮮です！」みたいな感じだったかもしれないけど、もう五年も一〇年もやってるとそんなふうに思わないじゃないですか。「なんでこんな混んでるバスに乗るの？　次でいいんじゃない？」みたいなことになって。そうじゃねえだろ、と（笑）。だからもう、ほとんど去年と今年、同じなわけじゃないですか、やってること。パンツ穿かせる、トイレ介助やれる、そこだけ見ちゃうともう伸びしろなんてあるわけないじゃないですか（笑）。だと、おもしろくないじゃないですか。だから僕としてもやっぱり介助者に、この仕事がどういうおもしろさがあって、どういう意義があるか、言葉として伝えていく努力、かなり一生懸命やらないといけないんだなというふうには思えてきました。

障害者本人と話すようにさせろ、その理念は了解している。意味も意義も心得ている。でもそれはもう何回もくり返してきた。介助者は、またなにも知らない駅員、店員に一から教えることがおっくうなのかもしれない。あつい正義感も高揚感も不変ではないのかもしれない。思いがけず、長くつれそうための勘どころを教えられた筆者でもあった。

介助者を育てる。それは香取さんたち自立生活する障害当事者にはその始めから、この先もずっと変わらずにある必須の課題である。ただ香取さんについて言えば、そこにいくつかの「違い」も生じてきた。香取「まあ、二年とか三年で辞めちゃう人にそんな投資しないじゃないですか。トイレとお風呂とかそのへんがしっかりうまくなってくれればあとはいいです、みたいな。それと一〇年やってくれる人を育てるのは違いますよね。それと、僕ひとりのための介助者を育てるのと、これから自立生活をしようってする人の支援ができる介助者を育てるってのも、またちょっと違ってきますよね」。それら「違い」のいくらかを各節で聴いた。聴いたとおり、かれの「自立生活」もあの日、あのときとは異なってきた。この先でもかれはまた、次の「はじめてのできごと」を迎える。

補論

聴きとりの背景

筆者が香取さんから聴いたのは二〇〇一年から二〇一四年にかけて。この補論ではそれぞれの時期に香取さんとかかわりあった介助者たちの構成を可能な範囲で紹介する。可能なというのはもっぱら資料上の制約によるが、現存資料が少ないばあいは二〇一六年現在からの香取さん自身の回想もそれに重ねつつ、必要におうじて一部を推量しながら述べる。おもに参照、引用する資料は、一九九四年から一〇年ほど続いた香取さんの介助者たちのグループ「〇〇の会」の機関紙・ニュースレター、二〇〇一年に香取さんらが設立した自立生活センターの機関誌および各年度の活動報告、センターと併行して設立されて介助派遣を担った「特定非営利活動法人H」の各年度の事業報告、などである。これらの資料からの引用はほとんどが部分的なもの（抜粋）であり、またあきらかな誤字、脱字や誤りは筆者が修正した（句読点の欠落や、たとえば「厚生省」→「厚労省」）。もとは算用数字で書かれていたものを漢数字にした箇所などもある。

1――第1章　介助者という他人について

この章で紹介した聴きとりは二〇〇一年一一月におこなった。しかし話されたのはおもにかれの六年間の大学時代についてである。記録と記憶をたどって当時を見ていきたい。

香取さんは一九九四年の四月、大学入学と同時に学生寮に入り、母親との生活を始めた（この学生寮はほとんどが個室、わずかに二人部屋があり、また留学生を対象として世帯用の部屋もある。香取さんはこの世帯用に入室した）。その半年後、母親が地元に戻り、介助者たちのグループ「〇〇の会」が作られた。会が残した機関紙創刊号（一九九四年一一月発行と思われる）の記事は、香取さんの「食わせてもらう者から」」、〇〇の会　第一回全体ミーティング議事録、介助日誌より、お知らせ、等々。香取さんの学生寮の問題や介助者の退会の申し出についても詳しく書かれている。ある記事文中に見られる当時の介助者数（〇〇の会の会員数）を示す記述は次のとおり。

九月九日に顔合わせをしてから二カ月が過ぎました。はじめは香取さんの所属するサークルでの友人など十数人だけでしたが、ビラを配り説明会を開き、人が人を呼び、今では四〇名近くの会員を抱えるまでになっています（目標は六〇名）。増加する一方で辞めていく人もいます。記録として残っているのは二一名。（後略）

これから二年後の機関紙（一九九六年一〇月付）に、資料として、九月九日の「最初の準備会」から一〇月一五日の「第一回全体ミーティング」に至る経過を会員の一人が書いている。これはおそらく「第一回全体ミーティング」に提出されたものの再録で「今日の全体会でこれまでの活動経過をみんなで確認しておきたいと思います」との言葉が見える。最初の準備会（宴会）の出席は約一〇名。大学から（ごくわずかの）金が出ること、その使い道について、会の名称などが報されたり話されたりした。その後、準備会三回をついやして議論を重ねた介助者募集のビラは九月二〇日に完成。さっそく学生寮で配り、あるいは香取さんの所属学科の教員会議に提出しつつ学内でも配布し、「九月三〇日の最終準備会会議の時点では会員名簿登録者は三〇名を越えました。目標（六〇名程度か）にはまだ届かないとはいえ、ビラの効果がそれなりにあったと一同喜んでいます」とのこと。たほうでは「当初考えられていたよりも多くの介助者が必要であることが判り、もっと『間口を広げて』、参加者各人の参加姿勢や頻度に多様性を重視する意見が強くなりました」。そうこうするうちに「五週間の準備期間はあっという間に過ぎました。香取君のお母さんは二週間前に元の職場に戻りました。本番はすでに始まっているのです」。書きうつしながら筆者には、そこで話す書き手の声が聞こえるような気がした。

当時の介助者のシフト、すなわち担当時間割は一日四コマ、八時三〇分―一三時〇〇分、一三時〇〇分―一八時〇〇分、一八時〇〇分―二二時〇〇分、二二時〇〇分―八時三〇分。香取さん自身が一九九六年三月、大学発行の教職員向け広報誌に寄せたレポートには「学生を中心にする四〇人余りの介助者が、月二回か三回入れ替わりに介助に来るわけである。二四時間要介助なので、夜は男性の介助者が一人泊まる」などとある。ちなみに先に○○の会の機関紙で言われた大学から出る金は、コマのうち八時四○分から一八時○○分までの授業時間中について、香取さんの「学習補助員」に支給する名目で○○の会代表人名義口座に振り込まれている。八時四○分はこの大学の始業時刻、一八時○○分は終業時刻である。一九九五年一○月に地方新聞が掲載した記事によれば、それは年間二一万六○○○円。機関紙には別の金額も書かれているが、いずれにせよこの金は会の運営資金として使われた。つまり当時の介助者たちはみな無償である。ただしかれらは無償を是としているわけではない。機関紙にも「バイトする時間で得る金と同じ金が介助する時間で得られるように」なり「介助をボランティアから脱皮させなくてはならない」とある。今はわずかの金を戦略的に使っているに過ぎない。

コマ割りは一日を四分割し、大学からの支給は朝方から夕方までを対象としたが、実際の配置は異なる。残された一九九六年一一月のシフト表（作成途中）では、月曜日から金曜日までは一八時○○分から八時三○分までのコマがうめられ、土日祝日と大学の休校日は全日分がうめられている。平日の八時三○分から一八時○○分までのコマはもとから斜線が引かれている。このコマすなわち平日の昼間、大学構内での介助は次段で見るとおり、香取さんには同行せず昼食時におちあって行うことになっていた。その担当者たちの割り当て表は別に作られたようでこのシフト表には記載がない。その何人かを除いてシフト表のみについて言うと、コマ数は八八（一一月は秋期休校があるためやや多い）、それを三○余名でうめている。なかにはひと月のうちに五回担当する者、金曜日の二二時○○分から土曜日の一三時

○○分まで担当する者もいた。かりにこれらに加えて平日の昼間すなわち授業時間中のコマをすべてうめようとすれば、あと延べ三〇名ほど、あるいはすでにいる三〇余名各人のもう一コマ分の担当増が必要である。

平日の昼間を含めて、先の地方新聞は香取さんの生活をこう伝える。「(前略) 朝はトイレに行かせ、食事を作って食べさせる。授業は、香取さん一人で電動車いすで移動しながら受けるが、昼食時は学生食堂で待ち合わせをして、食事を食べさせ、トイレに行かせる。夕方は食事を作り、食べさせ、風呂に入れて、トイレに行かせ、ベッドに寝かせ、夜は一緒に宿泊する (後略)」。ついでに言うが、この記事には「社会福祉協議会からのホームヘルパー派遣も、時間の折り合いが付かず、結局利用を一時中断」ともある。当初週二回の派遣はやがて月一回程度になっていた。

こうして少なくとも大学一年生、二年生のうちは泊まりの介助者に毎朝の支度をさせた後、香取さんはひとりで教室に向かった。学生寮は大学構内にあるからそこに絶対的な不可能はないが、ともかく夕方、ふたたび学生寮の自室に戻るまではひとりの時間であった。○○の会機関紙 (一九九六年二月付) にはこれにふれる記事がある。

○○の会では、香取君の介助のために去年から、介助者の学生寮への優先入居 (筆者補、香取さんの部屋に近い棟への割り当ての意) について、大学側と交渉を続けています。その結果、今年度は五名の介助者を優先的に入居させていただくことが出来ました。来年度の優先入居についても現在、交渉中です。

○○の会では、シフトを編成して毎日の介助を行っていますが、それでもシフトだけでは補えない場合があります。例えば平日のシフトは午後六時からで、香取君が学校から早く帰宅したり、風邪などの病気になって大学を休んだ時には介助者が誰もいないことになります。また帰宅時のドアの開閉やトイレなど、ちょっとした事でも、すぐに介助者が駆けつけられる距離にいる必要があります。(後略)

機関紙にはいくどか大学の担当者、学生寮の管理者などとのやりとりが紹介され、あるときはたらい回しに遭い、あるときは安請け合いのように口だけで回答する大人たちに不安をつのらせる様も伝えられた。もったいをつけた連中の態度はたとえば、ようよう部屋の決まった報告に「ほっと胸を撫で下ろした」と書いた○○の会運営委員の筆からもありありと想像される。とはいえ、いまさらそれを憤りながら書きうつすのは筆者のナイーヴが過ぎよう。じっさい、香取さんと介助者たちは困難にたじろぐばかりではなかった。一方では香取さんの経験と知識が蓄積され、またたほうではかれと○○の会のさまざまな活動も展開された。二〇一六年現在からの回想、香取「この頃、僕が頼りにしてたのは介護制度の情報誌があって、東京の障害者の人たちが全国の制度を紹介していた。それを見ながらとか、集会に行って得た情報で、そういうのでやりゃあやれるんだみたいな感じでしたね」。当時の資料そのものはほとんど捨てたというが、われわれはそれを自立生活情報センター編『Ｈｏｗ ｔｏ 介護保障』(現代書館、一九九六年)で知ることができる。また情報誌は現在も全国障害者介護保障協議会/障害者自立生活・介護制度相談センター『全国障害者介護制度情報』として発行され、香取さんらのセンターも定期購読している。「その情報誌のすごいまとまった冊子があるんですよ。福祉機器の借り方、生活保護の取り方、それこそ二四時間にする方法だとか、テキストみたいに分厚いのがあったんですよ。送られてきたのかどっかで貰ってきたのか分かんないけど、それを読みながら、みたいな感じですかね」。その一部だけは今もかれらの自立生活センターの本棚にある。

やがて一九九七年、二月付の「全体ミーティング」資料には「本会会員構成員が香取と同学年の割合が高いため、その会員が就職活動等で定期的にシフトに入れないことなどが考えられ」ると書かれた。かれは四年生になろうとしていた（そして結果的に六年間在籍する）。その学生生活後半、かれは以前のように毎日は登校せず、したがって昼間の介助者割り当てが必要になった。○○の会会員がシフトをうめ社会福祉協議会（社協）からのホームヘルパー九〇時間派遣を受けてもまったく用に足らず「あとは僕が自腹で、介助者をバイトで雇ってたってのもありました」とのこと。介助者が見つからずにひとりでいる時間もあったかれが金を費やして手足を求めたのは、なにがなんでもその時間に行くべきところがあったから。「とりあえず役所に行かなきゃなんない。運動ちゅうか活動ちゅうか、しなきゃなんないから、そのための時間に金は投資したんですね。その延長で（すぐ後で聞く大学卒業後に）生活保護取ったときも、いっちゃん充てなきゃなんないところにはしっかりできるだけ充てて、ほかは充てないみたいな」。こうしてかれの介助者たちは無償、有償、社協からのヘルパー等々の混成部隊となった。なおこの九七年二月以降、二〇〇〇年一月まで、○○の会の資料はすでに香取さんの手もとにはない。

ここまでが第1章「介助者という他人について」の大部分、一九九四年度から九九年度、六年間の学生生活の期間である。ただし聴きとりは卒業から一年半以上経った後におこなわれており、その間、二〇〇〇年度と〇一年度には大きな変化が続いた。後者は第2章「ピアカウンセリングの経験」とふかくかかわるためそこに含め、ここでは続けて九九年度末を含む二〇〇〇年度について概観する。

二〇〇〇年一月はいくつかの意味で転機であった。なによりこの一九九九年度末をもって香取さんは大学を離れ、アパートでの暮らしを始める。その準備を本格化させなければならない。〇〇の会もそれにあわせて態勢を整えなければならない。筆者の手もとには旧来の機関紙に代わって発行された〇〇の会「ニュースレター」がある。001号は二〇〇〇年一月付、「香取の最近と近未来」が次のように書かれている。

（前略）香取氏は学生生活が終わってしまうので学生寮から引っ越します。今度は民間のアパートに住みます。（中略）四月から学生ではなくなるので、大学から支給され運営にまわしていた学習補助費がなくなる。現在のストックは三〇万くらい。（中略）変わることの二つ目は生活保護をうけるようになること。また生活保護とは別に他人介護料なるものが香取には支払われる。月額一五万円。このお金は有償介助の枠を広げることに使われて行く予定。詳細は未定。

続く二月付002号には、卒業の季節、介助者の減数が紹介される。「現在会員数は、女性二六名、男性一八名です。そのうち女性五名、男性六名の方が介助に入れなくなりそうです。（中略）三月からの、男性担当分のシフトが厳しくなることは、ほぼ間違いないでしょう」。ここで見るべきは先の他人介護料の配分方法である。

（前略）このお金は、有償介助枠の拡大に使われていきます。まず、障害者の生活の安定＝介助者の確保を、有償介助の一番の目的と考えます。ですから、現状況で不足している男性介助者の確保に他人介護料を使っていきます。

今のところ女性介助者が、有償になる見こみはありません。女性が受け持っている時間帯は人数が足りていること、全員に払うほど他人介護料の額が大きくないことがその理由です。女性介助者の方には、そのことを心にとめておいてほしいなあ、と考えています。

もし、女性介助者のあなたが、晩ご飯シフトに入っているとします。一〇時に、男性の介助者（彼は有償介助者）がやってきます。お疲れさまでした、ではまた、と言葉を交わし、帰路に着きます。もしかしたら「彼って有償なんだよね。私は無償、女は家事無償でやるの当然なの？　むむ。」などといった想いが頭をかすめるかもしれません。

香取君にいわせると、「俺のせいじゃない。俺にいわないでくれ。」その通りです。すべての介助労働への賃金を保障しない誰かさん、のせいです。女性介助者の方には、有償介助を男性に限ってしまうことを前提とすることを、受け入れていただくことになります。（後略）

すでに先に、香取さんの六年の学生生活の後半では介助の手を確保するため「バイトで雇う」ことがあったと紹介した。他人介護料を得ることで、香取さんは介助者をもう少しばかり安定的に雇うことが可能になる。もちろんその額は限られているため、最も目的にかなう配分のしかたを工夫しなければならない。結局のところ三月付007号にて「四月から、○○の会介助体制はこうなりますよ」が告知された。その一部は次のとおり。

・無償（ボランティア）介助者はいままで通り月二回。
・有償介助者は原則として毎週一回（月四、五回）
・有償・無償介助者全員が入ってもシフトが埋まらなかった場合、無償（ボランティア）介助者に三回以上入ってもらうことになるかもしれない。その時は、三回目から上記の（筆者補・有償介助者と同じ）金額を支払う。

三月二〇日現在、有償介助者は三名。男性無償介助者は、五名です。あと一五コマほど埋めなくてはなりません。あと、最低でも二、三人（できればもっと）の有償介助者がいるとシフトが安定します。

奔走のかいあって直後の二〇〇〇年四月には七人、五月は六人の有償介助者が必要を満たした。さらには香取さんの卒業後もひきつづき募集をかけた学生たちもそれなりに集まったようである。五月付ニュースレターには「手ごたえのない新入生向けアッピールにもかかわらず、四月から新しく香取の介助をする人が増えました。有償介助として関わる人も増えたので、危機的状況はとりあえず脱出？　できたでしょうか」とある。さらに続けて「香取さんが□□市に自立生活センターをつくろうと動きだしているらしいです」とも書かれ、別面には「自立生活センター設立呼びかけ文」が掲載された。

2——第2章　ピアカウンセリングの経験

この章で紹介した聴きとりは二〇〇三年二月から三月にかけておこなった。それは香取さんたちがかれらの自立生活センターを設立して二年ほどが経ったころ。センターのさまざまな活動のうちとくに「ピアカウンセリング」に照準して聴いた。それらの背景を知るために、はじめに聴きとりのおよそ三年前、二〇〇〇年五月にもどってセンター設立の起点から確かめよう。

香取さんの介助をおもに担当する〇〇の会「ニュースレター」は、二〇〇〇年五月付の紙面に「自立生活センター設立呼びかけ文二〇〇〇年四月〝一歩ふみだせば、次もふみだせるのさぁ。〟」を掲載した。第一回自立生活センター設立準備会は五月二七日、呼びかけ人は香取さんら数人の障害者、協力者、〇〇の会とは別の介助者グループなどであった。二〇一六年現在からの回想、香取「そのころには近くで自立生活しているAさん、Bさん、Cさんや、もうちょっと介助の少ない軽度のDさんとかと連絡が取れていて。介助者がだぶっている人（たとえば香取さんとAさんの介助に入っている介助者）も多少いたけど、ほぼだぶってない（香取さん、Aさん、Bさん……はそれぞれに介助者を集めていた）ですね。情報交換はしていた。（香取さんの住む）□□市の人も、となりの××市や△△町の人もいます」。準備会は密度濃く継続され、第二回は二週間後の六月一〇日であった。

やがて、およそ一年後の二〇〇一年五月、かれらの自立生活センターが設立された。市内の文化会館集会室には四〇名ほどの参加者。設立趣意書の朗読、規約の承認につづけて行われた第一回総会で香取さんは語りかけた（センター機関誌二〇〇一年六月付号）。

あいさつ

□□市自立生活センター　代表　香取

（前略）私は□□市で九四年から自立生活というものをしてきました。それは全てのことについての戦いといっても言い過ぎではないと思っています。行政はもちろん、ときにはボランティア、同じ障害者でさえ闘う相手でした。その中で、私は私に差し迫るさまざまなことに関して、考え、整理し、立場を決める、多くの事柄に関して自覚的になる作業をしてきたのだろうと思います。介助とは何か、介助者とは何か、友達とは何か、恋人とは何か、他者とは何か、差別とは何か、障害とは何か、障害者とは何か、男とは何か、女とは何か、働くとは、死とは、……。そして、この作業はこれからも続くのだと思います。（後略）

二〇〇一年度活動計画、予算では、介助サービスは「随時行う」とされ、予算収入の部には「介助派遣サービス介助料　五八万八〇〇〇　七〇〇円×七〇時間×一二カ月」、支出の部には「介助料②　五八万八〇〇〇　介助サービス協力者へ支払い」とある。また香取さんらは自立生活センターと併行して同年のなかばに「特定非営利活動法人H」（以下Hと略）を設立して有料介助派遣事業を始めている。介助派遣はこの先しばらくのあいだはセンターとHがともに実施し、支援費制度の開始にともない二〇〇三年四月からはHのみの実施（制度にもとづく居宅介護事業、および従前からの有料介助派遣事業）となる。

二〇〇二年二月、センター機関誌は「中間活動報告」を掲載し、およそ半年間の実績や問題点をあきらかにした。その一部は次のとおり。

▼介助派遣サービス

3・活動実績（二〇〇一年一二月三一日現在）

介助会員三〇名（男一四名・女一六名）　利用会員一九名（男七名・女一二名）。

利用者数一二名　利用件数二〇一件（うち移送サービス五八件）　利用時間六六九時間。

5・問題点と今後の課題

（前略）サービス開始から四カ月くらいまでは制度運用の不手際が目立った。（中略）九月の利用者会議を境にトラブルは減少し、需要と供給のバランスが保たれ、派遣体制は一時安定した。／しかし、一二月から利用申し込みが急増した。（中略）自立生活障害者がそれぞれ独自に確保してきた介助者が激減し、自力で立て直すことが不可能になったため、センターに依頼を要請してきたためである。センターには依頼の急増に対応できるだけの介助力がなく、断らざるを得ないケースが集中的に発生した。／（後略）

▼ピアカン・ＩＬＰ（各種講座、プログラムの実施・参加実績、今後の課題等：略）

▼介助保障

３・活動実績

□□市では、今年度秋より介助保障の新たな交渉を始めた。これまでは、地域で自立生活する障害者数名により五年間□□市と交渉を重ねてきた。その結果、ホームヘルプサービスについてはそれまでの約倍の九〇ｈ／月、ガイドヘルプサービスについては全身性障害者への実施を獲得し三〇ｈ／月となった。もちろんこれでは介助保障にはほど遠い。／（中略）こちらとしても、障害者それぞれのニーズが多様なこともあり、具体的に個々人のニーズを絞り込めず抽象的・理念的な交渉になり、□□市とかみ合わなかった面で押し切れなかったのではないかと思う。／（中略、そこで）新たな交渉の中では、国の指示を再度強く示すと共に、利用者を絞り込むこと・具体的に介助ニーズ、時間を示し取り組んでいる。その結果、ホームヘルプサービスについて三〇ｈ／月の時間数アップを獲得した（筆者補、すなわちホームヘルプサービスの利用時間数の上限が一二〇ｈ／月となった）。

文中の用語について補う。「▼ピアカン・ＩＬＰ」の「ＩＬＰ」とは「自立生活プログラム」（Independent Living Program）のことで、全国自立生活センター協議会ほか（編）『自立生活プログラムマニュアル〈入門編〉』（一九九七年）によれば、それは『障害者の、障害者自身による自立に向けての情報提供・交換やトレーニング」である。プログラムを実施するのはセンターだが、介助派遣を行う

Hの活動とも密接に重なり合い、後のHの事業報告書でもいくども言及される。

また、この間のようすを伝えるもうひとつの資料として機関誌同号に掲載された香取さんの「講演会」（二〇〇一年一二月実施）報告を見ることができる。かれは「障害に関わりなく地域で生きるために」と題して一般論と個別事例を話した。

（前略）□□市で自立生活している人が四、五人います。その人たちはそれぞれ介助者不足問題というものを常に抱えているのですが、これは個人の問題ではないということで、私達は一緒になって、約五年間□□市に対して介助保障の要求をしてきました。時間数は多少なりとも伸びたりしてきたのですが、現在の状況はホームヘルプサービスが最大時間月九〇時間で、ガイドヘルプサービスが月三〇時間、あわせて一二〇時間ですね。それから障害者の生活保護というものが出る場合があり、同定《ママ》のサービスでも足りない人に対して介助料が加算されます。それは一日だいたい四時間なので月に換算すると一二〇時間で、先程の一二〇時間を足すと二四〇時間になるわけです。一カ月は七二〇時間あるので、二四時間介助が必要な人にとっては全然足りないし、地域で生活することがほとんど禁止されているに等しい状況なわけです。そういう状況が□□市にあります。

一方、厚生労働省からは、ホームヘルプサービスというのは必要な人に必要なだけのサービスを提供しなさい、二四時間必要な人には二四時間、一八時間必要な人には一八時間提供しなさいと言っています。そして、実際に時間数の上限を設けているところは「上限を撤廃しなさいよ」ということを一〇年前から言っています。厚生労働省が「上限を撤廃しなさいよ」と言っているだけではなくて、お金もちゃんと出して予算として持っているわけなんですよ。（国、県、市町村の具体的な負担割合について、中略）ところが実際になると、その厚労省の指示は結局どこに行ってしまったのかなということになっていくわけです。

それから、誰に介助してもらうかということに対しても厚生労働省は言っています。（中略）「障害者のニーズに合ったヘルパーを派遣しなさい」、「その場合ホームヘルパーの研修というのも登録して働きながらでも良いですよ」ということを言っています。しかし自治体レベルになると研修が必須のようになってしまい、障害者に都合の良い人というのはなかなか派遣してもらうことができないという状況がある。（後略）

ここまでに示され、話されたことがらのいくつかについて、二〇一六年の現在から香取さんに解説してもらおう。まず自立生活センターの活動実績から。「利用者数一二名　利用件数二〇一件（うち移送サービス五八件）　利用時間六六九時間」の数字にもとづけば、利用者一人あたりの介助派遣時間は六六九／一二すなわち五六時間弱。香取さんの「講演会」録によれば自立生活（一人暮らし）をしている利用者は四、五人とのことだからかりに介助派遣をその五人だけが受けたとしても一三〇時間ていど。いずれも五月から一二月までの総時間数である。つまりセンターからの介助派遣は利用者各人、まだごくわずかにとどまる。香取「利用者の何人かはそもそもそれ以前から自立生活している人で、それぞれ僕とほとんどおなじしくみ、制度と他人介護料でやってたと思います」。制度とは社協からのホームヘルパー、それに香取さんにとっての「〇〇の会」にあたる介助者グループからの支援があり、他人介護料なども使って夜間介助等に金を出していた。センター設立後はこれらにくわえて、必要に応じてセンターに介助派遣を依頼し、一時間あたり介助料金七〇〇円と事務手数料一〇〇円を支払う。筆者、それらの組み合わせなどは利用者が各自でマネジメントをしていたのか。

香取　このころは当事者の人たちが集まって、どうしていくかの話し合いをしていましたね（「中間活動報告」文中の「利用者会議」はこれである）。他人介護料から支払う金額にかんしても、最終的には一人ひとりが決めることだけど、相談して。持ってるお金ってみんなほとんど一緒だから、たとえば一泊五〇〇〇円払うと月にいくら、残りがこれくらいで、制度（社協のホームヘルパー）はこれだけ。ボランティアに金を払っていくよりは専従の人がやっていった方が、その人の生活も成り立たせていかなきゃなんないからそうしよう、みたいな話はしていたと思います。

末尾について補う。センターとHが雇用していた介助者のほとんどはアルバイトだが、センターの運営にもたずさわって介助活動から生活のためのおもな収入を得ようとする人びともいた（前段香取さんの言う「専従の人」）。当時は三、四人だったというかれらを、利用者たちが調整しながらできるだけ多く有償介助のコマに割り当てたのである。

しかし、むろんそれだけでかれらの生活に足りるはずはない。そこで活用したのが「登録ホームヘルパー」の手法である。詳細は時期や地域によってさまざまに異なるが、先駆的な事例は先の『Ｈｏｗ ｔｏ 介護保障』に見ることができ、香取さんたちもそれに倣った。先の三、四人は□□市社会福祉協議会の登録ヘルパーとなり、香取さんらのもとに派遣されてきた。香取「その人たちは社協に登録して時給が払われる。それに僕たちが他人介護料も払いつつ、あとはいくつか助成金も合わせて」。このやり方は一方で、何人かの専従者の収入をごくわずかなりと支えた（念のため重ねて言うがあくまでわずかに支えた程度である）。のみならずあわせてもう一方で、香取さんが講演で言った「誰に介助してもらうか」という課題にも応える、すなわち社協から派遣される「障害者に対応できない」ヘルパーを「障害者の都合の良い人」に代える方策でもあった。

細部を確認したところで、一部の時期は重複するが、あらためて香取さんたちの自立生活センターの開設から二年間のありさまを見よう。初年度は二〇〇二年七月のセンター定期総会に提出された「二〇〇一年度活動報告」（二〇〇一年五月―二〇〇二年四月期、センター機関誌二〇〇二年六月付号掲載版）から介助派遣サービス部分のみを見る。

▼介助派遣サービス

3・活動実績（二〇〇一年五月一九日―二〇〇二年四月三〇日）

（前略）今年に入り、泊まり介助の利用が増加し二四時間派遣体制が実現した。また決まった曜日、時間帯に派遣を希望する定期利用者が増加し、これに安定して派遣できるようにするため、ＮＰＯ法人Ｈの常勤介助者を増員することで利用者の介助保障と介助者の身分保障の両立を図った。その結果、現在センター・Ｈ合わせると月約一一〇〇時間の派遣となった。これは発足時の三倍に相当する。（後略）

続けて二〇〇三年六月の定期総会に提出された「二〇〇二年度活動報告」（二〇〇二年五月―二〇〇三年四月期、センター機関誌二〇〇四年六月付臨時増刊号掲載版）から一部を見る。

▼介助派遣サービス

3・活動実績（別表から一部抜粋）

利用した会員　一七名（男九名・女八名　および三団体）（身体障害者一二名　知的障害者三名　障害児二名）

介助した会員　三五名（男一三名・女二二名）

	利用者数	利用件数	利用時間数
五月	八名	八一件	三〇二・〇時間
六月	六名	六七件	三三九・〇時間
（中略）			
二月	九名	八三件	四二四・五時間
三月	一一名	一三四件	五六〇・〇時間

4・成果

（前略）センターとしての派遣以外に、ＮＰＯ法人Ｈで常勤6名の介助派遣を毎月約八〇〇時間程度行った。

（中略）／二〇〇三年四月からは支援費制度がスタートした。Hがこれを行い、センターとしては移送サービスのみを行うこととしている。（後略）

▼介助保障

4・問題点と今後の課題

（前略）二〇〇三年四月より始まった支援費制度では、国より補助金の上限設定がなされたため、市町村ごとの補助金金額を確認した上での交渉が必要となり、市町村との対し方もこれまでと変わってくるところが出てくるだろう。他のCIL（筆者補、Center for Independent Living 自立生活センターの略称）等と情報交換しながら対応していきたい。しかし、これまでのように介助者をどこかの事業所に登録させなくてもよくなったので、シンプルに必要な時間数を市町村に提示して交渉することができるようになった。

あらためて、香取さんらがセンター、Hなどから介助派遣を受ける時間数を計算してみよう。初年度は「センター・H合わせると月約一一〇〇時間」とある。年度の途中からHが活動を始めたことで派遣総時間数が大幅に増加したとはいえ、先ほどの試算と同じく五人のみがすべての派遣を受けているとしても月に二二〇時間。これに上限が月あたり一二〇時間になったというホームヘルプサービスを合わせても三四〇時間。これはひと月の総時間、七二〇時間には四〇〇時間弱足りず、各人はそれぞれで介助者を確保し続けなければならない。次年度についてもセンターが月四〇〇時間、Hが月八〇〇時間、利用者五人であっても一人あたり二四〇時間で変化は小さく、やはり障害者は一人ひとり、それぞれの介助者グループによる介助も継続せざるを得なかった。これらについて二〇一六年現在からの香取さんの回想。

香取　つい五年くらい前までは（筆者補、すなわち二〇一〇年くらいまでは）、たとえばAさんだったら「チームA」、Bさんには「Bの会」とか、それぞれ九〇年代に立ちあげた自分たちの介助者グループを維持してたんですよ。生活保護の他人介護料で安い時給で入ってもらったり、ボランティアだったり。僕で言えば「〇〇の会」は、二〇〇一年とか二〇〇二年に入ってきた人たち（おもに学生）が卒業する二〇〇四、五年くらいまでは活動していて。だからHとは別に〇〇の会から来ていた人もいます。まあ、〇〇の会はそこまでですけど。

ところで今しがた筆者は、香取さんやAさん、Bさんがそれぞれの介助者グループを継続せざるを得なかったと書いた。たしかに介助保障の不足を言う立場からはそれを否定的に捉えなければならないが、回想のための筆者との対話のなかで香取さんは、少しく異なる事情をも教えた。二〇〇三年ころの介助者確保の難しさ、複雑さを聞きながら二〇一六年現在について「むかしに比べて今はえらく安定していますね」と言った筆者に、香取「まあ、しくみはすっきりしていますよね。（しかし当時について見れば）利用者の人たちも自分だけの組織（〇〇の会、チームA、Bの会）があるっていうことのメリットもあるわけですよ。たとえば時岡さんは僕のところしか来ない。時岡さんはすごいいい人で、使える人で、その人が自分のところだけ来る。さらに（日程変更など）いろいろ融通利かせられる。フレンドリーな面（個人的な親密さ）も残せている、みたいな。だからなかなかぜんぶを自立生活センターやHからの派遣にしたいと思っていたわけでもないんですね」。対照的にそうした経験を持たずに自立生活を始めた障害者たちはどのようであろうか。筆者の興味はつきないが、ここではおいて先に進もう。

3——第3章　障害当事者の主体性と非力

この章で紹介した聴きとりは二〇〇六年五月と六月におこない、二〇〇七年二月にも追加で聴いた。けれど話題の中心は二〇〇五年一一月からの三カ月、香取さんが病床にあったころの経験である。それは前の章で聴いた二〇〇三年からひきつづいたいわゆる支援費制度の期間であるから、ここでもまず同制度下の香取さんたちの自立生活センターと特定非営利活動法人Hについて確かめよう。

あらかじめの断りを二点。ひとつは、これまでに引用したセンターの会計年度は五月に始まっていたが、Hの会計年度との整合をとるために一〇月開始に変更された。もうひとつは、先の活動報告にあったとおり二〇〇三年四月からはHのみが介助派遣を実施し、センターはピアカウンセリングや介助保障、権利擁護・相談等の活動を担う。ゆえにこれ以降、介助派遣についてはHが作成した資料から引用し、介助保障等についてはセンターが作成した資料から引用する。

まず二〇〇三年一〇月—二〇〇四年九月期の介助派遣について、Hの「二〇〇四年度事業報告書」

（センター機関誌二〇〇四年一二月付臨時増刊号掲載版）から一部を見る。

Ⅱ・事業の実施に関する事項

（前略）二〇〇三年四月に支援費制度がスタートして一年半が過ぎた。支援費によって安定した収入を得ることによって、常勤職員や介助会員を確保するための土台作りができた。それが、重度障害者の自立生活や社会参加の支援の向上につながっている。（中略）／コーディネーターの介助負担を軽減し業務に専念できるよう努め、さらにスタッフを追加して役割分担を行った結果、コーディネート業務全体の向上につながった。／（後略）

別表：二〇〇四年度派遣事業（一部）

利用者：二六名（支援費利用一九名・有料介助利用二六名　筆者補・これらは重複している）（男一一名・女一二名・三団体）（身体一四名・知的二名・児童七名　筆者補・合計二六名にならないが原資料を確認できないためそのまま引用する）

介助者：一一九名（男二四名・女九五名、うち常勤介助者男四名・女六名）

月	一〇月	一一月	（中略）	八月	九月
派遣時間数（時間）（①＋②）	三一九〇・五	三一四二・五		三三七〇	三三八〇・五
（①支援費による派遣）	一四五二	一三三五		一四二二・五	一四四六

（②有料介助サービス）	一七三八・五	一八〇七・五	一九四七・五	一九三四・五
利用件数（件）	四六五	四四三	五一七	五一二
利用者数（人）	一六	一七	二〇	一九
介助者数（人）	六四	六九	七一	七一

ここでもやはり介助派遣の時間数を確認しよう。別表から筆者が計算すると、支援費による派遣、有料介助サービスの総計は一二カ月で三九一八八・五時間、かりに五人の障害者だけがすべての派遣を受けているとしてもひと月に六五〇時間余である。

たほう、同期の自立生活センターの「二〇〇四年度活動報告」（センター機関誌二〇〇四年一二月付臨時増刊号掲載版）からは二点にとくに注目したい。第一は支援費制度への対応状況である。それはこの頃、センターの「介助保障」活動の中軸であった。

▼介助保障

3・活動実績

二〇〇三年に始まった支援費制度の一年ごとの更新手続きが、三月から、それぞれ受給している障害者に対して行われた。その際の調査に対して利用会員の相談をうけ、希望者には調査の際に立ち会った。また、支給決定に対しての不服申し立てについても、利用会員に協力し提出した。（後略）

調査、決定、不服申し立て、更新などと書かれているが、ようするにそれらは市町村担当者との「交渉の話なんです」(香取)。目指すべきは三六五日、二四時間相当の支給決定である。「二四時間にするために交渉する、(センターは)その支援をしているってことなんです。ただ『二四時間くれ』って言ってもくれるわけないから、事細かに、寝ているときも含めてどういうニーズがあるのかっていうのを書かなきゃ(書面にして提示しなければ)ならない。ニーズがないところには□□市も支給しないから『いや、こっちにはちゃんとニーズがあるんです』っていうことを一生懸命言う、と」。それは障害者一人ひとりに求められ、一人ひとりが神経をすり減らした。参考までに□□市のばあい、二四時間支給決定を出し始めたのはさらに制度が変わって二〇一〇年ころのことである。

第二は、センターとHが始めた子どもたちへの介助派遣とはたらきかけである。子どもたちはセンターでは「キッズ」と呼ばれた。

▼キッズ

3・活動実績

(前略)キッズの様々な活動は、子どもたちの将来の自立に向けてのステップであると考えている。ゆえに、できる限り親の介助なしに参加できるように常に配慮してきた。/親以外の人の介助を受けるためには、ヘルパーは当然必要とな(るが、)(中略)、子どもたち全員が支援費の支給を受けているわけではなく、申請の申し込みが福祉課の窓口で断られるといったケースすら何件か発生した。断られる理由は「病気などで介助できない場合以外は、当然子どもは親が介助するべきだ」というもので、大きな疑問を持たざるを得なかった。そのため児童支援費についてはセンターの事務所で「学習会」を行った。支援費の基礎知識（居宅介護サービスには、移動・身体・身体を伴う移動があるといったことから）や、どのような活動に支援費が使え、また使えないかなどの説明をHの職員から受けた。（後略）

センターは介助派遣とは別に「ウォークラリー」や「お好み焼きパーティー」なども行い、子どもたちの「チャレンジ」をうながした。二〇一六年からの香取さんの回想。

香取　（児童居宅介護等事業、児童デイサービス事業などが支援費制度の対象となり）利用者の人に小学生の子どもがいて、始めたのかな。やっぱり制度ができたりして、自立生活する環境っていうのが、道具的なものはなんとなく揃ったけど、でも結局その道具使いこなせるだけの障害者がいないな、みたいな（苦笑）。石ヤリはできたけど石ヤリ使いこなして狩りできる障害者がいない……（苦笑）。制度としてぜんぜん役に立っていない（不十分な）ところもあるけど、そもそも「自立生活していこう」っていう障害者がいないっつうのか……。（中略）だから僕はそこで、二〇代、三〇代（の障害者）とかに働きかけてもたいへんだから、もっと若い世代から、〝稚魚〟ですよ、それを川に放流してみたいなことをせにゃならんなっていう（小笑）ふうに思って、子どものうちからヘルパーとか使う練習を（してもらう、のみならず）親にもこうやってヘルパー使えば、子どもも自己実現していける、親も楽なんだよねみたいなことを早い段階で言っていかないとあかんぞ、と。親も頭が固くなるし、子どももどんどん〝いたんで〟くる。（筆者、トレーニングの意味あいがつよいということですか？）そうですね。今（二〇一六年現在）その子たちが一〇年経ってるから二〇歳くらいなんですよ、ちょうど。で、そのなかで一人自立生活してて、もう一人自立生活したい人がいて、みたいな感じなんですよね。

たしかに筆者もここまでずっと、介助派遣の時間数を試算するのに□□市周辺で自立生活する障害者を五人としている。それは実際にそのようであったから。香取さんの言うとおり、自立生活はそれを「しよう」とする障害当事者がいなければ実現しない。

前段をふまえれば、次の年度はセンターとHにとって「特筆すべき」一年であった。この年、EさんとRさんが自立生活を始めたのである。Hの「二〇〇五年度事業報告」（センター機関誌二〇〇五年一二月付臨時増刊号掲載版）から、二〇〇四年一〇月―二〇〇五年九月期の介助派遣について一部を見る。

Ⅰ・主な成果や取り組み

イ：重度障害者の自立生活の実現

□□市のEさんが二〇〇五年四月から、Rさんが二〇〇五年九月から、それぞれ自立生活することになり、彼女たちの依頼を受けて二四時間の介助派遣を実施した。

センター／Hではこれまで、すでに自立生活している障害者数名の二四時間派遣は行ってきたが、今回初めて相談の時点から団体として二人に関わり、介助派遣・ILP・ピアカンが一体となって自立生活の開始を支援することができた。

カ：当事者主体の理念を生かした派遣
（前略）障害の特性や社会経験の少なさにより自己決定が困難な状況にある利用者に対しては、介助に関わることに限らず、地域で生活するために必要な日常的行為について、ピアカン・ILPの視点からサポートした。／（中略）／利用者自身にも、求人から研修までの過程に関わってもらい、介助者を自ら選び育てる力をつける手助けをした。派遣全体に利用者が関与する機会を増やしたことで、担当者以外の当事者の中にも、「当事者同士の支え合い」の意識が高まったように感じられる。

別表：二〇〇五年度派遣事業（一部）
利用者：三一名（支援費利用二四名）（男一四名・女一六名・一団体）（身体一八名・知的二名・児童一〇名
筆者補・合計三一名にならないが原資料を確認できなかったのでそのまま引用する）
介助者：一二七名（男二六名・女一〇一名、うち常勤介助者男四名・女六名）

月	一〇月	一一月	（中略）	八月	九月
派遣時間数（時間）（①＋②）	三五三〇・五	三五七一		三八四三・五	四五〇二

（①支援費による派遣）	一四七七	一三九七・五	二二四五	二八八七・五
（②支援費対象外）	二〇五三・五	二一七三・五	一六九八・五	一六一四・五
利用者数（人）	二〇	二〇	二一	一九
介助者数（人）	六七	七二	七六	九一

おおよそここまでが第3章「障害当事者の主体性と非力」で聴いた期間におもに関係するのだが、二〇〇六年度四月以降の障害者自立支援法への対応をみるため、続けて二〇〇五年一〇月—二〇〇六年九月期の事業、活動も確認する。まずHの「二〇〇六年度事業報告」（センター機関誌二〇〇六年一一月付臨時増刊号掲載版）から。

1・主な取り組みと成果

（前略）四月より障害者自立支援法が施行され、それまでの支援費制度に基づくホームヘルプサービスは、障害者自立支援法に基づく介護給付サービスへと移行した。（後略）

ア：派遣実績

派遣状況を一日あたりで換算してみると、おおよその利用者数は一一名、利用時間数一六六時間。介護従事者数二二名。これを障害者一一名、健常者六名のコーディネーターが支えている、ということになる。

イ：利用者および利用時間の状況

男女とも一五名。新規利用の問い合わせや申し込みは三〇件あり、このうち八名が入会した。今年度新たに利用したのは七名だった。利用時間数は年間で約六万時間（昨年比約一万四三〇〇時間増）、月平均五〇〇〇時間（同一二〇〇時間増）と過去最も大きく伸びた。（後略）

ウ：介助者の状況

常勤職員一二名、契約スタッフ一名、その他登録介助者一三八名が従事した。毎月九〇―一一〇名程度が活動している。男女別の内訳では、男三一名に対し女一二〇名。今年度新たに採用・入会したのは男性八名女性三一名で、ともに四倍の差がある。男性介助者も女性と同様に募集したものの、応募数が少なかったり、良い人材が見つからないなど採用を見合わせるケースが少なくなかった。

（中略）

介助の安定と質の向上のためには、一定の収入を得て長期間働ける人材を確保して育成していくことが重要であると考え、雇用条件や募集方法を改めた。大学新卒者に対する就職説明会を初めて開催し、一名を常勤職員として採用した。契約スタッフ制度を作り二名を採用した（うち一名はその後常勤職員にした）。これにより、四月以降の専従的介助者の割合をやや高めることができた。その後は採用後も介助を継続していけるような研修に取り組んでいる。

腰痛を訴える介助者がみられるようになり、その対策として介助用ベルトを勧めたり、利用者に対してリフト式昇降機など福祉機器の導入を勧めた。

エ：コーディネーター

男性二名、女性三名、キッズ一名が従事した。（中略）求人と研修以外にも、利用の受付、シフト編成、派遣記録の入力管理、利用料請求、給与支払い、制度変更への対応、利用者と介助者双方の相談援助など派遣に関するあらゆる業務がコーディネーターに集中しており、常に役割分担の見直しを意識しながら活動している。

また同報告書末尾には「理事長である香取が骨折事故に遭い、一一月下旬より二月末まで三カ月以上休職せざるを得なくなった。当事者団体のリーダーが業務遂行不可能な状況で自立支援法や移送サービスの制度移行への対応、求人や研修を進めることになった」などと書かれている。たほう、同期の自立生活センター「活動報告」（センター機関誌二〇〇六年一一月付臨時増刊号掲載版）にも、この間の障害者自立支援法への対応経過が列記されている。また同様の記事はセンター機関誌各月付号にも掲載され、たとえば四月付号には「障害者自立支援法勉強会のお知らせ～障害区分判定と支給決定までの流れ～」が告知された。関連して、利用者の一人が七月付号に寄せて書いた「交渉の記録」から。

三月末、障害福祉課の担当者が、私のアパートに聞き取り調査に来ました。日常生活支援の時間数が去年と同様三五〇時間しか出ないと言われました。「それでは少ないので困ります」と言いましたが、聞いてくれませんでした。センターのコーディネーターと相談して、改めて一緒に交渉に行きました。

（中略、県の福祉課に『不服審査請求』をした。）

その後連絡があり、「五〇〇時間になりました」といううれしい知らせを聞きました。福祉課の話では、「県と町と〇〇さんの関係がこじれるといけないから」という理由で、時間数を増やす代わりに『不服審査請求』を取り下げてほしいと言われました。念願の五〇〇時間になったので、ほっとしました。

また秋から制度が変わると思うので、この五〇〇時間だけはキープしたいなと思っています。


制度と格闘を続ける彼女はまた、その月、七夕の短冊に「金曜夕食介助者がみつかりますように!!」と願った。

4――第4章 自立生活の手間と厄介

この章で紹介した聴きとりは二〇〇八年から二〇一一年にかけておこなった。先に二〇〇六年九月までの自立生活センターと特定非営利活動法人Hの活動報告、事業報告を見たから、ひきつづきそれ以降、二〇一一年度までのありさまをたしかめたい。

Hの「事業報告」にもとづき二〇〇七年度（二〇〇六年一〇月―二〇〇七年九月）から二〇一一年度

（同前）についてまとめると、利用者総数は三二―三七名、うち介護給付利用者は二十数名、児童が四―一〇名おり、児童を除き利用者は男女半半ほどである。また介助者は常勤職員が一一―一三名、契約職員が三―五名、登録介助者（アルバイト）が一〇〇名程度（最大は二〇〇七年度の一二二名、最小は二〇一一年度の九六名）である。

各年度の派遣時間数と内訳は次のとおり。総派遣時間は「介護給付」「移動支援」「有料介助」「福祉有償運送」の総計だが、ここでは総派遣時間のほかは「介護給付」「有料介助」のみ内数を示す。

	総派遣時間	うち介護給付	うち有料介助	利用者総数	介助者総数
二〇〇七年度	六〇六八九・五	四二七九一・五	一六八二七・〇	三七	一四〇
二〇〇八年度	六一一六八・〇	四一四八一・〇	一八四四七・五	三四	一三五
二〇〇九年度	五九三四〇・〇	四一一四四・〇	一六六四七・五	三二	一二三
二〇一〇年度	五四九二四・〇	四一四六〇・五	一一八六三・五	三四	一一五
二〇一一年度	五七三〇七・五	四四六三一・〇	一〇九九〇・五	三三	一一一

では、各年の「事業報告」本文には何が書かれているか。特定非営利活動に係るおもな事業としてHは「介助派遣事業」「ホームヘルパー養成研修事業」「福祉有償運送事業」を実施している。二〇〇七年度報告には「二〇〇六年一〇月から障害者自立支援法が施行され、介護給付と移動支援事業によるヘル

パー派遣を行った。また前年度に引き続き、有料介助サービスを行った」とあり、二〇一一年度まで同様である。派遣実績としては、年度ごとの派遣時間数の変化、介助者数が漸減するさまとともに、登録介助者が減ったために常勤職員、契約職員を派遣する割合が増えた旨にもふれられている。利用者の状況としては、各年次にいずれも数名の新規利用者があったこと、しかし「介助者不足などで新規利用を断ることもあった」経緯のほか、時時に注目すべき課題が紹介される。たとえば二〇〇七年度は「生活上の相談や介助者と付き合うなかで出てくる悩みなど、ＩＬＰ担当やコーディネーターを中心に随時対応している」、二〇一一年度は「医療機関との連携が必要なケースが増えた」など。前者については二〇〇八年度にも「自立生活する利用者には生活全般についての自己決定ができるように支援をし、その他の利用者については外出介助の派遣が多く、できるかぎり本人にルートを調べるなどしてもらい派遣した」旨が書かれ、自立生活運動の理念に沿った利用者の育成に取り組むセンターのようすもうかがい知れる。さらに二〇〇九年度には、利用者だけでなく利用者家族や介助者の体調不良への対応にも迫られた。「利用者の家族が緊急入院し、急遽二四時間体制での介助依頼があった。利用者本人、家族、福祉課担当者、障害者相談支援事業担当者と話し合い、一週間ほどＨでほぼ二四時間体制の介助派遣を行い、その後ショートステイを利用することとなった。家族の退院後も、緊急時に備えた体制作りや今後の生活スタイルについて本人と相談しながら関わっている。また利用者本人が体調を崩し、約一カ月半入院したこともあった。入院中の対応はもちろん、退院後は利用者の生活の変化にあわせて、その体制作りを本人と共に行った。／その他にも、腰痛対策としてリフトや室内移動用の台車など福祉機器を導入する支援（中略）など、様々な利用者の生活の変化にあわせ、対応をしている」。腰痛対策とは介助者のそれであり、次項、介助者の状況報告でも取り上げられる。

介助者をめぐる課題は大別ふたつ、人手の確保と、介助者の不調にたいする手当てである。人手の確保にはさらに新規の採用と継続の二課題があり、二〇〇七年度には「介助者の募集は、求人誌掲載一一回、周辺大学での学内掲示（常時）、びらまきをした。求人には相変わらず苦労している。特に、男性職員の確保には苦労し、原則同性介助のため、男性利用者の依頼を断らざるを得ないことが増えている。（中略）介助をしながら感じる悩みに随時対応するとともに、利用者が安心した生活を送ることができるように、また地域で暮らす障害者のことをより理解してもらえるように、介助者向けの研修の場を作っていく必要を感じている」と書かれた。二〇〇八年度、〇九年度ではあわせて介助者の腰痛や労働環境にたいする不満、要望にも注目したい。二〇〇八年度「男性、女性とも土日休日の介助依頼に対して従事できる介助者が少なく、利用者に依頼日を変更してもらう場合やコーディネーターが対応する場合が多くなっている。また今年度は利用者の怪我のため約二カ月間緊急な介助派遣に対応することがあった。介助者も腰痛のために長期間介助に従事することができなくなってしまい、そのための臨時対応もした」。二〇〇九年度「これまで学生団体で支援をしてきた介助枠について、特に介助者が不足しているため、求人状況をみながらＨの関わり方を変えてきた。／腰痛やアレルギーを訴える介助者がみられるようになり、利用者に対して移動用リフトを導入することや部屋を清潔に保つことを勧めた」。利用者の自室の掃除についてはその一例を香取さんに聴いた。

すでにいくらか言及されたとおり、前段までの報告にあるような利用者の相談を受けたり介助者の訴えを取り次ぐのはコーディネーターたちである。その全体像を二〇〇七年度報告は「六月から男性二名（一名はキッズも担当）、女性五名の新体制で活動している。（中略）コーディネーターが増えたことで、これまで一部に集中していた役割の分担が進み、より深く利用者の生活に関わる方向に向かっている。また、コーディネーター同士で状況を共有し、連携することを大事にしている」と紹介している。かれらの苦心のこと細かを言うのは事業報告書の任ではないが、わずかの一端をごくひかえめに伝える一文もあり、たとえば二〇〇九年度には「コーディネーターは、利用者の支援において中心的な役割を担っており、業務内容が様々で、日々起きる出来事への対応に労を費やすことも多い。利用者の支援をしながら、スタッフ同士が支え合うことも大切なことである」と書かれた。またこれも先に挙げられたとおり、このころから医療とのかかわりが頻繁となり、二〇一一年度には「訪問診療・訪問看護・訪問リハビリなどの医療関係と連携を取りつつ、利用者の生活の支援を行った」と報告された。

続けてセンターの「活動報告」を見る。あらたに生じた事態として「近年家族が病気になったりして、急に介助が必要になったりするケースがおこっているため、その対策につながるような支援も必要だと感じる」と問題提起された二〇〇八年度、ひきつづいて「ＩＬＰでは昨年度家族が病気になったときのことが課題としてあげられたので、そのことを内容として取り上げた」二〇〇九年度、および「介助者との関わりでトラブルが多くあったことをうけ、改めて介助者との関係について考える自立生活プログラムを開催」した二〇一〇年度の各記述を紹介しておきたい。またこれまで「キッズ」の項目で報告されていた子どもたちは成長し、それに応じて二〇一一年度には「障害を持つ高校生の宿泊体験を実施」した。すなわちキッズから一般の自立生活プログラムへの移行がはかられたのである。

つづく「介助保障」の項目では年度ごとに、居宅介護サービスをめぐる種種の支援が報告された。二〇〇七年度は「サービスを利用する本人が必要なサービス内容、時間数を窓口で伝えられるようにロールプレイを交えながら支援した。その成果として、本人が窓口で伝えられたことで必要性が担当者へ直接伝わり、やりとりがスムーズに行われたように思う。また、当事者本人も自分が使えるサービスを理解し、変更の手続きの仕方の理解にもつながり自信を深められたのではないだろうか。今後ともこのような形で必要な介助保障を獲得出来るように支援していきたい」と述べ、介助が「手続き」の語と不可分になった今日的状況を概括した。二〇〇八年度以降は「介助保障」と「権利擁護・相談」の項目が併せられて、あらためて「自立支援法以降、公的サービスを受給するためには具体的な介助の必要性を自治体窓口担当者に伝える必要があり、そのための支援をしていく必要がある。ひとつは、自分に必要な介助内容を知るということであり、もうひとつは窓口担当者に必要な介助内容を伝えるためのものである」と謳った。もちろん具体的には地道なたたかいの日日が続いており「不服申し立てのための手続き支援を行った」の一文も見える。

前段の内容をより具体的に見たい。当時のセンター機関誌には息の抜けない役所との交渉の過程がいくつか紹介されている。なかでも次の記事は法規の誤認とそれが強行されようとした事態を伝え、制度運用の危うさを教えている。機関誌二〇〇九年一一月付号「必要な介助時間数が認められました！」から引用する（太字と傍線は原文のまま）。

（前略）

私は、**障害者自立支援法の居宅介護・重度訪問介護と生活保護の他人介護料大臣承認**をうけてヘルパーを利用しています。私の生活スタイルでは**二二h／日の介助が必要**です。そのうち、**四h／日は生活保護の他人介護料大臣承認**で補っています。そのため、残りの**一八h／日を重度訪問介護**で認めてほしいという交渉内容でした。

重度訪問介護には〝見守り〟が含まれています。食事（水分補給も含む）や体位交換、トイレなど、介助がいつ必要になるか分からない事柄に対して、必要な時にすぐ対応できるようにという意味です。今年の四月に重度訪問介護の説明文？の表記が変わり、〝見守り〟についてより具体的に表記されるようになりました。しかし、□□市の障害福祉課では〝見守り〟を認めてもらえず……。昨年は一一h／日の支給決定でした。

今年一回目の交渉は私の介助の必要性のみを訴えました。その結果、昨年より三h／日UPの一四h／日という結果でした。それでも必要分が満たされてないので納得できず……。再度、交渉を行いました。押し問答のようなやり取りを行い、お互いに疲れてきたので、『次回は課長と話がしたい！』ということを伝え予定調整の連絡待ちになりました。

（中略、後日連絡を取ると）内部で検討した結果、**重度訪問介護で一七h／日、残り一h／日は特別障害者手当**で賄ってほしいという連絡でした。□□市の解釈では特別障害者手当は所得認定されないため、介助料として全額使えるという説明を受けました。

しかし、生活保護では障害者年金と特別障害者手当が所得認定されており、□□市の最低生活費との差額を支給するという内容です。そのため、特別障害者手当の全額を介助料にあてると最低生活費に満たなくなってしまいます。障害福祉課の担当さんはそのことを知らなかったみたいで、社会福祉課の生活保護担当の方に確認してから再度連絡しますとのことでした。確認後の連絡では、『生活保護の方で特別障害者手当が所得認定されているので、重度訪問介護で一八h／日支給することに決まりました。』とのことでした。

今回の交渉で分かったことは、役所も知らないことがある！　ということです。役所の話を全部信じていると、自分が必要なサービスを受けることができません。特に、ヘルパーの時間数については交渉を行なったその場で返事をするのではなく、一度持ち帰って冷静な頭で考え、調べ、矛盾点がないか確認する作業が必要です。

（後略）

さらに深刻なことに、わずか数カ月後、おなじ窓口で類似の誤りがくり返された。機関誌の記事は略すが、筆者のような素人は担当者の故意でないことを祈るばかりである。

5――第5章　介助者を育てる

この章で紹介した聴きとりは二〇一二年から二〇一四年にかけておこなった。筆者の手もとにはいま、香取さんたちの自立生活センターと特定非営利活動法人Hが年次総会に提出した二〇一五年度までの活動報告と事業報告があるから、聴きとりの期間を少しこえて二〇一二年度から二〇一五年度まで四年間のありさまをまとめる。また各報告はこれまでと同じく、センター機関誌の臨時増刊号掲載版から引用する。

まずHの「事業報告」にもとづき二〇一二年度（二〇一一年一〇月一日―二〇一二年九月三〇日）から二〇一五年度（同前）についてまとめると、利用者総数は二六―三三名、うち児童が三―八名おり、児童を除き利用者は男女半半ほどである。また介助者は常勤職員が一〇―一三名、契約職員が二一―一〇名、登録介助者（アルバイト）が六八―九三名である。

各年度の派遣時間数と内訳は次のとおり。総派遣時間数は「介護給付」「移動支援」「有料介助」「福祉有償運送」の総計だが、ここでは総派遣時間のほかは「介護給付」「有料介助」のみ内数を示す。

	総派遣時間	うち介護給付	うち有料介助	利用者数	介助者数
二〇一二年度	五二九三三・三	四〇九八八・三	一〇三八二・五	三三	九三
二〇一三年度	四八三五二・五	三七九六三・〇	九一五八・五	三三	八四
二〇一四年度	四八九一九・三	三八四五一・三	九三九二・〇	二六	九七
二〇一五年度	五〇七八八・五	三八二〇三・五	一一四一八・五	二七	九三

では、各年の「事業報告」本文には何が書かれているか。介助派遣事業の総括部分を各年度ごとに見ると、二〇一二年度「障害者自立支援法における介護給付と移動支援事業によるヘルパー派遣を継続して行った。また、喀痰吸引等業務が行える事業所としての登録をした。独自事業として有料介助サービスも継続して実施した」。二〇一三年度「障害者総合支援法（本年四月より障害者自立支援法から改正）における介護給付と移動支援事業によるヘルパー派遣、および、喀痰吸引等業務を継続して行った。独自事業として有料介助サービスも継続して実施した」。二〇一四年度「障害者総合支援法における自立支援給付の介護給付におけるヘルパー派遣（喀痰吸引等業務を含む）、地域生活支援事業の移動支援によるヘルパー派遣を継続して行った。独自事業として有料介助サービスも継続して実施した」。二〇一五年度、二〇一四年度に同じ。このうち「喀痰吸引等業務が行える事業所としての登録」については、胃ろうを造設した利用者に関連させて香取さんから聴いている。

利用者の状況については、これまでにまして医療とのかかわりが述べられた。二〇一二年度には、前年と同じく「医療機関との連携が必要なケースが増えた」とあるのにくわえて、続けて「長年にわたって自立生活を営んできたF氏が逝去した。このことで不安を抱く利用者と共に、不安の共有や今後のことについて話をする機会を何度か設けた」と記されている。二〇一五年度には「二四時間介助を受け自立生活を送ってきた利用者が、障害の進行により、医療的ケアが必要になったが、これまでと同様に自立生活を続けている」旨の報告がある。もちろん以前からの課題にもふれ、二〇一三年度には医療機関との連携のほか、「四月から新たに自立生活を始めた利用者に対し、新生活に慣れることを目標に、相談支援事業所や他のヘルパー派遣事業所等との連携を取りつつ支援を行っている」。この「連携」は今後の香取さんからの聴きとりで明らかにしなければならない重点の一つである。

次に介助者の状況について。すべての年度に共通するのは「土日の介助や泊まりの介助ができる介助者の不足」である。そのなかで、二〇一四年度には「新たに介護職専門の合同就職説明会にも参加し、新卒一名を採用することができた」。またやはりすべての年度に「利用者の生活に関わる中ででてくる悩みや疑問に随時対応した。利用者とのつきあい方をより理解し、悩みを解消できるよう、介助中の悩みを共有する機会を設けた」ともある。介助者の不足と手当ては尽きない課題である。時時の特記事項としては、二〇一二年度「F氏が逝去したことにより、不安を抱く介助者が多く、不安の共有や今後のことについて話をする機会を何度か設けた」、二〇一五年度「障害の進行により、医療的ケアが必要になった自立生活者のために、介助にあたる者は、順次、喀痰吸引等の資格を取得している」の二件がある。Fさんの他界は前段で見たとおり利用者にも、そして介助者にも、ともにさまざまの不安を抱かせた。

コーディネーターも従前に同じく「利用者のこと、介助者のこと、制度のこと等、日々奮闘している。また、訪問診療・訪問看護・訪問リハビリ・訪問歯科などの医療関係や、相談支援事業所と連携を取りつつ、利用者の生活の支援を行っている」とのこと（引用は二〇一五年度）。担当者数は各年度男性二—三名、女性四—五名であった。

最後に、この期間のセンター「活動報告」を概観する。ピアカウンセリング・自立生活プログラムでは、職員に向けたピアカウンセリングの紹介、およびあらたに自立生活を開始した、またはこれから始めようとする人びとへのはたらきかけに注目したい。前者、ピアカウンセリングの紹介は、二〇一二年度に「職員へピアカウンセリングとはどのようなものか知ってもらうためにピアカウンセリングセミナーを開催し、理解を深めてもらうことができた」とある。ここからは筆者の想像だが、ピアカウンセリングの場に障害当事者でない者たちはたしかに同席すべきではないが、しかし介助者がピアカウンセリングの理念、方法などを知ることは、介助の場面でたいそう意味を持つはずである。センター職員へのセミナーをその一環と見ることはさほどの的外れでもないだろう。

後者、自立生活プログラムの展開を列記すれば次のとおりである。二〇一二年度には前年度にひきつづき「来年春特別支援学校卒業予定の高校生への宿泊体験を六回開催」。そうしたつみかさねの先には、二〇一三年度「特別支援学校の高等部二年生のときから自立生活に向けて支援してきたMさんが卒業後に自立生活を始めることが出来た」などの達成も待っている。もちろんセンターの役割はそこからも続き、二〇一五年度には「自立生活者の集いを開催し、介助者との関わりや介助者への研修の仕方、それぞれの悩みなど話し合いをし、独りで悩まない取り組みをした」。これにより、本書各章でも少しずつ話された障害当事者の困りごとはいくらかでも解消されただろうか。

はたらきかけはまた、自立生活に向かう助走期間をいっそう充実させるため、キッズやその保護者たちにもずっと続けられている。二〇一二年度にはキッズ保護者交流会を開催して「自立生活センターで活動を行っている障害当事者（大人）がどのような制度を利用しているのか、どんな生活を送っているのかを紹介したり、当事者（大人）に話してもらったりした。また、この日は長年自立生活を行っており、キッズ担当としても活躍していたFさんが亡くなった直後でもあったため今後の不安な思いも共有した」。あるいは二〇一四年度には自立生活体験報告会の場を設けて「特別支援学校を卒業と同時に自立生活を開始し、一年半経過した先輩キッズの体験談を伝えた。普段の生活の様子を多くの写真を紹介しつつ伝えたので、後輩キッズにも分かりやすく伝わったと思う」。筆者にはかれらを呼ぶ先輩、後輩の語が興味ぶかい。

なおこの間、センター機関誌各号は、介助者不足や介助者の悩みなどずっと変わらない諸課題とともに、利用者たちの変化、先輩キッズの暮らしぶり、あるいはセンター所在県に〝障害のある人の権利条例〟をつくる（そして制定された）動き、障害者差別解消法について、等々の記事を多く掲載した。

あとがき

本書のなりたちにかかわっていくつかの御礼を書き述べる。

すべてのみなもとであるおふたり、すなわち筆者との対話を続けてくださった香取さんと、その道のりを事実上ささえてくださったある介助者氏に、万謝してこれを献じる。その介助者氏はごくわずかの期間だけ香取さんをおとずれ、いまはいない。しかしまったくの偶然から何度も、筆者と香取さんのやりとりのすぐ近くにいた。なりゆきで言葉を交わし、思いがけず氏の介助（者）観も聞いた。そのとき筆者はじじつ閉口するほかなかったのだが、気を鎮めてふり返れば、それはまぎれなく当時の介助者のひとつの典型でもあった。いらい、筆者は氏に問うようにして香取さんに訊き、氏にむけてすべてを書いた。

筆者のあまりにゆるやかな成長を、それでも捨てずに励まし続けてくださるのが菱山謙二先生、副田義也先生（現在はともに筑波大学名誉教授）である。おふたりには学部卒業論文の主査、副査にはじまり、あつかましくも今日までご面倒をおかけしている。お叱りを覚悟で、ひきつづきのご指導をお願い申し上げます。

つみかさねた対話が書物のかたちを与えられたのは筆者の勤務先より「金城学院大学父母会特別研究助成費」が交付されたためである。記して感謝し、今後いっそうの研鑽を誓うものである。

東京大学出版会編集部の宗司光治氏は、刊行の相談にはじまり細部へのご助言まで親身のご支援をくださった。ほんとうにありがとうございました。

二〇一六年一〇月二一日

時岡　新

著者略歴

1970 年　長野県生まれ
1992 年　筑波大学第一学群社会学類卒業
1994 年　筑波大学大学院修士課程環境科学研究科修了
2000 年　筑波大学大学院博士課程社会科学研究科単位取得退学
　　　　筑波大学技官，金城学院大学現代文化学部講師を経て，
現　在　金城学院大学国際情報学部准教授

主要著作

「母のふるさとへ」（樽川典子編『喪失と生存の社会学』有信堂高文社，2007 年）
「生きた意味をのこしたい」（『参加と批評』第 7 号，2013 年）
「医療ソーシャルワーカーとしての〈きき方〉について」（『参加と批評』第 8 号，2014 年）
『愛知の障害者運動』（共編，現代書館，2015 年）
「震災遺児・遺児家庭支援の現状と困難」（『東海社会学会年報』第 7 号，2015 年）

〈不自由な自由〉を暮らす
ある全身性障害者の自立生活

2017 年 2 月 24 日　初　版

［検印廃止］

著　者　時岡《ときおか》　新《あらた》

発行所　一般財団法人　東京大学出版会

代表者　吉見俊哉

153-0041 東京都目黒区駒場4-5-29
http://www.utp.or.jp/
電話　03-6407-1069　Fax 03-6407-1991
振替　00160-6-59964

組　版　有限会社プログレス
印刷所　株式会社ヒライ
製本所　誠製本株式会社

ISBN 978-4-13-056111-2　Printed in Japan